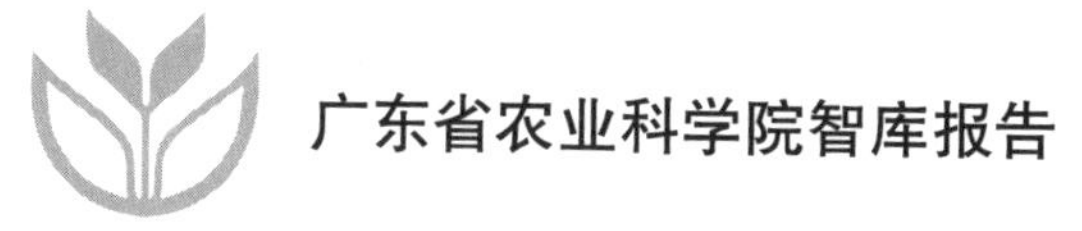

广东省乡村产业高质量发展研究

陆华忠　周灿芳　张　磊　等◎著

STUDY ON THE HIGH-QUALITY DEVELOPMENT OF RURAL INDUSTRIES IN GUANGDONG PROVINCE

图书在版编目（CIP）数据

广东省乡村产业高质量发展研究/陆华忠等著．—北京：经济管理出版社，2023．7
ISBN 978-7-5096-9153-3

Ⅰ．①广…　Ⅱ．①陆…　Ⅲ．①乡村—农业产业—产业发展—研究—广东
Ⅳ．①F327．65

中国国家版本馆 CIP 数据核字(2023)第 135567 号

组稿编辑：郭　飞
责任编辑：郭　飞
责任印制：黄章平
责任校对：陈　颖

出版发行：经济管理出版社
（北京市海淀区北蜂窝 8 号中雅大厦 A 座 11 层　100038）
网　　址：www. E-mp. com. cn
电　　话：（010）51915602
印　　刷：唐山玺诚印务有限公司
经　　销：新华书店
开　　本：720mm×1000mm/16
印　　张：20．5
字　　数：336 千字
版　　次：2023 年 7 月第 1 版　　2023 年 7 月第 1 次印刷
书　　号：ISBN 978-7-5096-9153-3
定　　价：88．00 元

联系地址：北京市海淀区北蜂窝 8 号中雅大厦 11 层
电话：（010）68022974　　邮编：100038

相关基金项目资助情况

（1）广东省农业科学院创新基金·产业专项（项目编号：202142）“关于推进‘十四五’时期广东省乡村产业梯次协同高质量发展的调研报告”

（2）广东省农业农村厅课题研究项目“2022 年度现代农业与食品产业集群咨询机构”

（3）广东省农业农村厅课题研究项目“广东省乡村休闲产业体系建设研究”

（4）广东省农业科学院“十四五”新兴学科团队建设“产业经济与都市农业团队”（项目编号：202124TD）

（5）广东省农业科学院中青年学科带头人培养计划项目“金颖之光——区域农业规划与都市农业”（项目编号：R2020PY-JG014）

（6）广东省哲学社会科学青年项目“空间均衡视角下粮食跨区域供给、地区结构及供给效率研究——以广东省为例”（项目编号：GD19YYJ07）

（7）广东省自然科学基金项目“政府补贴对农业企业 TFP 的影响研究：作用机理、实证识别与提升路径”（项目编号：2019A1515011982）

（8）广东省自然科学基金面上项目“后疫情时期广东省粮食安全：风险压力、防控体系与应对机制”（项目编号：2021A1515012218）

（9）广东省农业科学院人才项目“青年导师制”（项目编号：R2019QD-020）

作者名单

陆华忠　周灿芳　张　磊　方　伟　梁俊芬　田璞玉
蔡　勋　吴继军　赵永琪　宫晓波　张辉玲　王佳友
林伟君　林碧宁　雷百战　崔建勋　白雪娜

前　言　陆华忠　周灿芳

第一章　周灿芳　张　磊

第二章　赵永琪

第三章　蔡　勋　周灿芳

第四章　梁俊芬

第五章　张　磊　陆华忠　林碧宁

第六章　田璞玉　陆华忠

第七章　吴继军

第八章　方　伟　张辉玲　崔建勋　白雪娜

统筹与其他工作　陆华忠　周灿芳　张　磊　宫晓波

附　录　张　磊　方　伟　田璞玉　王佳友　雷百战

宫晓波　等

前 言

党的二十大胜利召开，擘画了中国未来经济社会高质量发展的宏伟蓝图和中华民族崛起的远景目标，为全面高质量推进乡村振兴指明了前进方向，注入了强劲动能。习近平总书记指出，乡村振兴，产业兴旺是重点，产业发展始终是乡村振兴战略最基本的任务，是解决乡村一切问题的前提。党的二十大报告将农业强国提到前所未有的高度，而“补农业农村短板”依然是广东省在新征程中“继续走在全国前列”的重要任务；乡村产业是广东省农业农村现代化的重要物质基础，大力推进乡村产业高质量发展，着力提升产业链、价值链和供应链韧性，是促进广东省城乡融合和区域协调发展的重要动力源。本书立足于广东省情与农情，以区域和产业经济发展等理论为指导，以国家印发的《关于促进乡村产业振兴的指导意见》等政策文件为指引，全面总结分析国内外乡村产业发展概况，测度广东省乡村产业发展水平与区域差异，梳理乡村产业发展模式与典型案例，结合预制菜推进乡村产业中“菜篮子”“接二连三”发展的特点，并提出广东省乡村产业高质量发展的路径与对策建议；以期为理论界提供广东省乡村产业发展的研究案例与经验启示，更重要的是，希望在广东省实践层面，提供乡村产业发展的规范指引，以期明确共识，统一行动，助力广东省乡村产业高质量发展。

本书主要分为八章，第一章：导论。概述我国乡村产业发展的基本情况，梳理乡村产业与乡村振兴战略的逻辑关系，提出乡村振兴要依靠特色产业的发展，走出一条独具特色、科学发展、因地制宜的产业发展道路。结合广东省“一核一带一区”差异化资源禀赋特征，提出广东省乡村产业高质量发展的目标与基本内容。第二章：核心概念界定与文献综述。重点针对乡村产业、富民兴村与高质量发展等关键词，进行了核心概念的边界梳理与内涵界定，对国内外乡村产业发展历程、存在问题、产业集聚与高质量发展方面进行文献综述；另外，结合产业集聚理论、产业区位理论、区域经济发展理论、演化经济地理学理论等对本研究进行理论分析和建构。第三章：广东省乡村产业发展的总体概况。主要把全国与广东省乡村产业发展基本情况进行对比分析，从乡村产业的“五大维度”对广东省乡村产业发展成效、存在问题两大方面进行解构性分析。第四章：广东省乡村产业发展水平测度及区域差异。通过实证分析方法，对广东全省 21 个地市乡村产业发展特征、发展水平及变化进行分析。在此基础上，从区域层面对全省乡村产业发展水平进行对比分析和理论检验。第五章：广东省乡村产业主要发展模式及典型案例分析。主要从产业发展基础、产业形成路径、产业组织模式、联农带农模式等方面，重点对广东省乡村产业发展过程与模式、典型案例、存在问题进行翔实分析，更加能够聚焦乡村产业从无到有、从小到大的发展脉络与产业演化历程。第六章：国内外乡村产业发展模式及经验借鉴。国内方面主要结合浙江、四川、山东等省份乡村产业发展模式及典型案例，国外主要包括亚洲国家（日本、韩国）、欧洲国家（荷兰、法国）、美洲国家（美国、加拿大），从产业发展基础、产业形成路径、产业组织模式等方面进行分析，并对广东省乡村产业发展做了经验启示分析。第七章：广东省预制菜产业发展概况及典型案例分析。本书主要从产业链和价值链层面，尤其是乡村产业中的现代种养和初加工等作为预制菜产业的上游环节，对预制菜产业概况、重点企业典型案例与发展模式进行了分析。第八章：促进广东省乡村产业高质量发展的路径和对策建议。包括从“新主体+‘平台’”带动、产业联动、要素拉动、装备带动、市场推动等方面进行分析，并从宏观、中观、微观三个方面提出了促进广东省乡村产业高质量发展的对策建议。

本书能够从理论层面丰富发展经济学有关“涓滴理论”“非均衡发展理论”的认识边界，实现内生与外生动力相结合的农业、农村“创新—扩散”高质量发展路径。在现实意义方面，有利于各地立足乡土资源做好“土特产”文章，拓宽农民增收渠道，尤其是非农收入增加且来源多样化；有利于统筹城乡产业发展，促进一二三产业进一步融合与提速发展；有利于统筹推进城乡公共服务建设，提升城乡公共服务均等化水平。另外，有助于广东省各区域更好地结合资源禀赋，促进乡村产业发展、产业链和价值链延伸，实现产业水平和效益效率提升，为广东省探索共同富裕道路提供前进指引。

目　录

第一章　导　论

第一节 研究背景与意义

一、研究背景

党的二十大胜利召开，为全面高质量推进乡村振兴指明前进方向，注入了强劲动能。党的二十大报告进一步指出坚持农业农村优先发展，坚持城乡融合发展，畅通城乡要素流动，扎实推动乡村产业、人才、文化、生态、组织振兴。习近平总书记曾多次指出，乡村振兴，产业兴旺是重点，产业发展始终是乡村振兴战略最基本的任务，是解决乡村一切问题的前提。党中央、国务院高度重视乡村产业发展，强调“产业兴则乡村兴”。2019年6月28日，国务院印发的《关于促进乡村产业振兴的指导意见》，明确了乡村产业的内涵特征、发展思路、实现路径和政策措施等，对促进乡村产业振兴作出全面部署，是今后一个时期指导乡村产业发展的纲领性文件。2021年中央一号文件再次提出，要构建现代乡村产业体系，让农民更多分享产业增值收益。2022年中央一号文件指出，鼓励各地拓展农业多种功能、挖掘乡村多元价值，重点发展农产品加工、乡村休闲旅游、农村电商等产业。2020年7月9日，农业农村部印发《全国乡村产业发展规划（2020-2025年）》，第一次对乡村产业发展作出全面规划，要求建立乡村产业评价指标体系。2021年11月17日，农业农村部印发《关于拓展农业多种功能　促进乡村产业高质量发展的指导意见》，着力拓展农业多种功能，促进乡村产业高质量发展。随着一系列重磅文件出台，乡村产业发展迎来发展新机遇。各地各有关部门全力推动乡村产业振兴，乡村产业步入高质量发展快车道（王浩，2021）。

产业强则乡村强，乡村强则中国强，党的二十大报告将全面推进乡村振兴提到前所未有的高度。乡村要振兴，产业必振兴，产业振兴又是乡村振兴的重中之重，产业兴旺是乡村振兴的重要表现和有力支撑（叶兴庆，2021；姜长云，2022）。

2022 年 7 月 15 日，时任副总理胡春华同志在出席全国乡村产业发展工作推进电视电话会议时强调，要认真贯彻习近平总书记关于推进乡村产业振兴的重要指示精神，加快发展壮大乡村产业，为全面推进乡村振兴、实现农业农村现代化提供坚实支撑。要加快构建现代乡村产业体系，确保把产业发展落到促进农民增收致富上。要坚持不懈做大做强种养业，持续提高农业综合生产能力，确保国家粮食安全和重要农产品有效供给。要大力发展农产品加工流通业，加快发展现代乡村服务业，积极拓展乡村产业发展新空间。要立足整个县域推动乡村产业发展，统筹发挥好县乡村作用，结合县域资源禀赋打造主导产业，发展壮大县域经济。要充分利用劳动力资源发展就业带动能力强的富民产业，积极引导从农村走出去的人才返乡创业，正确把握工商资本的作用定位，让农民更多分享产业发展增值收益。要加大对脱贫地区产业发展的支持力度，推动东部发达地区产业向脱贫地区梯度转移，夯实巩固拓展脱贫攻坚成果的根基。要加强对乡村产业振兴的组织领导，切实凝聚起共同推进的强大合力。

我国乡村产业不断强化农业食品保障功能，拓展生态涵养、休闲体验、文化传承功能，凸显乡村的经济、生态、社会和文化价值，对巩固农业基础、富裕农民、繁荣乡村发挥了重要作用，已成为我国经济体系的重要组成部分。但与现代产业发展的要求相比，乡村产业依然存在产业融合层次不高、产业链条不够全面以及生产技术水平低等问题；总体上还存在经营主体规模小、生产经营分散、市场竞争力弱、产业配套政策不完善且可及性不足等突出问题。推进农业农村现代化和全面推进乡村振兴，仍需进一步完善现代乡村产业体系，以市场需求为导向、以产业特色为依托，强化提升产业综合竞争力。城乡发展不平衡、区域发展差距过大是广东省的突出短板，从区域发展理论和“一核一带一区”农业农村资源禀赋及乡村产业基础来看，广东省要在“十四五”及更长时期稳居全国第一经济大省的地位，必须大力发展乡村产业，推进一二三产业融合，补齐农业、农村短板。乡村振兴要依靠特色产业的发展，要走出一条独具特色、科学发展、因地制宜的产业发展道路。广东省粤东、粤西、粤北地区各具差异化资源

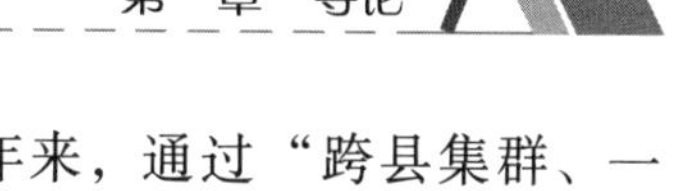

禀赋特征，具有良好的乡村产业发展优势，近年来，通过“跨县集群、一县一园、一镇一业、一村一品”富民兴村产业建设，在优势农业产业带打造、特色产业集群发展方面有了长足进步，但目前发展水平与国内先进样板省份及西欧、北美及日韩典型乡村产业集群地区仍有较大差距。

二、研究意义

本书依托乡村禀赋条件，挖掘乡村多功能价值，引入现代化生产、服务要素，注重经营主体的培育并提高治理能力，强化联农带农机制。有利于深化总结广东省乡村产业发展的演化路径和发展模式，进一步激发乡村发展的内在动力，推进城乡、区域协调发展。对探究广东省乡村产业高质量发展的内在机理和路径、模式，厘清在乡村产业发展中“新主体+‘平台’”带动、产业联动、要素拉动、装备带动、市场推动等多种路径有重要的理论与现实意义。同时，不仅能够提高农业农村的全要素生产率，提升农业农村产业链供应链韧性和安全水平，也是促进广东省城乡融合和区域协调发展，推动粤东、粤西、粤北农村经济实现量质双提升的重要动力源。

本书旨在推进广东省乡村产业高质量发展，力求做到以下四大要求：一要接天线，将党的二十大精神、省委省政府重要会议精神贯穿始终作为指导，将“建设农业强国”为指导，切实建设广东省“农业强省”，变广东省农业农村“短板”为“潜力板”。二要接地气，紧扣广东省及粤港澳大湾区发展实际，彰显岭南优势特色，充分利用粤港澳大湾区市场促进乡村产业发展。三要聚焦产业融合和产业链打造，提升种植、养殖、加工、乡村新型服务等多类型融合业态全产业链发展，延伸价值链并带动农民增收。四要走高质量发展之路，结合“一核一带一区”资源禀赋差异，学习借鉴江浙及山东、四川等省份在推进乡村产业发展的宝贵经验，以及借鉴美国、日本、韩国等乡村产业发展的有关经验，提出广东省乡村产业高质量发展的路径与对策建议。

（一）理论意义

能够在一定程度上从理论层面丰富发展经济学有关“涓滴理论”“非均衡发展理论”的认识边界，提供相关理论研究的广东经验，实现内生与外生动力相结合的农业、农村“创新—扩散”高质量发展路径。

(二) 现实意义

有利于增加农民收入水平，尤其是非农收入增加且来源多样化；有利于统筹城乡产业发展，促进一二三产业进一步融合与提速发展；有利于统筹推进城乡公共服务建设，提升城乡公共服务均等化水平。另外，对促进广东省各区域更好地结合资源禀赋，促进产业发展、产业链和价值链延伸，实现产业水平和效益效率双重提升，也为广东省探索建设农业强省、共同富裕道路提供指引。

第二节 研究目标与研究内容

一、研究目标

(一) 调研分析广东省乡村产业发展现状与存在问题

总结广东省乡村产业典型发展模式，并从“产业发展基础—产业形成路径—产业组织模式—联农带农模式”四大维度进行分析，总结国内、国外乡村产业典型发展模式，从更广视角厘清乡村产业发展规律、产业类别、发展效益、产业链支撑、联农带农富农情况等。

(二) 产业主体发展与产业政策效应协同提升

探究产业发展政策在促进乡村产业多元主体培育、发展、壮大的政策效应，厘清乡村产业发展中各类产业主体、产业支持政策、产业链支撑等方面前后向衔接情况。

(三) 提出乡村产业高质量发展的路径与政策建议

在梳理分析国内外典型地区乡村产业发展经验的基础上，解构乡村产业在萌芽期、培育期、发展期等不同阶段发展的典型特点及发展需求等，尤其是区分种养殖业、加工业、农旅休闲业及一二三产业融合型不同产业的差异，并以广东省情农情为依托，总结乡村产业做大做强、联农富农方面的经验启示和可借鉴模式。

二、研究内容

（一）探究我省乡村产业发展情况

结合广东省“一村一品、一镇一业”专业村、专业镇，以及“农业强镇”“产业园”“亿元村”等对当地优势特色产业的带动情况。一是分析关于主导产业培育、联农带农富农、品牌建设、绿色发展、产业链建设等效应的情况。二是分析关于“生产+加工+科技+营销（品牌）”对全产业链的开发情况，以及产业园对乡村产业在绿色化、优质化、特色化、品牌化、标准化、规模化和产业化等方面的打造情况。三是分析关于广东省乡村产业的“跨县集群”情况。对粤东、粤西、粤北不同区县，现有农业基础较强、产业特色突出的地区，调研典型地区农业产业带、优势特色产业集群的形成机理，及对潜在“集群”形成区、未来拟打造地区进行调研分析。

（二）产业主体及发展困境情况

1. 产业主体基本情况

产业类别、主导产业（产品）、经营年限、年营收能力、经营规模、品牌情况、联农带农等。

2. 地区发展与困境情况

调研地区农业优势特色产业情况、农民收入水平（收入结构）、乡村产业的市场体系建设短板、农产品精深加工水平与乡村产业发展要求存在差距、村集体创收能力弱、乡村农旅融合深化不足、乡村产业绿色发展水平不高等情况。另外，还包括政策供给或服务对接情况、地区资源禀赋、用地指标或点状供地情况。

三、研究框架与研究方法

（一）研究框架与技术路线

本书的技术路线如图 1-1 所示。

针对当前广东省乡村产业发展存在的问题，包括产业实施主体、管理服务主体、政策供给等多个方面，分析阻碍广东省乡村产业高质量发展的相关因素、主要困难及原因；梳理广东省较之于浙江、四川、江苏及美国、日本、韩国等国外乡村产业发展先进地区的可借鉴模式。同时，从产业联

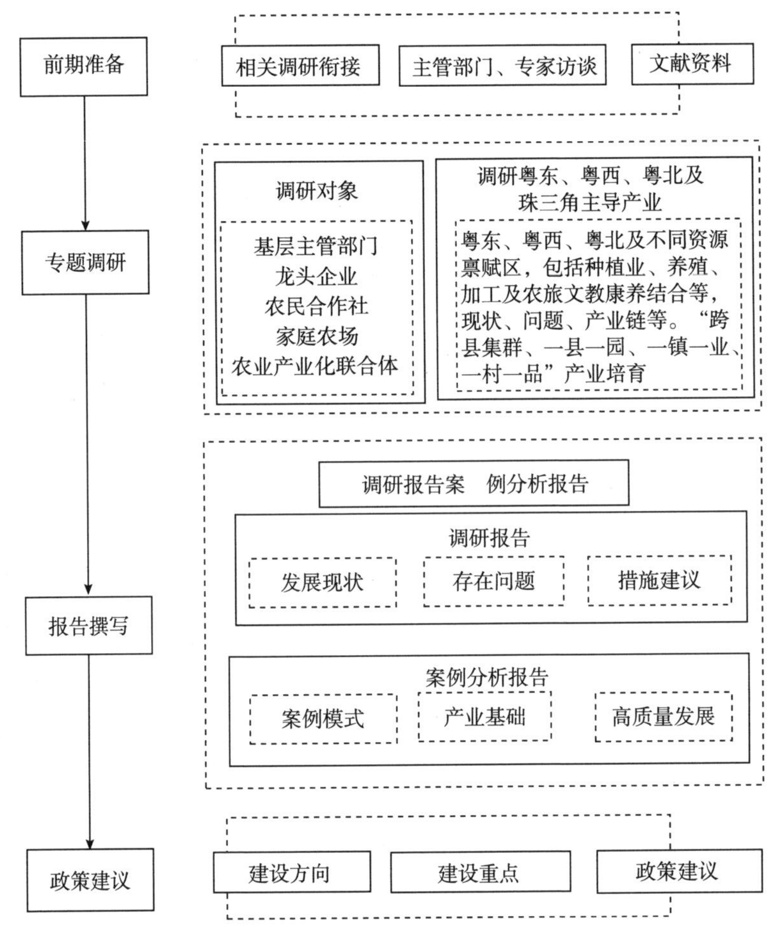

图 1-1　广东省乡村产业发展研究技术路线

动、要素拉动、技术带动、市场推动等动力机制方面梳理产业创新路径，并结合政府、产业主体、农户等多元主体的视角，提出政策建议，提出推进广东省现代乡村产业梯次协同、高质量发展的建设性意见。

（二）研究方法

1. 实地调研法

实地调研法包括开展结构或半结构化访谈、问卷调查等形式，主要是为获取地区乡村产业发展历程、发展模式及其形成的深层次原因、参与主体与产业上下游联结特征等内容情况。本书拟对广东省乡村产业的业态类

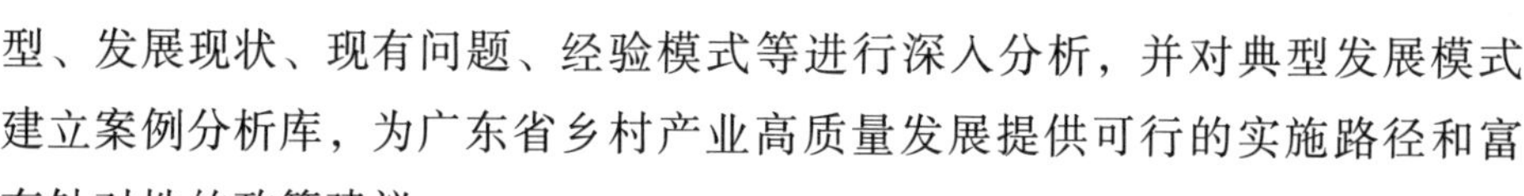

型、发展现状、现有问题、经验模式等进行深入分析，并对典型发展模式建立案例分析库，为广东省乡村产业高质量发展提供可行的实施路径和富有针对性的政策建议。

2. 文献研究法

文献研究法是为了发现研究内容的规律与问题，通过查找国内外现有的研究成果与文献，对前人研究的内容进行系统的归纳和分析。本书通过文献研究法，包括研究的选题、框架构思和研究报告写作过程。通过阅读和分析大量的国内外文献资料，对广东省及国内其他省份关于乡村产业发展模式、高质量发展典型经验及做法进行参考。

3. 统计分析法

在研究中应用统计分析法了解广东省及国内其他省份乡村产业的发展规模、营收效益、联农带农、富民兴村等量化情况，包括乡村产业的梯次发展演化等指标的增量与总量情况。

4. 案例分析法

运用案例分析法解构分析粤东、粤西、粤北及珠三角地区乡村产业发展的典型案例，剖析其在产业模式选择与地区禀赋条件直接的关系，梳理在产业功能定位、发展模式、管理机制上的特色和经验。为其他后发地区乡村产业发展提供可资借鉴的经验。

四、主要创新之处

第一，在研究视角方面有一定的创新性。本书立足于广东省乡村产业的培育、集群及对城乡融合、区域协调发展之间内在规律和演化特征，总结粤东、粤西、粤北及珠三角等区域层面、城乡层面、不同主体层面梯次协同发展的典型路径。不仅能够从理论层面丰富发展经济学有关“涓滴理论”“非均衡发展理论”相关认识边界；还可以促进广东省粤东、粤西、粤北欠发达地区更好地结合资源禀赋，实现内生与外生动力相结合的农业农村“创新—扩散”的资源与要素协同匹配与高质量发展，也为新时代背景下广东省缩小城乡及区域发展差距的具体实践，探索共同富裕发展的广东经验。

第二，在研究技术方法方面有一定创新。创新性对广东省乡村产业发展水平及区域差异进行测度分析。根据乡村产业内涵特征，从产业融合、创新创业、业态丰富、农民增收、绿色发展五个维度构建了包含15个指标的乡村产业发展评价指标体系，对广东省及21个省辖市乡村产业发展水平进行了定量化描述。

第三，预制菜对乡村产业的赋能增值效应。从“预制菜”产业方面对乡村产业发展与产业链延伸、价值链创新进行分析，通过预制菜产业的快速发展带动乡村产业在现代种植、养殖与农产品加工等方面的增值增效和农民增收。

第二章　核心概念界定与文献综述

第一节　若干核心概念界定

一、乡村

乡村（Rural，又称 Country），在英文词义中指人口较城市分散，且主要从事农业的地方（中国社会科学院语言研究所词典编辑室，1978）。区域经济学的解释是，乡村是指区域聚落的常住人口主要从事农业经济活动。维伯莱（G. P. Wibberley）从土地利用类型的视角提出，乡村是指在一个国家中目前、最近或过去显示为清晰的土地粗放利用所支配迹象的某些地区（Guy 和 Robison，1990）。而“相对论”学者通过乡村与城市两者概念的对比，指出乡村是与城市地域相对应的地区，其表征是聚落人口稀少，与城市缺乏联系，且与城市在空间上相隔离开的地域，也可称之为非城市化地区（张殿宫，2010）。国际上还有国家对这种隔离的标准进行了具体规定，如英国诺福克郡规划局就规定 2 万人口城镇 8 千米范围以外和 10 万人口城镇 16 千米范围以外的地区可认定为乡村地区。在我国，一般将县城以下的行政地区，即村镇地区认定为乡村地区。长期以来乡村社会生产力水平有限，内部人口流动较少，经济总体发展程度较低，乡村地区的生态环境破坏程度要远低于城市。综上所述，乡村可以概指为，聚落规模相对较小、区域人口密度低、经济活动以农业为主、社会组织结构单一、发展水平与城市存在一定差异的区域综合体。

二、乡村产业

乡村产业是一个动态的概念，概指乡村地域空间所有物质生产部门和服务部门的总和。随着世界产业革命的推进，乡村产业的内容和要素也在经历不断的发展和变化。自改革开放以来，我国乡村产业的发展逐渐从生产主义向后生产主义转型，乡村产业的功能逐渐从生产内涵向消费和多功能内涵转变。乡村产业的表现从传统的粮食生产职能向提供更多样的商品和服务转变。在政策上表现为乡村产业的发展从单一的、只注重农业，重点扩展向促进乡村经济的生态可持续和文化景观保护转变。通过建立以家庭联产承包责任制为主导的农村经济发展体制，中国农业的生产力得到极大的释放，土地生产效率、劳动生产效益也产生了历史性的大飞跃，也为现代乡村发展所需的二三产业提供了大量剩余劳动力资源（陈会英，1991）。在中国巨大的消费市场推动下，乡村产业中的第二、第三产业迅猛发展，为现代乡村产业的形成奠定了基础。同时，经过40多年的发展，城乡差距不断扩大，乡村问题已成为阻碍中国社会发展的根本问题。为此，2018年中央一号文件提出乡村振兴战略，为乡村制定了产业、生态、乡风、治理和生活五个层面的具体目标，这为乡村产业的发展方向制订了基本方针。目前，乡村产业包括粮食生产、农产品加工、休闲农业观光等，同时正在积极促进乡村产业链不断延伸和推进多产融合。通过借鉴国内外乡村复兴的经验，我国陆续提出了田园综合体、特色小镇、美丽乡村和“一村一品”等乡村产业概念，在乡村原有的产业基础上，陆续实现了乡村产业的特色化延伸和发展以及城乡产业要素的深度交互（林涛，2021）。

三、高质量发展

关于“高质量发展”的表述最早来源于党的十九大报告，这也是国家首次将高质量发展作为经济社会发展的主攻方向，表明在今后的发展过程中，经济增长将从以往追求量的提高向经济发展的质量提升转变。随着政府对高质量发展理念的提出，高质量发展作为一个专有名词成为学界的研究热点，不同领域的专家学者对高质量发展的理论内涵进行了剖析和解释。研究背景大多数放置在我国经济社会发展的新常态下来阐释高质量发展，认为这是一种不同于以往经济发展的全新模式。研究视角大多来源于经济学，既有从微观的资源配置、生产效率进行分析，也有从中观的产业结构、区域发展进行解释，还有从宏观的政策影响、国民效益等进行诠释（王晓慧，2019）。研究认为，高质量发展是新常态背景下我国经济对创新、绿色、协调、开放、共享等新要素做出的必然选择，其强调生产效率的提升、

发展规划的统筹以及长远利益的考量，具体手段是遵循市场经济发展规律对供给侧进行改革与调整，最终构建整体性、多维性、系统性的经济发展形态（高丹丹，2021）。而要实现高质量发展，相关研究指出既需要政治、经济、科技以及生态等诸多领域全方位、多维度的融合与支撑，还需要进行系统性的经济体系升级（牛小溪，2020）。一是微观层面的服务和产品，解决当前民众对高品质生活的追求。既要求服务和产品不仅要满足当前消费者的基本需求，还要提升消费者体验的附加价值。二是中观层面的产业结构和区域发展，切实推动实体经济的高质量发展。既通过加大科技和人才等硬实力的投入助推产业升级，形成合理、高效和服务化的产业结构体系，还要通过合理规划生产力布局、优化生产资源配置实现区域发展的利益共享。三是宏观层面的国民效益，实现更广泛层面的高质量发展。即通过系统协调经济、社会和生态的关系，建立有效的市场体制、有度的调控机制，将存量经济做优做强，优化国家供给侧和需求侧，实现动态平衡（李强，2020）。

四、富民兴村

“富民兴村”的表述来源于对乡村振兴战略的解读，是指乡村振兴最终形成的一个重要目标和结果，其具体形式包括村企共赢、农业兴村、优势产业兴村和三产融合兴村（马方，2020）。村企共赢：依托企业的社会带动效应，通过在企业和村民之间建立利益共同体，形成有系统有组织的村企发展模式，企业在获得人力资源的同时带动村民就地就业，促进市场信息和劳动服务的双向流动，实现村企共赢。农业兴村：该形式是依托种业科技，坚持农业生态无公害种植，以科技兴农和高效农业的产业化发展树立优质农产品品牌，在投资拉动下进一步延伸农业产业链，打造优质农产品产业基地，在降低农民劳动投入的同时实现农民增收。优势产业兴村：这种形式是对传统产业的转型升级，通过以传统产业和自身资源禀赋为基础，以市场需求为目标，培育适应时代的地方产业，并不断将优势产业链向前后延伸，健全优势产业的产前和产后企业，形成具有市场竞争力的产业体系，提升农村经济在区域经济的重要性，推动农民快速富裕。三产融合兴村：在三产融合发展的基础上结合当前乡村产业发展的基本趋势，在传统农业产业链延伸的基础上拓宽产业范围，并促进多业态功能的整合转型。为实现农村三产融合，首先需要明确产业间的交叉和渗透，在此基础上实现不同产业的跨业态结合以及升级转型。现阶段，我国农村的产业融合形式已出现种养结合型、产业链延伸型、农业功能扩展型和技术渗透型等多样化形态。

第二节　关于乡村产业的文献综述

一、关于乡村产业模式与组织体系的研究

关于乡村产业模式，我国农村呈现出以传统农业发展为主、多种产业混合发展为辅的局面，主要模式有产业园区发展模式、产业融合发展模式、现代农业发展模式以及“互联网+”农业发展模式（赵仁，2022）。产业园区发展模式：该模式主要依托当地固有的资源优势，建设各类产业园区，如村集体工业园、农业产业园等。通过划定特定的产业园区进行招商引资，有针对性地引进国内外相关企业，带动高新技术、资金项目、设施设备进园入村，以产业集聚、联动开发和技术革命引导农村产业不断向前发展。这种产业模式通常在工业化成熟的地区可供借鉴，其主要特征是产业因势利导，空间分布疏松，劳动力密集，发展粗犷，不利于可持续发展。产业融合发展模式：主要是利用当地独特的历史人文资源、传统风俗风貌，大力发展休闲农业、康养度假和乡村旅游等新型产业发展模式，统筹推进传统农业与休闲、康养、观光、研学等业态深度融合发展①。此产业模式一般适用于偏远的山区、族群丰富的民族地区以及具有地域特色的沿海地区，由于远离城市，需要完善基础设施，投资及维护成本较高，该模式仅适用于一部分乡村地区。现代农业发展模式：主要是发挥和扩大当地传统农业产业优势，借助现代农业技术，采用先进工程设施，实现传统农业的高度

① 乡村产业振兴的十种模式［J］．中国合作经济，2019（8）：37-51.

机械化、过程自动化以及生产标准化，推动传统农业向现代农业转型，与市场对接，最终形成集生产、供应和销售于一体的现代农业发展体系，推动农业生产的专业化、科技化以及市场化，提高农业经营的效益（蒋和平，2017）。由于这种模式需要依靠科技创新，依赖研发的进度，所需时间长，需要长期投入，因此短期内很难全面推广。“互联网+”农业发展模式：该模式是新一代农业发展的基本趋势，通过利用现代互联网信息技术与农业生产、加工、销售等产业环节结合，实现农业生产的数据化、智能化以及信息化，是互联网与传统农业深度融合的产物。这种模式对产业从业人员的技术水平有一定的要求，专业性突出。

关于我国乡村产业组织体系的研究。农业部课题组和张红宇（2018）曾指出，中国特色农业产业的培育和组织必须考虑各地农村资源的实际和禀赋，立足当前中国工业化、城镇化的特点，把握全球信息化和国际化的总体趋势，科学制定产业发展布局、高效培育产业项目，集聚提升农村产业创新能力，稳步提高农业内生动力。很显然，乡村产业组织体系的整体优势被提升到新的历史高度，建立一套科学、合理、互补和创新的乡村产业组织体系是当前关注的焦点。因此，发展中国特色的乡村产业，需要抓好以下重点，首先，加强重点农产品的生产保障，在服务供给上给予充分支持。其次，加强对农村资源环境的保护，促进农民增收，实现农村地区的经济增长，实现城乡统筹发展。再次，均衡配置城乡要素，协调城乡公共服务供给，配套制定乡村产业扶持政策。最后，健全农村供地审批制度，加强农村基层党组织建设，助力乡村产业全面升级，丰富乡村产业的多功能性，创造具有地域特色的乡村产业组织体系。

中华人民共和国成立以来，中国经济发展重视工业产业，偏重城市效率，乡村产业发展整体相对落后，发展阶段不平衡，已成为当前实现中国伟大复兴的障碍之一。随着乡村振兴战略的实施，产业兴旺已成为实现城乡产业重构的一个重要突破口，在此背景下，乡村产业有必要立足乡村地区丰富的资源，在遵循市场经济的前提下，不断扩大乡村产业原有的生存空间，丰富乡村产业的类型，同时，加快不同产业的融合，形成现代多元特色的乡村产业组织体系（李国英，2019）。在乡村产业组织体系的实证研究方面，一些学者针对我国乡村产业高质量发展进行研究，探讨乡村产业组织体系对乡村产业高质量发展影响的因素及机理（王瑞峰和李爽，2022）。还有学者从生态化、市场化以及产业化机制等方面，探讨了我国民族地区构建现代乡村产业组织体系的具体路径（郭景福和黄江，2022）。总体上，学者对乡村产业组织体系的研究探索，指明了我国乡村产业在不同历史阶段的发展特征和总体规律。

二、关于乡村产业发展变迁及富民兴村情况的研究

乡村产业发展变迁是学术界长期探讨的问题。从历史的角度来看，我国乡村产业发展是一个持续的过程，经历了不同的历史阶段。众多学者认为，从 1949 年至今，中国乡村产业的发展经历了缓慢变化、逐步完善、全面调整、产业整合四个时期，但由于中国地区之间的差异，不同区域乡村产业的发展路径存在一定的差异，因此，必须分类分区、因地制宜地探索乡村产业的发展变迁模式（王国峰和邓祥征，2020）。还有学者根据文献资料和历年乡村产业的国民生产总值重估结果将 1949 年以来乡村产业结构变迁划分为高峰期、快速推动期、多元化发展与结构优化期、整合与高质量发展期四个阶段，并认为中国乡村产业的发展变迁取决于中国农村工业发展的重大变化（郭芸芸等，2019）。刘守英和王一鸽（2018）研究了中国百年来的产业结构转型以及人地关系作用下的农村产业转型，认为中国已经实现了从“乡土中国”向“城乡中国”的巨大转变，当前各种根据“乡土中国”和“城市中国”制定的发展政策都不再适应中国当前的大变革。此外，针对自改革开放以来的乡村产业发展变迁，有学者将此时段的乡村发展变迁划分为以家庭承包责任制为开端的五个战略阶段（黄少安，2018）。

具体针对我国乡村产业发展的研究，当前学术界主要在产业结构调整、产业优化升级、产业政策制定、城乡产业改革等宏观层面进行研究。而在已有研究的目的中，大部分研究主要围绕如何实现富民兴村的角度开展，从发展路径向纵深探讨，对相应的制度设计讨论较少（崔彩周，2018）。由于当前中国社会主要矛盾的变化，在深化改革的大背景下，产业高质量发展是目前各地区经济改革的基本趋势，其中，基于供给侧的产业结构改革在各领域也越来越深入，推动乡村产业的发展领域不断扩大（高帆，

2019），这一趋势同时也是乡村社会交流多元化，相关产业相互碰撞，共同发展的一种状态（朱启臻，2018）。

在研究通过哪些渠道实现产业兴旺方面，诸多学者提出，在促进乡村振兴的过程中，要遵循市场规则，破解地区存在的人才桎梏、财政拮据、土地缺乏等困难，突破这些发展屏障，创造良好的产业成长环境，促进相关利益者互动，促进协调创新，巩固基础设施建设，为产业发展提供相应条件，同时不断充实乡村产业发展基础（董翀，2021）。还有研究指出，促进乡村产业发展必须重视县域发展，充分统筹城乡资源（董延涌和李迪，2021）。在振兴乡村产业的过程中，充分尊重基本国情，结合不同地方发展实际，把粮食安全和农民利益放在第一位（于建嵘，2018）。产业富民兴村不能忽视农民当家做主的权利，必须充分发动农民参与的主动性，将村集体经济作为壮大乡村产业的重要工作，农民主体的地位一以贯之，使农民成为乡村产业发展的主要参与者（朱启臻，2018）。

随着乡村振兴战略实施，通过产业兴旺实现富民兴村成为各地普遍的做法。学者根据乡村振兴对乡村产业发展提出的要求，从诸多角度论述了产业富民兴村的状况，为乡村产业推动富民兴村提供了丰富的研究成果。目前主要从实践模式、科技创新、产业融合等研究角度总结问题所在，并制订相应的解决方案，为乡村产业如何实现富民兴村提供了一定的理论参考依据。

部分学者从实践模式的角度分析了当前乡村治理在产业振兴的背景下形成的发展模式和理论体系，总结了乡村产业振兴对乡村治理的具体实践（汪厚庭，2021）。总的来说，乡村振兴路径的具体选择应充分结合当前国家现代化和城镇化的基本趋势，把握住新型城镇化这一历史发展机遇，将质量、生态、科技和文化等现代文明要素融入乡村产业的发展实践之中（王艺明，2022）。因此，乡村产业带动富民兴村不仅是经济上的带动，还要提高农业生产质量，保障人民食品安全，改善传统农业产业结构，注重生态环境保护，重视地域文化特色，塑造本地品牌文化，巩固当前基础设施建设为乡村产业发展带来的后发优势。还有学者提出，乡村产业实现富民兴村，特色产业是关键，发展乡村特色产业不仅需要有资金的保障，还要有一定的文化底蕴、社会的支持以及相关力量的共同合作，最终是内外

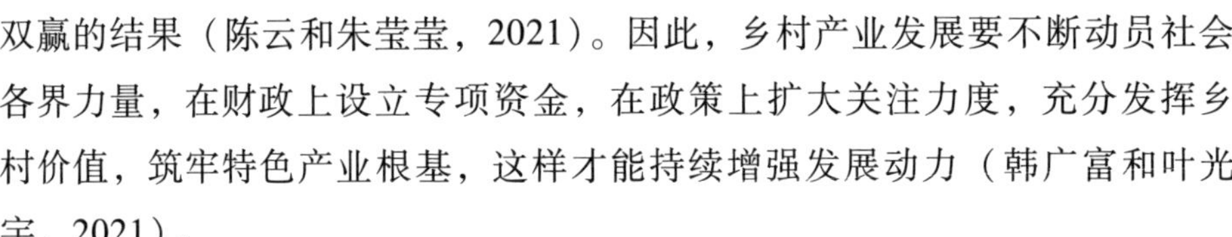

双赢的结果（陈云和朱莹莹，2021）。因此，乡村产业发展要不断动员社会各界力量，在财政上设立专项资金，在政策上扩大关注力度，充分发挥乡村价值，筑牢特色产业根基，这样才能持续增强发展动力（韩广富和叶光宇，2021）。

部分学者从科技创新等角度进行论证，分析了信息化和技术创新对乡村产业发展的富民兴村作用，针对它们推动的逻辑进行分析，提出相关建议。如何宏庆（2020）提出数字金融对乡村产业发展有很多好处，应尽快消除乡村融资的地区间壁垒，鼓励商业银行对乡村产业的支持，为乡村产业提供均质化的金融保障服务，为乡村产业的全面发展创造良好的环境。还有学者指出，在大力发展数字经济和乡村振兴的过程中，要重视投资体系、人才储备、政治体制以及风险管控的建设，从资金、技术、政策以及制度等多个角度进行创新，推动乡村产业振兴对富民兴村的全方位支持（完世伟，2019）。

从产业融合的角度来研究产业发展对富民兴村的可行性。产业融合是当前城乡产业发展的必然趋势，也是城乡要素互动的必然结果，产业融合可以增强富民兴村的力度，提高乡村产业的韧性。关于产业融合的推动，政府是最重要的力量，特别是乡村产业融合不能脱离各级地方政府的支持，这也是政府实施乡村振兴的主要形式之一。为此，部分学者提出，要不断提升政府服务质量，优化政府在乡村产业融合的介入机制，积极寻找新路径，加速推进乡村产业融合创新，实现富民兴村（陈赞章，2019）。还有学者总结了国内外乡村产业融合发展的时代背景、特征以及政策情况，提出政府的支持和管理是乡村三产融合的重要基础（祝捷，2017）。近年来，文旅产业与生态农业的融合越来越明显，这种产业融合对促进地区经济结构升级、实现转型发展、改善乡村经济环境具有很大的作用。任耘（2017）梳理了我国乡村旅游发展的现状和问题，阐释了在传统农业的基础上发展乡村旅游的必要性和可行性，总结了它们融合之间互动的途径并提出对策。

第三节　研究的理论基础

一、产业集聚理论

产业集聚现象最早是由马歇尔提出的。马歇尔指出，规模经济有内外之分，外部规模经济是分析区域产业的规模经济，与专业化产业的地域集中有紧密联系。内部规模经济是分析某类企业的规模经济，与企业的空间组织效率和对资源的使用效率有很大关系。大量企业集中在某一地域，会因专业性的劳动力市场、产品市场以及知识经济溢出效应塑造的区域整体环境等方面的原因演变成外部规模经济（王俊豪，2008）。这种情况下，为了追求这种外部规模效益，企业就会进一步集聚在该地域，从而形成产业集聚空间。马歇尔的研究率先提出了产业集聚这个新领域，其内涵在众多学者的共同努力下得到不断发展。最具代表性的定义是美国学者迈克尔·波特（2002）给出的定义，即产业集聚指在产业发展中具有前后联系的相关企业及组织部门在某一地域上的空间集聚，并出现了有持续竞争优势和经济溢出的现象。除了对产业集聚概念内涵的论述，马歇尔之后的众多学者还对产业集聚的成因、机制进行了深入的分析和系统的阐释，由此形成了工业区位理论、增长极理论、创新理论和新经济地理理论等经典的产业集聚理论。

二、产业区位理论

产业区位理论是对人类活动空间组织优化的理论，这一理论尤其体现在经济活动方面。区位与产业活动关系的研究起源于19世纪初，1826年德国经济学家出版《孤立国》一书是产业区位理论的奠基作，对农业经济活动的区位进行了全面分析。此后，区位理论发展迅速，大致经历了静态区位理论、动态区位理论和现代区位理论三个阶段。静态区位理论的理论模型反映的是静止、局部的均衡状态，一般以一到两个因素进行独立分析。

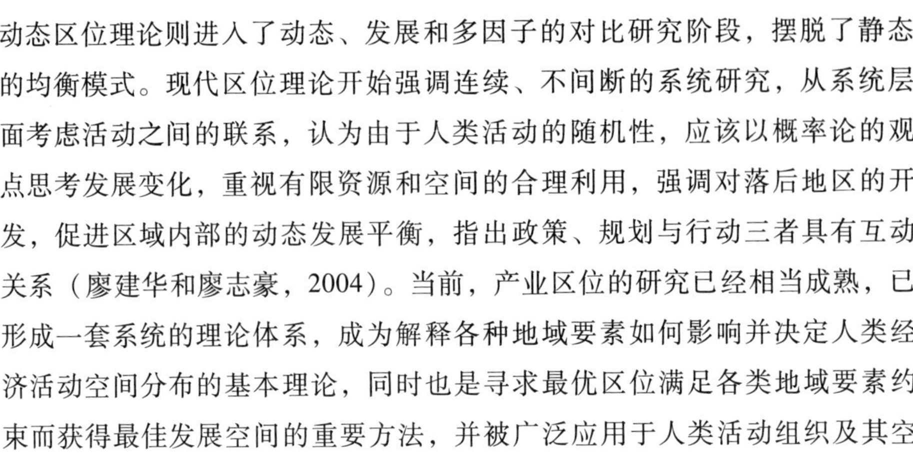

动态区位理论则进入了动态、发展和多因子的对比研究阶段，摆脱了静态的均衡模式。现代区位理论开始强调连续、不间断的系统研究，从系统层面考虑活动之间的联系，认为由于人类活动的随机性，应该以概率论的观点思考发展变化，重视有限资源和空间的合理利用，强调对落后地区的开发，促进区域内部的动态发展平衡，指出政策、规划与行动三者具有互动关系（廖建华和廖志豪，2004）。当前，产业区位的研究已经相当成熟，已形成一套系统的理论体系，成为解释各种地域要素如何影响并决定人类经济活动空间分布的基本理论，同时也是寻求最优区位满足各类地域要素约束而获得最佳发展空间的重要方法，并被广泛应用于人类活动组织及其空间布局（董玲，2007）。

三、区域经济发展理论

区域经济发展理论的形成是经济学和地理学融合的产物，有着深刻的社会经济背景。自20世纪50年代以来，世界各地工业化发展迅速，生产力水平发生了历史性的变化，大批国家和地区实现了大规模工业化生产，地区经济呈现出空前增长，但与此同时，一部分发达国家和众多发展中国家出现了地区经济发展不平衡的现象，致使政府开始出现干预区域经济的各种做法，为了应对这种区域经济发展不平衡现象，经济理论研究获得极大进展，由此出现了若干均衡发展理论和模型，代表性的有临界最小努力命题论、低水平均衡陷阱论、大推进论、贫困恶性循环论和平衡增长理论。上述理论在区域经济中的不断应用被西方学术界统称为区域均衡发展理论，该理论主要是关注部门及产业间的平衡发展问题，同时也主张区域间和区域内部的平衡问题，即空间的均衡性（黎宏华，2012）。区域经济均衡发展理论的出现，引起了西方学术界的广泛争议，也遭受到了一部分学者的反对，他们认为区域均衡发展理论存在许多缺陷。因此，一些学者在此基础上提出了区域不均衡发展理论，强调对重点区域和部门的优先发展，以促进整体经济的发展，代表性的理论有增长极理论、不平衡增长论与产业关联论、中心—外围论、循环累积因果论、主导产业论与发展阶段论、梯度推移理论、倒“U”型理论、输出基础理论等（程小芳，2009）。

四、演化经济地理学理论

演化经济地理学主要是以动态、演化的视角来分析经济的演化规律以及空间分布特征，其主要借鉴了演化经济学的思想，是经济地理学最新的一次转向。在转向“演化”之前，经济地理学还存在制度经济地理学和新经济地理学两次理论创新，制度经济地理学的研究主要是地理学背景的学者发起的，其主张强调空间上不均衡的经济分布主要是区域之间制度差异导致的，其分析方法类似于制度经济学。而新经济地理学则是以克鲁格曼为主的经济学家主导的，其基本主张认为经济活动的空间不平衡性主要是生产要素的不同流向导致的。然而，这两次理论创新都没有关注经济活动变化中的时间问题，即没有阐释经济景观与时间的关系，从而忽视了从演化的角度解释技术、竞争优势所带来的动态变化和经济效益。演化经济地理学由此产生，它通常被认为是经济地理学研究的第三种方法，其对经济活动的研究从空间和时间两个维度展开，并强调历史过程对经济活动空间不均衡发展的影响（安虎森和季赛卫，2014）。

第三章　广东省乡村产业发展的总体概况

第一节 全国乡村产业发展基本概况

一、现代农业高质量发展步伐稳健

（一）现代种养业不断做强

粮食安全综合保障能力持续提升。粮食产量实现“十七连丰”，2020年达6.69万吨，连续6年保持在6.65万吨以上。粮食播种面积保持稳定，已划定永久基本农田超15.46亿亩，粮食生产功能区和重要农产品生产保护区10.88亿亩，粮食播种面积达17.51亿亩。粮食单位面积产量持续上升，累计建成高标准农田8亿亩，单产达382.30千克/亩，人均粮食占有量超470千克，远高于国际公认的400千克粮食安全线。水稻、小麦自给率超过100%，玉米自给率超过95%，实现谷物基本自给、口粮绝对安全①。

其他主要农作物稳产保能力显著增强。2020年油料作物播种面积19693.68万亩，产量3586.40万吨。其中花生播种面积7096.25万亩，产量1799.27万吨。糖料作物播种面积2352.72万亩，产量12014.00万吨。蔬菜播种面积3222.82万亩，产量74912.90万吨。水果产量历史最高，达28692.36万吨。其中，柑橘产量5121.87万吨，苹果产量4406.61万吨②。

现代畜牧业转型升级加快。2020年，全国肉类、禽蛋和奶类总产量分别为7748.38万吨、3467.76万吨和3529.60万吨，肉类、禽蛋产量稳居世界第一，奶类产量居世界前列，有效保障了重要农产品供给和国家食物安全。现代畜牧业正朝着标准化、规模化、绿色化养殖方向快速发展。畜禽养殖规模化率达67.5%，主要以龙头企业规模化养殖为主，小散养殖场

① 农业现代化辉煌五年系列宣传之一：农业现代化成就辉煌　全面小康社会根基夯实。

② 根据国家统计局数据整理。本小节数据如无特殊说明，均来自国家统计局。

（户）正逐步有序退出。畜牧业科技创新水平持续提升，畜禽核心种源自给率达75%以上，“十三五”期间累计培育47个畜禽新品种（配套系），其中京红京粉蛋鸡、中新白羽肉鸭等品种填补了国内空白，国产优良品种市场占有率由20%提高到50%以上，极大降低了品种对外依存度[①]。畜牧养殖机械化率达35.8%，畜禽粪污综合利用率达76.0%[②]。

现代渔业发展新格局初步建立。传统养殖、捕捞、加工流通业持续稳定发展，增殖渔业、休闲渔业等新产业新业态发展迅猛，初步构建现代渔业五大产业体系发展格局。2020年水产养殖产量6549.02万吨，捕捞产量1324.82万吨。全国现有水产品加工企业9136个，水产冷库8188座，水产品加工总量2090.79万吨，加工率达31.92%。稻渔综合种养模式发展迅猛，2020年全国稻渔综合种养面积达3843.85万亩。其中，稻虾、稻鱼和稻蟹种养面积分别为1892万亩、1500万亩和190万亩；水产品产量分别为206.23万吨、80.00万吨和6.32万吨。休闲渔业产业规模持续壮大，2020年全国休闲渔业产值825.72亿元[③]。

（二）现代农业支撑作用凸显

农业科技创新体系日臻完善。近年来，通过聚焦育种、农机装备等关键环节科技攻关，我国农业科技创新事业快速发展，农业科技整体水平已从世界第二方阵跨入第一方阵，处于发展中国家领先地位。我国农业科技进步贡献率从2015年的56.0%提高到2021年的61.5%，年均提升0.83个百分点。截至2022年上半年，农业农村领域已建成水稻生物学、作物遗传改良等56个国家重点实验室、9个国家农业高新技术产业示范区、100个农业科学观测试验站，建设295家国家农业科技园区，组建50个主要农产品的现代农业产业技术体系，有效推动了创新链各环节战略力量集聚，取得了节水抗旱小麦、超级稻、白羽肉鸡等一批重大标志性成果，科技成为农业农村经济增长最重要的驱动力。其中，国家现代农业产业技术体系共研发932个新品种、4046项新技术、633项新工艺、110项新产品新装备，

① 农业现代化辉煌五年系列宣传之八：发展现代种业　做强农业“芯片”。

② 资料来源：《“十四五”全国畜牧兽医行业发展规划》。

③ 资料来源：《2020年全国渔业经济统计公报》。

引领产业技术转型升级[①]。

农业机械化水平稳步提升。主要农作物耕种收综合机械化率超过72%，小麦、玉米和水稻三大粮食作物耕种收综合机械化率分别超过97%、90%和85%，小麦基本实现了全程机械化，农机装备对粮食增产贡献率显著提高。社会化服务体系的主体更加多元、功能更加互补、服务更加便捷，累计培育95万多个农业社会化组织，服务面积近17亿亩次，服务带动小农超过7800万户，将先进品种技术装备和组织形式导入小农户，引导小农户步入现代化生产轨道[②]。

现代种业自主创新能力明显增强。自“十三五”以来，国家及省级累计审定主要农作物品种近2万个，实现新一轮品种更新换代，农作物种源自给率超过95%，单产平均提高5%以上；农作物良种覆盖率达96%以上，良种对农业增产的贡献率达45%以上，对畜牧业发展的贡献率超过40%，粮食单产提高对总产增加的贡献率超过66%[③]。

数字化与乡村产业融合不断深化。农业生产数字化改造提升成效初显，全国累计推进57个县级数字农业建设试点，建设5个国家数字农业创新中心。物联网、大数据等新一代信息技术在农业生产中得到不同程度的应用，农业生产数字化水平达23.8%，农机深松整地作业物联网监测面积累计超过1.5亿亩，植保无人机年度作业量近3亿亩[④]。在智能农机、无人机植保服务、农业物联网和农业大数据等领域，我国占全球产值比重超过30%。农产品电子商务迅猛发展，2020年农产品网络零售额达5750亿元，建设电子商务进农村综合示范县1489个、县级物流配送中心1212个，农村网商（店）达1500多万家[⑤]。

二、乡土特色产业增长极作用不断凸显

乡土特色产业基地不断壮大。推动特色产业集群集聚发展，扶持建设

① 农业现代化辉煌五年系列宣传之十：国家现代农业产业技术体系助力农业高质量发展。
② 农业现代化辉煌五年系列宣传之九：我国农业机械化加快向全程全面高质高效转型升级。
③ 农业现代化辉煌五年系列宣传之八：发展现代种业　做强农业“芯片”。
④ 农业现代化辉煌五年系列宣传之十二：为现代农业插上数字化翅膀。
⑤ 资料来源：根据农业农村部、商务部发布数据整理。

优势特色产业集群140个、国家现代农业产业园250个、农业产业强镇1309个、中国特色农产品优势区308个。综合产值超100亿元的优势特色产业集群达80个以上，其中四川晚熟柑橘、湖北小龙虾、福建食用菌、山东设施蔬菜、江西鄱阳湖优质稻米的综合产值均超过500亿元①。

乡土特色产业规模持续扩大。截至2022年底，全国认定4069个“一村一品”示范村镇，充分发掘了一批乡土特色产业，有力地推动了乡村产业集聚化、标准化、规模化、品牌化发展。培育出河北省保定市安国市郑章镇、广东省茂名市电白区博贺镇等464个十亿元镇，黑龙江省牡丹江市海林市海林镇蔬菜村、广东省韶关市仁化县大桥镇长坝村等691个亿元村。发掘了一批乡土特色工艺，创响了10万多个“乡字号”“土字号”乡土特色品牌②。

三、农产品加工流通体系逐渐完善

“十三五”期间，我国农产品加工业总体规模保持稳定，行业发展质量效益明显提升。2020年，农产品加工业营业收入约为23.5万亿元，规模以上农产品加工企业超过8.1万家，农产品加工转化率提升至68%；农产品加工业与农业总产值比提升至2.4∶1.0。全国已建成不同规模的农产品加工园区1600多个、产值超3.5万亿元；建成17万座贮藏、保鲜及烘干等初加工设施，果蔬等农产品通过初加工设施使用产后损失率从15%降至6%以下；建成24个农产品加工技术集成基地，加工科技创新能力不断提升。同时，农产品加工业吸纳3000多万人就业，辐射带动1亿多户小农户增收③。

农产品流通以批发市场渠道为主、新型流通模式为辅。据全国城市农贸中心联合会统计，全国现有农产品批发市场4.4万家，其中农产品批发市场4100多家，农贸市场、菜市场和集贸市场近4万家，公益性农产品批发市场覆盖约40%的地级市。在互联网快速发展背景下，农超对接、农批对接、B2C模式等扁平化的农产品流通新模式也不断涌现，但70%农产品仍经由批发市场分销，是鲜活农产品流通的关键环节和主渠道。商务部数

①② 资料来源：根据农业农村部发布数据整理。

③ 农业现代化辉煌五年系列宣传之十六：“四链”结合 农产品加工业高质量发展。

据显示，2020 年，全国农产品批发市场交易量达 9.2 亿吨，交易额达 5.4 万亿元，从业人员超过 670.0 万人。

农村物流配送体系建设迈入新阶段。目前，全国基本形成了覆盖县、乡、村的三级物流配送体系，搭建起“工业品下乡”与“农产品出村进城”双向流通渠道。全国冷链物流行业交易规模由 2016 年的 1800 亿元增至 2020 年的超 3800 亿元，冷库库容近 1.8 亿立方米，冷藏车保有量约 28.7 万辆①。

四、乡村产业融合发展趋势明显

农业产业化深入推进。截至 2022 年初，全国县级以上龙头企业为 9 万家，其中农业产业化国家重点龙头企业为 1959 家，涵盖粮油、畜禽、果菜茶、水产、种业、中药材、乳品和小众特色等多种门类，且产业链积极向农产品精深加工流通和新产业新业态延伸。据农业农村部监测，2020 年，农业产业化国家重点龙头企业平均总资产规模为 9.26 亿元，平均固定资产规模为 2.33 亿元，平均销售收入（不含农产品专业批发市场的交易额）为 9.22 亿元，平均资产报酬率为 9.94%；平均辐射带动农户 2.30 万多户，带动就业 33.20 万人，其中农民 20.30 万人，通过就业促进农民人均增收 1.52 万元②。

农文旅深度融合迈向高质量。随着乡村振兴战略的深入推进，乡村产业融合成为农村经济发展的突破口和增长极，逐步构建多主体参与、多业态打造、多要素集聚、多利益联结、多模式创新“五多协同”发展格局。开发了一批休闲农业和乡村旅游精品线路，建成了一批休闲观光、乡村民宿、健康养生等园区景点，2019 年接待游客 32 亿人次，比 2015 年增加 10 亿人次，营业收入超过 8500 亿元，比 2015 年基本上翻一番，直接带动吸纳 1200 万人就业，带动 800 多万户农户受益③。

乡村新型服务快速发展。2021 年，农林牧渔业专业及辅助性活动产值为 7748 亿元，各类涉农电商超过 3 万家，农村网络零售额为 2 万亿元，其

---

① 资料来源：《“十四五”冷链物流发展规划》。
②③ 资料来源：根据农业农村部公布数据整理。

中农产品网络销售额为 3975 亿元。吸引一大批各类人才返乡创新创业，建设近 2200 多个农村创新创业园区和孵化实训基地，累计有 1120 万人返乡回乡创新创业，平均每个主体带动 6~7 人稳定就业、15~20 人灵活就业①。

第二节　广东省乡村产业发展成效

一、现代种养业发展基础更加坚实

现代种养业多项指标位居全国前列。2021 年广东省农林牧渔业总产值达 8369 亿元，位居全国第四，同比增长 9%，增速创 34 年来最高，并高于全国平均水平②。在种植业方面，2021 年广东省粮食总产量为 1279.9 万吨，粮食产量达 9 年最高水平，实现面积、单产、总产三增长，广东省粮食安全省长责任制考核实现“五连优”。2021 年广东省花生产量达 115.87 万吨，位居全国第三；甘薯产量为 73.00 万吨，位居全国第四；糖料（甘蔗）产量为 1306.60 万吨，位居全国第三；蔬菜产量为 3855.70 万吨，位居全国第九。2021 年广东省水果总产量达 1957.79 万吨，位居全国第五。荔枝、香蕉、龙眼、菠萝等岭南特色水果产量稳居全国首位。2021 年广东省荔枝产量为 143.71 万吨，占全国的 51.07%，排名稳居第一（2021 年广东省荔枝投产面积 394.93 万亩，占全国的 49.83%，产量为 147.31 万吨，占全国的 50.07%）；龙眼产量为 93.10 吨，占全国的 46.60%；菠萝产量为 122.00 万吨，占全国的 70.00%。广东省还是全国最大的甜玉米主产区，优势特色作物产值占种植业产值的 70%以上。

畜牧业规模和种业实力位居全国前列。2021 年广东省肉类产量达 457.42 万吨，位居全国第七，家禽出栏量为 128039.56 万只，位居全国第二，畜牧业总产值为 1707.82 亿元，全国排名第 11 位；工业饲料总产量为

① 资料来源：根据农业农村部公布数据整理。

② 资料来源：根据《广东统计年鉴》和《广东农村统计年鉴》数据整理。

3573.27 万吨，位居全国第二①。畜禽种业（特别是猪和鸡）发展水平全国领先，全省有各类种畜禽场 526 家，黄羽肉鸡种苗和种猪供应占据全国重要位置。拥有畜禽新品种（配套系）33 个、国家生猪核心育种场 10 个（占全国的 11%）、国家级肉鸡核心育种场 8 个（占全国的 47%）、国家肉鸡良种扩繁推广基地 6 个（占全国的 37%），数量位居全国前列。建设国家级保种场（区）10 个，省级保种场（区）21 个，形成了小耳花猪、蓝塘猪、清远麻鸡、三黄胡须鸡、狮头鹅、石岐鸽、华南中蜂等特色产业区带②。

水产养殖产量位居全国第一。2021 年广东省水产总产量为 884.49 万吨，其中水产养殖产量为 756.81 万吨，稳居全国第一；渔业总产值为 1747.34 亿元，位居全国第二③。其中有 9 个海水养殖品种（海鲈、石斑鱼、美国红鱼、军曹鱼、海水南美白对虾、青蟹、斑节对虾、螺、江珧）和 6 个淡水养殖品种（鳜鱼、鲈鱼、乌鳢、罗非鱼、鳗鲡、淡水南美白对虾）的产量位居全国第一，有 5 个淡水养殖品种（草鱼、鳙鱼、短盖巨脂鲤、长吻鮠、罗氏沼虾）的产量列居全国第二，渔用饲料和水产品流通产值位居全国第一。

二、乡土特色产业蓬勃发展

自 2018 年以来，广东省将现代农业产业园、“一村一品、一镇一业”作为实施乡村振兴战略、推动产业兴旺的重要抓手，大力发展富民兴村产业。截至 2022 年底，已建设 18 个国家级、288 个省级、73 个市级现代农业产业园，认定形成 2455 个省级特色农业专业村、352 个专业镇，为丝苗米、荔枝、龙眼、香蕉、菠萝、花卉、南药、罗非鱼、对虾等多个岭南特色优势主导及特色产业发展装上“加速器”，在全国率先构建起“跨县集群、一县一园、一镇一业、一村一品”现代农业产业体系。

现代农业产业体系建设有力地保障了粮食和重要农产品的供应。省级

① 资料来源：根据国家统计局和广东省农业农村厅公布数据整理。

② 资料来源：《广东省现代畜牧业发展“十四五”规划（2021-2025 年）》。

③ 资料来源：根据广东省农业农村厅公布数据整理，本小节数据如无特殊说明，均来源于广东省农业农村厅。

以上现代农业产业园中粮食产业园31个（含扩容提质）、生猪产业园13个、水产产业园31个、蔬菜26个、水果43个，保障了广东省粮食和重要农产品的有效供给，守住了“米袋子”、丰富了“菜篮子”，进一步筑牢了粮食安全底线。其中，在第一轮省级现代农业产业园建设中，粤东、粤西、粤北地区130个省级现代农业产业园主导产业总产值达2152.49亿元，且二三产业产值占产业链比重超50%。产业园内农业企业数量达3299个，品牌数量2459个，其中新增品牌493个。吸引2.55万人返乡创业，并辐射带动123.00万农民就业，联结带动7.18万贫困户脱贫致富，产业园内农民收入水平较当地全县平均水平高24.6%①。

据广东省农业农村厅监测数据显示，截至2021年底，“一村一品、一镇一业”建设依托资源禀赋扶持3203个村发展农业特色产业，促进资源变产品、产品变商品、商品变名品。332个农产品入选全国名特优新农产品名录，数量位居全国前列；74个村镇获评为全国“一村一品”示范村镇，新增数量全国第一，推动了广东省“一村一品”示范村镇建设走在全国前列。2278个省级特色农业专业村主导产业总产值达481.45亿元，平均占村农业总产值的53.12%；300个省级专业镇主导产业总产值达894亿元，平均占镇农业总产值的48%。“一村一品、一镇一业”专业村镇农户年人均可支配收入平均增加26%。

三、农产品加工业实力日益壮大

“十三五”期末，广东省农产品加工业总产值达2.27万亿元，较2018年增加665.24亿元，农产品加工业营业收入利润率达7.14%，整体高于工业利润水平，农产品加工与农业总产值之比为2.46∶1，高于全国平均水平。其中，农副食品加工业、食品制造业及烟草制品业增速明显，年均增幅超过5%。精制食用植物油、酱油、冷冻饮品、饮料产量位居全国首位。全省形成8个产值过千亿的农产品加工行业，其中橡胶和塑料制品业产值为5440.54亿元、农副食品加工业产值为3356.27亿元、造纸和纸制品业产值为2483.28亿元，累计占全省农产品加工业总产值的50.14%。规模以

① 农业现代化辉煌五年系列宣传之四十五：广东省“十三五”农业现代化发展回顾。

上农副食品加工企业数量 1093 家，平均产值超过 3 亿元①。2022 年出台了《加快推进广东预制菜产业高质量发展十条措施》，11 个预制菜产业园纳入省级现代农业产业园，设立了全国首只省级层面的预制菜产业投资基金，母基金规模达 50 亿元，预计未来将达到百亿元规模的子基金群。全省形成了带动有龙头、中试有平台、支撑有园区、投资有基金的新格局。

四、乡村休闲产业高质量发展

全省乡村旅游资源丰富。据广东省农业农村厅数据资料显示，截至 2021 年底，广东省累计建成肇庆封开等 5 条省际廊道，打造了广州“花漾年华”、佛山“百里芳华”、茂名“精彩 100 里”、汕尾“蚝情万丈”等 200 多条美丽乡村风貌带、570 多条美丽乡村精品线路。累计创建全国休闲农业和乡村旅游示范县（区）10 个、全国休闲农业和乡村旅游示范点 19 个、中国美丽休闲乡村 42 个、全国乡村旅游重点村 42 个、中国历史文化名镇 15 个、中国历史文化名村 25 个；评定省级休闲农业与乡村旅游示范镇 167 个、省级休闲农业和乡村旅游示范点 438 个、广东省文化和旅游特色村 259 个、广东省乡村民宿示范点 92 个，5 项中国重要农业文化遗产，并向全国推介了 24 条乡村休闲精品线路。广东省充分发挥乡村休闲旅游业在横向融合农文旅中的连接点作用，大力推进“休闲农业+”，依托绿水青山特色、传承乡土文化本色、提亮生态田园底色，推动乡村休闲旅游业高质量发展。乡村旅游品牌效应持续提升。从化区和德庆县入选全国休闲农业重点县。乡村休闲产业多元化趋势明显，涌现出农业公园、田园综合体、特色小镇等休闲农业模式。全省打造了珠海岭南大地、河源灯塔盆地、茂名根子镇等 5 个国家级田园综合体，17 个省级 4A 级农业公园和 50 个省级 3A 级农业公园，142 个特色小镇。培育了一批以深圳市光明农场大观园、佛山盈香生态园等为代表的都市休闲农业园区，以梅州雁南飞茶田景区等为代表的乡村度假景区，以佛山市逢简水乡等为代表的乡村文化旅游景点，以清远市千年瑶寨景区等为代表的少数民族乡村旅游项目，形成了肇庆环星湖、江门市古劳水乡等一批乡村民宿集群。2020 年，全省休闲农业经营主体 8013

---

① 资料来源：根据《广东统计年鉴》整理。

个，从业人员达57.89万人，乡村休闲接待游客1.24亿人次，营业收入143.70亿元①。

五、农村电商产业体系持续完善

“十三五”期末，广东省县域网络零售总额为6722.7亿元，位居全国第二；其中南海区饼干蛋糕、饶平县乌龙茶等6个县（区）入选县域农产品网络零售前100名，位居全国第五②。据南京大学空间规划研究中心与阿里研究院研究报告显示，2021年广东省“淘宝村”数量达1322个，是2016年（262个）的5倍，年均增长38.7%，位居全国第二；其中广州共有273个淘宝村，并且诞生了中国首个年销售额突破100亿元的“淘宝村”——大源村，区域内电商全产业链拉动当地就业人员超过10万人。

形成“4+3+3”的农村电商产业建设模式。一是稳步推进4级联动的农村电商平台载体建设。启动全省农村电商“百园万站”行动，创新建立“广东省农村电商网络学院”，打造升级农村电商在线培训和服务平台，各市、县、镇村重点扶持建成29个农村电商产业园、17个培训和创业就业基地，以及3082个“E网兴农”基层示范站，为全省16.3万人次提供在线培训服务，带动电商从业人员超过100万人，促进农产品电商销售近4000亿元，实现全省农村电商“百园万站”良好开局。二是不断壮大3个层次的农村电商人才队伍。截至2021年9月，开展农村电商常规性培训，累计培训8.09万人次；着力培养农村电商专业人才，全省123所技工院校电子商务专业在校生6.90万人，其中高级工以上学生达45.10%；组织开展农村电商“一村一品”经营管理人才，完成培训1.27万人次，其中开展省级精英训练659人。三是持续实施三方面农村电商品牌创建。广泛开展“一村一品”系列行动，积极开发“爆款”产品，打造“粤字号”农产品品牌；组织开展3500余场“网红带货”行动，举办“寻找家乡带货王”等系列农村电商赛，提高农村电商影响力；深入开展品牌工程对接行动，推进“农村电商”与“粤菜师傅”“南粤家政”等工程以及当地特色产业对接活

① 资料来源：《广东省乡村休闲产业“十四五”规划》。
② 资料来源：《2021全国县域数字农业农村电子商务发展报告》。

动200多场，实现“1+1>2”的效果。

六、新型农业经营主体日渐壮大

“十三五”期末，全省国家、省、市、县四级农业龙头企业总数超5000家，其中省级以上农业龙头企业1183家，实现涉农营业总收入超过7000亿元，紧密联结带动省内农户超过400万户、带动农户年户均增收超过4000元。年营业收入超过50亿元的企业有19家，其中温氏、海大、海天味业、钱大妈等12家企业销售收入超过百亿元，各种渠道上市、融资农业企业超过150家。全省各级农业龙头企业建设各类农产品生产基地2261.95万亩，实现生产基地总产值达3196.29亿元。超过650家省级以上农业龙头企业参与粤东、粤西、粤北省级现代农业产业园建设，市级以上农业龙头企业有61家参与优势特色产业集群，有235家参与农业产业强镇建设。全省各级农业龙头企业带动省内外1067.07万户农户实现户均增收6584余元，吸纳80.81万人实现就业，配套支出工资福利总额达536.49亿元。

农民合作社发展迅速，全省合作社总数已超5.2万家，在组织联农带农、开展适度农业规模经营方面取得巨大成效。国家级示范合作社超过300家，省级以上农民合作社示范社2052家，合作社成员普遍比生产同类产品的非成员增收15%以上创新合作社服务中心做法，已建立起35个合作社服务中心、297个镇级服务站、168家联合社，推动建立“农户+合作社+联合社（县级合作社服务中心）+省联合社（省级支持中心）”的合作联合体系。全省纳入全国名录系统管理的家庭农场15.91万家，省级以上家庭农场754家。累计培训各类乡村振兴人才112.3万人，其中农业职业经理人1.3万人，新型职业农民7.7万人。龙头企业、农民合作社、家庭农场和新型职业农民等新型经营主体正成为广东省发展乡村产业的主导力量。

七、科技引领乡村产业能力不断突破

“十三五”期末，广东省农业科技进步贡献率达70.2%（高出全国10个百分点），几乎追平一直居于全国首位的江苏。新品种选育突破性成果丰硕，丝苗型优质稻新品种美香占2号优良食味品质育种达国际领先水平；培育出特早熟荔枝新品种“早荔一号”、晚熟优质品种“红脆糯”和“玲珑”等，将同一产区的荔枝产季延长了40天，中国荔枝种业“硅谷”正在广东省崛起；选育的杂交黑皮冬瓜品种推广面积位居全国第一；选育集成“高抗枯萎病+优异加工性能”的特色香蕉新品种，填补了我国香蕉粮食和加工用途品种的空白。“十三五”期间，广东省首创了农村科技特派员参与乡村振兴驻镇帮镇扶村工作新机制，实现了600个重点帮扶镇、301个巩固提升镇农村科技特派员全覆盖。广东省农科院首创并推广了“共建平台、下沉人才、协同创新、全链服务”的院地合作模式，实现了粤东、粤西、粤北农科院分院全覆盖。广东省农业农村厅首创并推动建设了“1+51+100+10000”四维一体的金字塔式全省农业科技推广服务创新体系。

第三节　广东省乡村产业发展中存在的问题

广东省以超常规举措推进乡村振兴战略实施，在产业发展、产业融合等方面取得了巨大成效，在乡村产业发展过程中也暴露出一些不足。

一、乡村产业政策有待进一步优化

一是用地政策创新不足。广东省用地政策创新突破少，土地政策与供地方式不能及时地适应自身乡村产业发展的新要求，在推进过程中存在落地难、落地慢的问题。如农村土地流转方面，粤东、粤西、粤北地区土地流转率低，连片流转面积小，增加了企业投资成本。2020年，广东省农村土地流转面积达1776.12万亩，占农村承包地面积的50.45%，其中50亩以下的小面积流转占据主导，连片流转50亩以上面积占比仅为37.14%。而浙江省流转率达60.68%，且流转规模50亩以上为主（71.61%）。浙江省在“点状供地”基础上又创新农业“标准地”改革，实行土地联动供应，破解农业配套建设用地“供地难、用地贵、拿地慢”等问题，加快项目落地并提升产出效益。二是乡村产业税费政策还需进一步加强。与兄弟省份相比，广东省在加工生产、物流储运、展销零售等环节的税收减免方面没有比较优势。粤东、粤西、粤北地区，除重点老区苏区和民族地区企业享

有15%企业所得税优惠税率外，不少县（市）农业龙头企业所得税税率仍为25%。广西梧州、玉林等市相关企业不仅享受国家西部大开发减按15%税率征收企业所得税优惠，同时又免征属于地方分享部分，即按9%征收企业所得税。

二、农产品精深加工水平有待提升

虽然广东省农产品加工业比较发达，在我国农产品加工业中居于重要地位，但是整体水平与发达国家和国内排头省份相比还存在亟待解决的问题。一是农产品加工尚未形成产业化体系。农产品加工产业化体系不健全，产业链条较短。农产品资源品种多、产量大，但因贮藏保鲜加工能力差造成产后损耗严重。二是农产品加工科技创新仍显不足。部分农产品加工企业产品单一、同质化问题突出，薄利运行，研发投入有心无力。农产品产地采后处理损失率较高。装备水平相对落后，特别是适应广东省特色农产品加工专用机械的种类还较少，在农产品加工机械自动化和专业化方面的研究还存在差距。三是农产品加工层次不高。加工专用原料供给不足，缺乏稳定生产保障基地。产业链条短，多数企业仍处在产品竞争阶段，缺少品牌溢价收益。产后处理以初级加工为主，缺少高水平的二三次精深加工，农产品增值幅度不大。“加工与种养不协调”，水果、水产品等加工能力偏低。“十三五”期末，广东省水果总产量为1756.16万吨，是浙江省的2.33倍。但全省水果加工超过5亿元产值的龙头企业很少，缺乏像浙江省丰岛食品、海通食品、农夫山泉等大型果蔬加工企业。在水产方面，广东省水产品产量稳居全国首位，2020年水产品总产量达875.81万吨，比浙江省多286.26万吨，但年加工能力比浙江省少22.76万吨；与山东、福建等水产品加工强省相比也还存在较大差距，水产加工企业数量比山东少756家，比福建少215家，年加工能力仅为山东的27%、福建的43%。

三、农业机械化与社会化服务发展滞后

“十三五”期末，广东省单位农用地的农业机械总动力1.67千瓦/千公顷，低于浙江省的2.11千瓦/千公顷。2021年，广东省主要农作物耕种综合机械化率为65.7%，比浙江省低6.0个百分点；水稻耕种收综合机械化

率为75.3%，比浙江省低10.2个百分点，畜牧养殖机械化率为38.3%，比浙江省低5.0个百分点；水产养殖机械化率为30.6%，比浙江省低17.0个百分点；农产品初加工机械化率为24.2%，比浙江省低22.0个百分点。“十三五”期末，广东省开展农业社会化服务的农民专业合作社数量为1665个，远低于浙江省的6104个，开展社会化服务的企业数仅有924个，远低于浙江省的2003个，其他服务组织1356个，仅为浙江省的39.3%；总开展社会化服务对象数量上也仅有浙江省的56.15%。

四、乡村农旅融合深度仍需深化

从休闲农业和乡村旅游总体情况来看，广东省总体产值偏低。2020年，江苏省具有一定规模的休闲旅游农业园区景点超过1.2万个，乡村休闲旅游农业游客接待量2.6亿人次，年综合经营收入超过800亿元；浙江省有民宿1.9万余家（其中等级民宿688家），农家乐共2.15万户，休闲渔业经营主体达2413家，休闲农业和乡村旅游接待3.7亿人次，旅游经营总收入达431.3亿元；重庆市培育休闲农业主体22407个，接待游客2.11亿人次，实现乡村休闲旅游业经营收入658亿元。与江苏、浙江、重庆等省份相比，广东省无论是经营主体数量、接待人次还是乡村休闲旅游业产值都还存在较大差距。从休闲农业和乡村旅游品牌打造来看，广东省精品项目不多。如浙江省2017年开始开展万村千镇百城景区化，目前已有11531个A级景区村、774个A级景区镇和63个A级景区城，其中，26个4A级以上景区城和13个5A景区镇，乌镇、莫干山等已打造成国际知名的乡村旅游目的地。部分景区、农家乐发展势头迅猛，如临安村落景区2020年累计接待游客136.8万人次，实现旅游收入8178.2万元；长兴小浦镇民宿（农家乐）接待游客19余万人次，农家乐（民宿）户均营业额50万元，净收入20万元。广东省虽然也打造了珠海岭南大地等田园综合体、肇庆环星湖民宿集群等一批休闲农业和乡村旅游项目，但是从知名度、接待人次来看，休闲农业和乡村旅游项目建设质量和品牌打造力度需进一步加强（见表3-1）。

表 3-1　2020 年广东、浙江国家级休闲农业与乡村旅游点建设情况对比

类别	项目	浙江	广东
乡村旅游与休闲农业	休闲农业与乡村旅游年收入（亿元）	435	143
	休闲农业与乡村旅游接待人数（亿人次）	2.47	1.24
国家级乡村旅游建设点	全国休闲农业与乡村旅游示范县（区）	24	10
	全国乡村旅游重点村（截至 2021 年累计）	40	32
	中国美丽休闲乡村（个）	60	32

资料来源：《广东省乡村休闲产业“十四五”规划》《浙江省休闲农业发展“十四五”规划》。

五、乡村产业绿色发展水平不高

“绿水青山就是金山银山”，绿色是农业的底色。广东省乡村产业还存在一定的高污染、高能耗、低效率情况。一是广东省化肥农药使用效率较低。2020 年广东省每亩耕地施用化肥（折纯量）32.91 千克，是全国平均水平（21.88 千克/亩）的 1.50 倍，是江苏省（25.03 千克/亩）的 1.31 倍；农药每亩耕地使用量 1.25 千克/亩，是全国平均水平（0.85 千克/亩）的 1.46 倍，是江苏省（0.59 千克/亩）的 2.13 倍。二是广东省水产生态养殖短板比较突出。广东省水产养殖方式仍然比较粗放，部分地区仍采取粗放式高密度养殖，养殖尾水处理工艺水平不足导致环境遭到一定的破坏。尤其是广东省海水养殖尾水污染量大面广，2020 年全省海水无证养殖比例高达 66%。吴川市大量未经处理的对虾养殖尾水直接排入海洋，致使金海岸变成黑沙滩。茂名水东湾水产养殖污染被中央生态环境保护督察组以典型案例形式通报。

第四节　本章小结

近年来，广东省以现代农业产业园和“一村一品、一镇一业”为主抓手，初步构建“跨县集群、一县一园、一镇一业、一村一品”现代农业产业体系。乡村特色产业发展势头良好，水果、水产稳居全国第一，一二三产业融合发展步伐加快，乡村新产业、新业态不断涌现。但与全国其他先进省份相比，广东省乡村产业配套政策不够完善，在产业发展用地政策供给上还与当前产业发展形势不相匹配。农产品精深加工能力不足的短板，缺乏与当前特色产业适配的高端精深加工装备。农旅融合层次较浅，乡村旅游带动乡村发展的能力还有待提高。此外，在农业绿色种养、生态方面还存在明显薄弱环节，农药化肥利用效率不高，水产生态养殖推广力度也有待加强。

第四章　广东省乡村产业发展水平测度及区域差异

发展乡村产业是推进农业农村现代化的重要引擎，是乡村全面振兴的重要根基。根据乡村产业内涵特征，从产业融合、创新创业、业态丰富、农民增收和绿色发展五个维度构建了包含15个指标的乡村产业发展评价指标体系，对广东省及21个省辖市乡村产业发展水平进行了定量化描述。然而，目前如何评估我国乡村产业经济现状仍然非常困难。在国民经济核算体系中，没有乡村产业方面的直接统计数据，很难直接测算出乡村产业的经济规模和结构等情况（李国祥，2018）。因此，开展乡村产业发展水平评价，有利于评估乡村产业的历史变化、政策效果和区域差异，对于更好地促进乡村产业高质量发展具有重要意义。通过对现有文献的分析，鲜有涉及乡村产业发展水平测度及区域差异性的实证研究。乡村产业振兴过程中，中国国情和地方特色是两大基本前提（于建嵘，2018）。作为全国第一经济大省，广东省乡村产业具有多样化特征、空间分布呈现明显区域差异。基于此，本章以广东省为研究对象，以21个省辖市为研究单元，通过构建指标体系测度分析乡村产业发展水平，深入剖析乡村产业发展的空间异质性和问题短板，旨在为广东省及各省辖市乡村产发展路径制定提供科学依据。

第一节　数据来源及研究指标设计

广东省地处中国大陆最南部，毗邻港澳，总面积为17.98万平方千米，下辖21个省辖市。属于东亚季风区，从北向南分别为中亚热带、南亚热带和热带气候，是全国光、热和水资源较丰富的地区，且雨热同期。地貌类型复杂多样，有山地、丘陵、台地和平原，其面积分别占全省土地总面积的33.7%、24.9%、14.2%和21.7%。地势总体北高南低，北部多为山地和高丘陵，南部则为平原和台地。自党的十九大提出实施乡村振兴战略以来，广东省利用各地特色要素资源，通过两轮现代农业产业园建设，扶持3000多个村发展特色农业，推进农业生产托管等举措，构建“跨县集群、一县一园、一镇一业、一村一品”现代农业产业体系，推动乡村产业集聚发展。从地域分布来看，不同区域自然资源禀赋、经济社会发展水平差异较大，广东省乡村产业发展具有鲜明的多样化趋势和区域异质性特征。

一、指标体系与数据来源

（一）内涵界定

《国务院关于促进乡村产业振兴的指导意见》对乡村产业概念作出了明确的界定，指出乡村产业是根植于县域，以农业农村资源为依托，以农民为主体，以农村一二三产业融合发展为路径，地域特色鲜明、创新创业活跃、业态类型丰富、利益联结紧密的产业体系，主要包括现代种养业、乡土特色产业、农产品加工流通业、乡村休闲旅游业、乡村新型服务业、乡村信息产业等。中国特色乡村产业以促进产业兴旺、保障农产品供给、提高农民生活水平、实现乡村振兴为发展目标（农业部课题组和张红宇，2018），通过农村经济的技术创新、组织创新和市场创新，推动农村产业的产业融合、产业链延伸、产业功能拓展和产业附加值增强，从而提高农村各类要素的回报率和全要素生产率，改善农村从业者的收入水平和生活状态，并更好地满足城乡居民对农村产业多样化、动态化的需求（高帆，2019）。《全国乡村产业发展规划（2020-2025 年）》提出，到 2025 年，乡村产业体系健全完备，乡村产业质量效益明显提升，乡村就业结构更加优化，产业融合发展水平显著提高，农民增收渠道持续拓宽，乡村产业发展内生动力持续增强。

基于乡村产业内涵特征和发展目标，本章构建包含产业融合、创新创业、业态丰富、农民增收和绿色发展五个维度的乡村产业发展评价指标体系。这五个维度涵盖和体现了乡村产业发展的目标、特征和路径，符合乡村产业发展的政策期望和现实需求。

（二）指标体系构建

在选取具体指标时，遵循科学性、代表性、获得性、可比性等原则，构建了包含 5 个一级指标、15 个二级指标的评价体系（见表 4-1）。在二级指标的设计上，采用了相对指标与绝对指标相结合的方法，以更真实地反映广东省乡村产业发展状况。各维度及指标的内涵如下：

表 4-1　广东省乡村产业发展评价指标体系构成及权重

一级指标	二级指标	指标说明	属性	权重
产业融合	食品工业产值与农业总产值之比	食品工业产值/农林牧渔业总产值	+	0.0627
	休闲农业与乡村旅游发展水平（个）	省级休闲农业与乡村旅游示范镇示范点数量	+	0.0497
	国家地理标志保护产品数量（个）	原国家质量监督检验检疫总局、现国家知识产权局批准认定	+	0.0410
创新创业	农林牧渔业法人单位数（个）	—	+	0.0320
	淘宝村和淘宝镇数量（个）	阿里研究院认定	+	0.0658
	农民合作社省级示范社数量（个）	广东省农业农村厅评定	+	0.0468
业态丰富	设施农业占耕地面积比重（%）	设施农业面积/耕地面积	+	0.0512
	农业生产性服务业发展水平（%）	农林牧渔专业及辅助性活动产值/农林牧渔业总产值	+	0.0718
	农村科普示范基地数量（个）	广东省科学技术协会认定	+	0.0902
农民增收	乡村非农就业比例（%）	乡村二三产业从业人员/乡村从业人员总数	+	0.1173
	农村居民人均可支配收入（元）	广东省农村常住居民人均可支配收入	+	0.0553
	城乡居民收入比	城镇居民人均可支配收入/农村居民人均可支配收入	-	0.1537
绿色发展	化肥农药施用强度（千克/公顷）	（化肥施用量+农药使用量）/农作物播种面积	-	0.0693
	万元农业 GDP 能耗（吨标准煤/万元）	农业能源消费总量/农业 GDP	-	0.0609
	万元食品工业增加值能耗（吨标准煤/万元）	食品工业能源消费总量/食品工业增加值	-	0.0328

注：1. 阿里研究院对“淘宝村”的认定标准主要包括：①经营场所：在农村地区，以行政村为单元；②销售规模：电子商务年销售额达到 1000 万元；③网商规模：本村活跃网店数量达到 100 家，或活跃网店数量达到家庭户数的 10%。阿里研究院对“淘宝镇”的认定标准主要包括：①一个乡镇的淘宝村大于或等于 3 个；或者②在阿里平台，一个乡镇一年电商销售额超过 3000 万元、活跃网店超过 300 个。

2. 依据《广东省发展现代农业与食品战略性支柱产业集群行动计划（2021—2025 年）》，食品产业包括农副食品加工业、食品制造业、酒饮料和精制茶制造业、烟草加工业，食品工业产值通过 4 行业统计数据求和得来。

1. 产业融合

产业融合反映的是一二三产业之间的交互影响，通过产业链延伸、功能拓展、要素集聚、技术渗透及组织制度创新等方式在全产业领域实现有机整合、紧密相连的过程（国家发展改革委宏观院和农经司课题组，2016）。本章选用食品工业产值与农业总产值之比、休闲农业与乡村旅游发展水平、国家地理标志保护产品数量来衡量乡村产业融合程度。

2. 创新创业

创新创业体现的是新型农业经营主体不断发育，引领乡村产业能够作为独立的市场主体参与竞争，并有能力实现持续发展，这是衡量乡村产业重要性的关键指标（农业部课题组和张红宇，2018）。本章选用农林牧渔业法人单位数、淘宝村和淘宝镇数量、农民专业合作社省级示范社数量来衡量农村创新创业活力。

3. 业态丰富

业态丰富体现的是乡村产业的发展形态日益多元，依托农村自然、文化和生态资源，通过发展休闲、采摘、体验、文化、创意等产业形态，拓展农业的生产、生活、生态等多种功能，在此基础上催生出设施农业、农村电商、新型服务业等新产业新业态。本章选用设施农业占耕地面积比重、农业生产性服务业发展水平、农村科普示范基地数量来衡量业态类型丰富程度。

4. 农民增收

习近平总书记强调，围绕农村一二三产业融合发展，构建乡村产业体系，实现产业兴旺，把产业发展落到促进农民增收上来。作为就业的载体，乡村产业承担着稳定就业、创造就业的功能作用，实现农民更高质量就业，促进农民收入持续快速增长。本章选用乡村非农就业比例、农村居民人均可支配收入、城乡居民收入比来衡量农民收入增长状况。

5. 绿色发展

秉承绿色发展理念，发展绿色乡村产业，注重资源节约、环境保护，降低单位产出能源资源消耗，构筑绿色发展的产业链、价值链，走环境友好型、资源节约型的可持续发展道路（农业部课题组和张红宇，2018），促进生产生活生态协调发展。本章选用化肥农药施用强度、万元农业 GDP 能耗、万元食品工业增加值能耗来衡量乡村产业绿色发展程度。

（三）数据来源

广东省乡村产业发展指数的计算共涉及 32 个原始指标，各年度数据主要来源于广东省统计局公布的统计资料，个别指标的数据来自各市统计年鉴。其中省级休闲农业与乡村旅游示范镇（点）和农民专业合作社省级示范社数据来自广东省农业农村厅公布数据（http：//dara. gd. gov. cn/），国家地理标志保护产品来自地理标志网（cpgi. org. cn），淘宝村和淘宝镇数据来自阿里研究院发布的《2020 中国淘宝村研究报告》，设施农业面积数据来自广东省自然资源厅（gd. gov. cn）发布的《广东省土地利用现状汇总表》，其他指标的数据来自《广东统计年鉴》和《广东农村统计年鉴》。个别缺失数据采用插值法补齐。广东省乡村产业发展 15 个指标考察期实际值如表 4-2 所示。

表 4-2 2015~2020 年广东省乡村产业发展指标数据

指标		2015	2016	2017	2018	2019	2020
产业融合	食品工业与农业总产值之比	1. 23	1. 18	1. 09	0. 97	0. 93	0. 88
	休闲农业与乡村旅游发展水平（个）	274	344	401	451	513	583
	国家地理标志保护产品数量（个）	133	143	145	156	156	157
创新创业	农林牧渔业法人单位数（个）	37250	42163	47531	7173	45447	48290
	淘宝村和淘宝镇数量（个）	179	294	465	688	953	1250
	农民合作社省级示范社数量（个）	1223	1376	1376	1538	1538	1706
业态丰富	设施农业占耕地面积比重（%）	1. 47	1. 46	1. 45	1. 44	1. 43	1. 42
	农业生产性服务业发展水平（%）	3. 90	3. 88	4. 11	4. 26	4. 30	4. 54
	农村科普示范基地（个）	837	1065	641	644	554	596
农民增收	乡村非农就业比例（%）	61. 34	61. 31	61. 42	62. 73	62. 70	63. 45
	农村居民人均可支配收入（元）	13360. 44	14512. 15	15779. 74	17167. 74	18818. 42	20143. 43
	城乡居民收入比	2. 60	2. 60	2. 60	2. 58	2. 56	2. 49
绿色发展	化肥农药施用强度（千克/亩）	39. 32	40. 11	39. 01	37. 50	35. 88	34. 16
	万元农业增加值能耗（吨标准煤/万元）	0. 1534	0. 1476	0. 1467	0. 1558	0. 1374	0. 1364
	万元食品工业增加值能耗（吨标准煤/万元）	0. 3666	0. 3052	0. 3036	0. 2973	0. 2774	0. 3053

二、评价方法

（一）指标权重确定

广东省乡村产业发展水平评价涉及多项指标，是一个多属性决策的问题，关键在于指标权重的确定。指标权重反映了各指标在综合评价过程中所占的地位或所起的作用，直接影响到综合评估的结果。权重确定方法主要有熵值法（王玲，2017；陈学云和程长明，2018；李晓龙和冉光和，2019；余涛，2020；马凤才和冀铭希，2021）、层次分析法（李芸等，2017；姜峥，2018；陈国生，2019；刘鹏凌等，2019）、均权法（陈池波等，2021）等。熵值法根据样本中各项指标数据自身信息量的大小计算出指标权重（颜双波，2017），可以有效避免指标选择和赋权的主观性（孟庆福等，2011）。因此，本章运用熵值法对指标体系进行赋权，具体步骤如下：

第一步，设有 m 个评价对象，n 个评价指标，x_{ij}（$1 \leq i \leq m$，$1 \leq j \leq n$）为第 i 个被评价对象的第 j 项指标，则原始数据矩阵 $X=(x_{ij})_{m \times n}$。

第二步，对数据进行无量纲化处理。为了便于比较，本章采用极值法对指标的原始实际值进行标准化处理，消除量纲和数量级的影响。

对于正向指标：

$$x'_{ij}=\frac{x_{ij}-\min(x_j)}{\max(x_j)-\min(x_j)} \tag{4-1}$$

对于负向指标：

$$x'_{ij}=\frac{\max(x_j)-x_{ij}}{\max(x_j)-\min(x_j)} \tag{4-2}$$

其中，x'_{ij} 表示标准化值，取值在 [0，1]；x_{ij} 表示实际值，$\max(x_j)$ 和 $\min(x_j)$ 分别表示样本中第 j 个指标的最大值和最小值。

第三步，计算指标体系的比重矩阵。计算第 i 个评价对象的第 j 个指标在所有评价对象中的比重，$p_{ij}=\frac{x'_{ij}}{\sum_{i=1}^{m}x'_{ij}}$，得到矩阵 $P=(p_{ij})_{m \times n}$。

第四步，计算各指标的熵值。$e_j=-k\sum_{i=1}^{m}(p_{ij}\ln p_{ij})$，其中 $k=\frac{1}{\ln(m)}>0$，

$0 \leqslant e_j \leqslant 1$。在熵值计算中，若出现 p_{ij} 为 0 无法进行对数计算时，采用均值差值法，对其加 1 后再进行对数计算（刘云菲等，2021）。

第五步，计算第 j 项指标的信息效用值：$g_j = 1 - e_j$。

第六步，计算指标权重：$w_j = \frac{g_j}{\sum_{j=1}^{n} g_j}$，其中$\sum_{j=1}^{n} w_j = 1$。

（二）指数计算

广东省乡村产业发展综合评价模型为：

$$S_i = \sum_{j=1}^{n} w_j x'_{ij} \tag{4-3}$$

其中，S_i 表示乡村产业发展综合指数，w_j 表示指标权重，x'_{ij} 表示指标数据的标准化值。

第二节　广东省乡村产业发展特征分析

一、广东省层面乡村产业发展水平及变化

（一）广东省乡村产业发展水平整体呈上升趋势且增幅明显

2015~2020 年，广东省持续加大对农业资金投入和政策支持，全省财政农林水事务支出由 811.90 亿元增加到 1125.81 亿元，占全省一般公共预算支出比重上升了 0.13 个百分点。在中央和省级财政的有力支持下，广东省乡村产业发展指数从 0.2076 提高到 0.7936，整体呈强劲上升态势（见图 4-1）。这得益于中央、广东省委省政府出台了一系列含金量高的新政策、新举措，拓展农业多种功能、推进乡村产业融合发展、推进农业生产社会化服务等成为政策重点。在政策、市场等诸多因素推动下，广东省乡村产业快速发展。

（二）深加工乡村产业与设施化发展方面迟滞明显

发展主要源于绿色农业、乡村新型服务业、乡村休闲旅游业和地理标志特色产业发展水平的提升，而食品产业、设施农业发展滞缓。从表 4-3

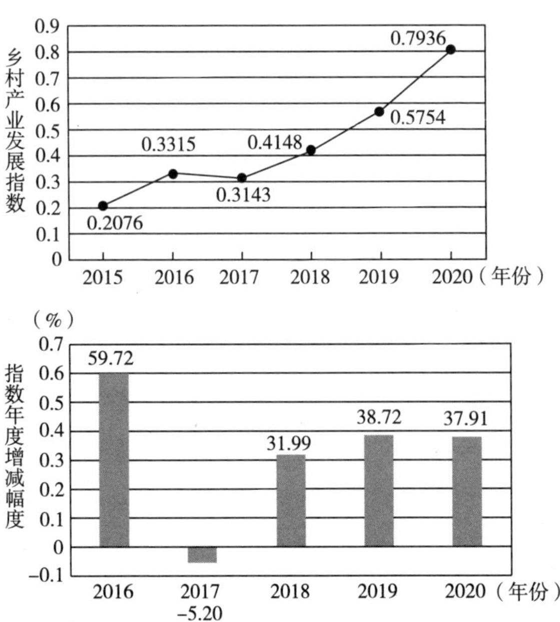

图 4-1　2015~2020 年广东省乡村产业发展指数及变化

表 4-3　2015~2020 年广东省乡村产业发展指数及分维度贡献率

	年份	产业融合	创新创业	业态丰富	农民增收	绿色发展	总指数
分维度指数	2015	0. 0627	0. 0234	0. 1030	0. 0019	0. 0166	0. 2076
	2016	0. 0823	0. 0491	0. 1358	0. 0163	0. 0481	0. 3315
	2017	0. 0783	0. 0638	0. 0749	0. 0329	0. 0644	0. 3143
	2018	0. 0837	0. 0618	0. 0774	0. 1360	0. 0559	0. 4148
	2019	0. 0875	0. 1079	0. 0555	0. 1848	0. 1397	0. 5754
	2020	0. 0907	0. 1446	0. 0792	0. 3263	0. 1527	0. 7936
	2015~2020 增量	0. 0280	0. 1212	-0. 0237	0. 3244	0. 1361	0. 5860
分维度贡献	2015	30. 21%	11. 28%	49. 61%	0. 90%	8. 01%	100%
	2016	24. 81%	14. 82%	40. 95%	4. 90%	14. 51%	100%
	2017	24. 90%	20. 30%	23. 85%	10. 45%	20. 49%	100%
	2018	20. 17%	14. 90%	18. 65%	32. 79%	13. 49%	100%
	2019	15. 20%	18. 75%	9. 65%	32. 11%	24. 29%	100%
	2020	11. 43%	18. 22%	9. 98%	41. 12%	19. 25%	100%
	2015~2020 增量	4. 78%	20. 68%	-4. 05%	55. 37%	23. 23%	100%
分维度权重		15. 34%	14. 46%	21. 32%	32. 63%	16. 3%	100%

可以看出，2020 年广东省乡村产业发展指数五个维度中农民增收维度得分最高，为 0.3263，其后依次是绿色发展（0.1527）、创新创业（0.1446）、产业融合（0.0907）、业态丰富（0.0792）。与 2015 年相比，农民增收维度得分提高 0.3244，是得分提高最多的维度；其次是绿色发展，得分提高 0.1361；再次是创新创业，得分提高 0.1212。分析其原因，一方面，广东省农业生产性服务业、农村电商、乡村休闲旅游业、地理标志特色产业等新产业新业态蓬勃发展，推动乡村就业结构不断优化，促进了农民就业增收。2020 年，广东省农林牧渔专业及辅助性活动产值占比为 4.54%，比 2015 年提高 0.64%；有淘宝村 1025 个和淘宝镇 225 个，比 2015 年分别增加 868 个和 203 个，分别位居全国第二和第三位，成为就地创业就业的重要载体；拥有省级休闲农业和乡村旅游示范镇示范点 583 个，比 2015 年增加 309 个；国家地理标志保护产品数量 157 个，比 2015 年增加 24 个，数量位居全国第三；乡村非农就业比例达 63.45%，比 2015 年提高 2.11%；农村居民人均可支配收入 20143.43 万元，比 2015 年增加 6783 元，年均实际增长 6.0%，高于同期 4.8%的城镇居民收入增速，城乡收入差距缩小至 2.49：1.00，农民获得感、幸福感不断增强。另一方面，化肥农药持续减量，资源节约型、环境友好型农业加快发展，引领乡村产业绿色转型升级。全省化肥农药施用强度从 2015 年的 39.32 千克/亩降至 2020 年的 34.16 千克/亩，万元农业 GDP 能耗由 0.1534 吨标准煤/万元降至 0.1364 吨标准煤/万元，万元食品工业增加值能耗从 0.3666 吨标准煤/万元降至 0.3053 吨标准煤/万元，年均下降分别为 2.8%、2.3%、3.6%。

而业态丰富维度得分从 2015 年的 0.1030 降至 2020 年的 0.0792，对乡村产业发展指数贡献从 49.61%降至 9.98%；产业融合维度对乡村产业发展指数贡献从 2015 年的 30.21%降至 2020 年的 11.43%，在乡村产业发展中的作用不断减弱。究其原因，一是食品产业发展水平与发达国家存在较大差距。2020 年广东省现代农业与食品集群总产值为 1.48 万亿元，其中农林牧渔业总产值为 7901.92 亿元、食品工业产值为 6916.77 亿元，考察期年均增长分别为 4.58%、8.30%、1.12%，食品工业产值与农业总产值之比从 2015 年的 1.23：1.00 降至 0.88：1.00，远低于发达国家 2：1~4：1 的水

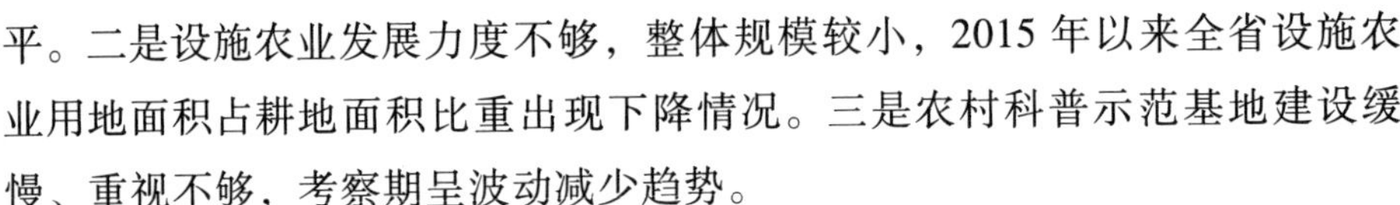

平。二是设施农业发展力度不够，整体规模较小，2015 年以来全省设施农业用地面积占耕地面积比重出现下降情况。三是农村科普示范基地建设缓慢、重视不够，考察期呈波动减少趋势。

二、区域层面乡村产业发展水平

（一）乡村产业“两端分化、中间趋同”特征明显

广东省乡村产业发展水平珠三角地区的东莞市最高、粤西地区的茂名最低，呈“两端分化、中间趋同”的区域分布特征。从市域层面来看，2020 年乡村产业发展指数最高的是东莞市，指数为 0.6464，其后依次是广州市（0.5273）、深圳市（0.4786）、佛山市（0.4773）、汕头市（0.4753）、中山市（0.4652）、惠州市（0.4297）；乡村产业发展指数最低的是茂名市，指数为 0.3027，仅为东莞市的 46.83%，其后依次是湛江市（0.3041）、江门市（0.3069）、潮州市（0.3221）和清远市（0.3322），而乡村产业发展水平居中的 9 个市域的指数非常接近，市域间乡村产业发展水平整体上呈“两端分化、中间趋同”的分布特征（见表 4-4）。当前茂名市乡村产业发展的主要制约因子为化肥农药施用强度、乡村非农就业比例、淘宝村和淘宝镇数量、食品工业产值与农业总产值之比、农林牧渔专业及辅助性活动产值占比和设施农业占比。其中，化肥农药施用强度高达 50.70 千克/亩，居全省第 21 位；乡村非农就业比例为 49.42%，远低于全省 63.45%的平均水平；淘宝村和淘宝镇 4 个，占全省总数的 0.32%；食品工业产值与农业总产值之比为 0.19∶1.00，居全省第 19 位；农林牧渔专业及辅助性活动产值占比 2.78%，远低于全省 4.54%的平均水平；设施农业占比仅为 0.53%，居全省第 20 位。从区域分布来看，2020 年广东省乡村产业发展指数较高的 7 个市域主要分布在珠三角地区，较低的 5 个市域主要分布在粤西、粤北、粤东地区，珠三角地区为 0.4530、粤东地区为 0.3786、粤北地区为 0.3713、粤西地区为 0.3216。整体来看，珠三角地区乡村产业发展水平较高，但个别差异突出，如珠三角地区的江门市乡村产业发展水平居全省第 19 位，主要制约因子有农村科普示范基地数量、食品工业产值与农业总产值之比、农林牧渔专业及辅助性活动产值占比、淘宝村和淘宝镇数量等。

表 4-4 2020 年广东省省辖市乡村产业发展指数

市别	产业融合		创新创业		业态丰富		农民增收		绿色发展		综合指数	
	指数	排序	指数	排序	指数	排序	指数	排序	指数	排序	指数	排序
东莞	0.0822	1	0.0675	3	0.0199	20	0.3138	2	0.1630	1	0.6464	1
广州	0.0587	7	0.0885	1	0.1699	1	0.1339	16	0.0762	14	0.5273	2
深圳	0.0403	13	0.0000	21	0.0715	4	0.2279	4	0.1389	2	0.4786	3
佛山	0.0349	14	0.0458	10	0.0714	5	0.2395	3	0.0858	11	0.4773	4
汕头	0.0404	12	0.0604	7	0.1193	2	0.1679	12	0.0874	9	0.4753	5
中山	0.0299	16	0.0274	17	0.0172	21	0.3174	1	0.0732	16	0.4652	6
惠州	0.0554	8	0.0625	4	0.0206	19	0.1778	8	0.1134	3	0.4297	7
梅州	0.0670	4	0.0611	6	0.0472	9	0.1482	15	0.0736	15	0.3971	8
云浮	0.0647	5	0.0258	19	0.0374	12	0.1583	14	0.0931	8	0.3794	9
韶关	0.0784	2	0.0458	9	0.0614	7	0.0946	20	0.0979	6	0.3782	10
肇庆	0.0622	6	0.0322	14	0.0837	3	0.1151	18	0.0825	12	0.3757	11
珠海	0.0153	21	0.0039	20	0.0567	8	0.1913	6	0.1032	4	0.3703	12
河源	0.0491	10	0.0797	2	0.0362	14	0.1590	13	0.0456	18	0.3697	13
汕尾	0.0195	20	0.0289	15	0.0439	11	0.1722	11	0.1012	5	0.3657	14
阳江	0.0322	15	0.0263	18	0.0359	15	0.1863	7	0.0772	13	0.3580	15
揭阳	0.0216	18	0.0616	5	0.0279	17	0.1773	9	0.0630	17	0.3514	16
清远	0.0744	3	0.0433	11	0.0338	16	0.0944	21	0.0863	10	0.3322	17
潮州	0.0203	19	0.0537	8	0.0250	18	0.2029	5	0.0202	20	0.3221	18
江门	0.0235	17	0.0280	16	0.0372	13	0.1234	17	0.0947	7	0.3069	19
湛江	0.0505	9	0.0430	12	0.0706	6	0.1147	19	0.0253	19	0.3041	20
茂名	0.0465	11	0.0395	13	0.0444	10	0.1723	10	0.0000	21	0.3027	21

（二）业态丰富和创新创业维度区域差异较大，农民增收维度区域差异最小

从不同维度的市域间差异来看，2020 年业态丰富维度差异最大，维度指数变异系数达 0.6761，其后依次是创新创业维度（0.5136）、产业融合维度（0.4488）和绿色发展维度（0.4603）；农民增收维度的市域间差异最小，维度指数变异系数为 0.3452。从二级指标标准化值变异系数来看，食品工业产值与农业总产值之比的市域间差异最大，变异系数达 2.2332，

其后依次是设施农业占耕地面积比重的变异系数为 1.9499，淘宝村和淘宝镇数量的变异系数为 1.2597，农村居民人均可支配收入的变异系数为 1.1054，农村科普示范基地的变异系数为 1.0486；城乡居民收入比的变异系数最小为 0.3548，如图 4-2 所示。

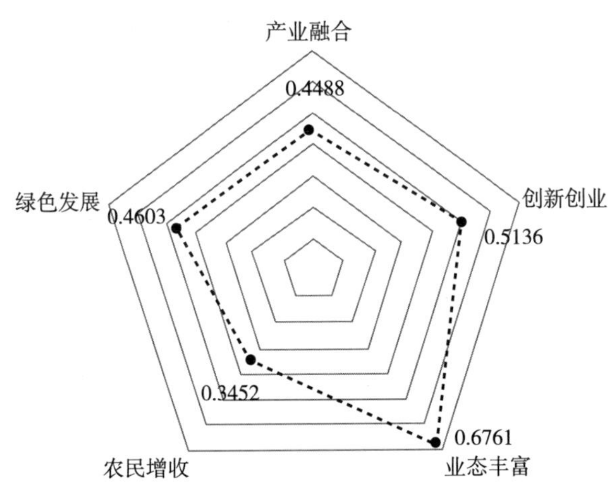

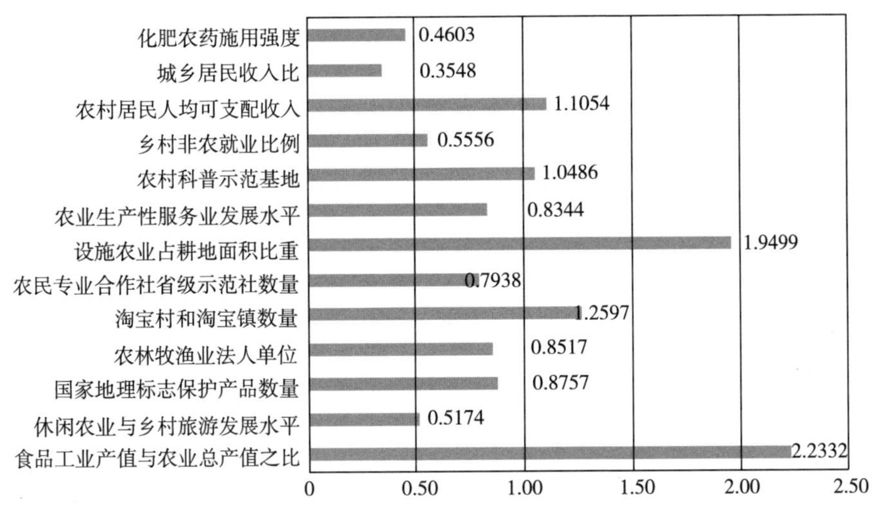

图 4-2　2020 年广东省各地市乡村产业发展各维度指数及二级指标变异系数

用 ArcGIS 软件自然间断点分级法（Jenks）将广东省 21 个省辖市乡村产业发展指数及五个维度指数划分为高、中、低 3 个等级（见图 4-3）。在

广东省21个省辖市中，业态丰富维度指数较高的市域是广州市、汕头市，得分最低的是中山市，主要是因为中山市农业生产性服务业发展水平偏低，农林牧渔专业及辅助性活动产值占比仅为2.19%，远低于全省4.54%的平均水平、居全省第18位；从区域层面来看，珠三角地区业态类型更为丰富、指数为0.0609，粤东地区为0.0540，粤西地区为0.0503，粤北地区为0.0432。创新创业维度指数排名前列的市域分别是广州市、河源市、东莞市、惠州市、揭阳市、梅州市、汕头市、潮州市，指数最低的是深圳市，主要原因在于深圳农林牧渔业法人单位数、淘宝村和淘宝镇数量、农民专业合作社省级示范社数量均位列全省最末；从区域层面来看，粤东、粤北地区创新创业更为活跃，指数分别为0.0512，珠三角地区为0.0395，粤西地区为0.0363。产业融合维度指数最高的是东莞市，其后依次是韶关市、清远市、梅州市、云浮市、肇庆市，主要集中在粤北地区，指数最低的是珠海市，主要是因为2020年珠海市仅有1个国家地理标志保护产品、位列全省最末，有休闲农业和乡村旅游示范镇示范点14个、居全省第20位；从区域层面来看，粤北地区产业融合发展水平较高、指数为0.0667，珠三角地区为0.0447，粤西地区为0.0431，粤东地区为0.0254。绿色发展维度指数较高的市域分别是东莞市、深圳市、惠州市、珠海市、汕尾市、韶关市；得分最低的是茂名市。从区域层面来看，珠三角地区绿色农业发展水平相对较高、指数为0.1034，粤北地区为0.0793，粤东地区为0.0679，粤西地区为0.0342。农民增收维度指数较高的市域是中山市、东莞市，得分最低的是清远市，主要是因为清远市农村居民人均可支配收入、城乡居民收入比、乡村非农就业比例分别为17881.3元、1.85：1.00、42.09%，远低于全省平均水平，分别居全省第15位、第17位、第19位；从区域层面来看，珠三角地区农民就业增收效果明显、指数为0.2044，粤东地区为0.1801、粤西地区为0.1578、粤北地区为0.1309。

（三）各地乡村产业发展路径有所不同，农业生产服务业、农村电商、食品产业、设施农业、地理标志特色产业等发展潜力有待进一步挖掘

为观察各区域乡村产业发展路径，将某个贡献率超过其权重的指标定义为该区域的优势指标。从表4-5中可以看出，化肥农药施用强度在15个市域、休闲农业与乡村旅游发展水平在13个市域、农民专业合作社省级示

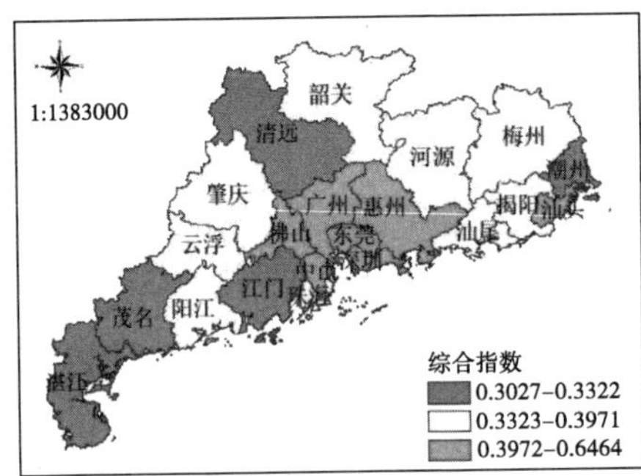

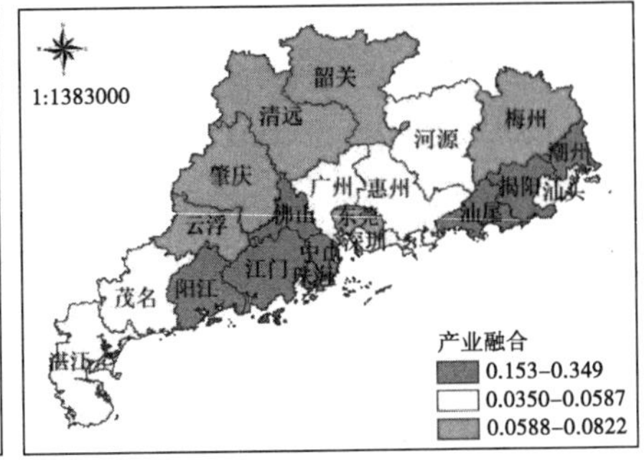

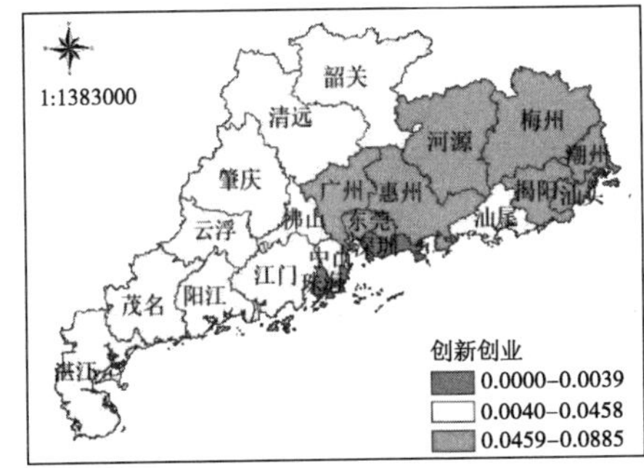

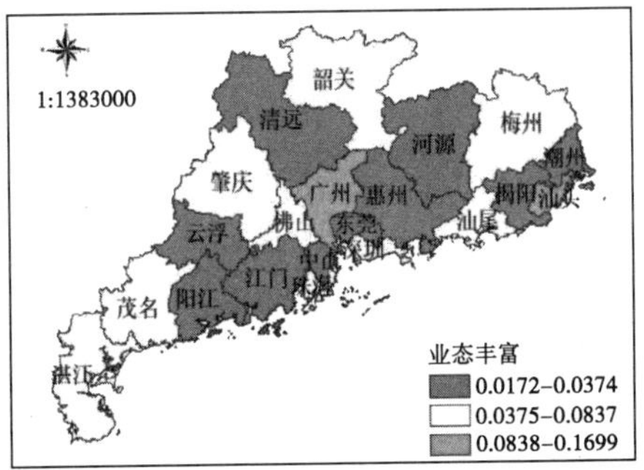

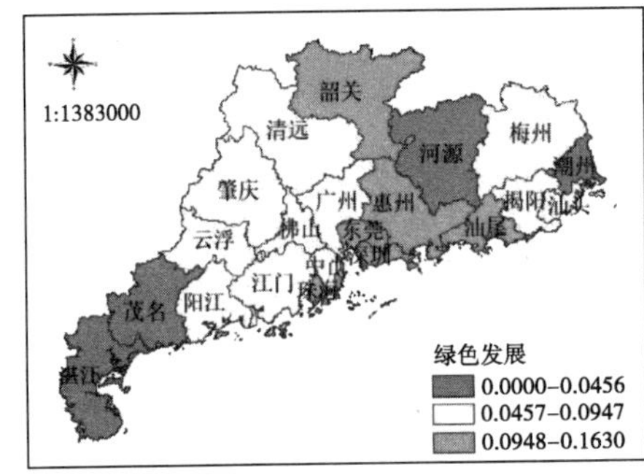

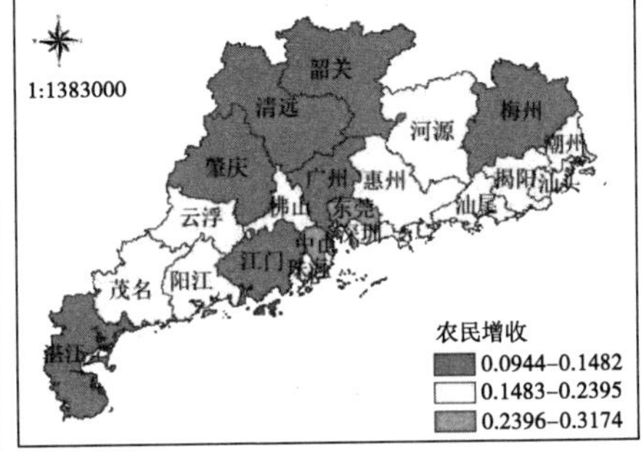

图 4-3 2020 年广东省乡村产业发展指数和各维度指数分布图

注：地图来自广东省标准地图服务子系统，审图号为粤 S（2019）064 号，底图无修改，用 Arcgis 进行配准数字化。

范社数量在 11 个市域成为优势指标，说明这 3 个指标在广东省半数以上市域发挥了较大作用，成为推动乡村产业发展的重要力量；国家地理标志保护产品数量和农村科普示范基地分别在 7 个市域，淘宝村和淘宝镇数量、农林牧渔业法人单位数和农业生产性服务业发展水平分别在 6 个市域成为

优势指标，意味着这4个指标作用发挥并不充分。食品工业产值与农业总产值之比在东莞市、深圳市成为优势指标，这两市乡村产业发展水平均较高，分别居全省第1位、第3位，可见该指标在乡村产业发展水平较高的市域发挥了更大的作用，对其培育和发展能快速提升乡村产业发展水平。设施农业占耕地面积比重仅在深圳成为优势指标，说明当前设施农业整体发展水平相对滞后。

表 4-5　各市域优势指标和劣势指标

序号	市别	食品工业产值与农业总产值之比	休闲农业与乡村旅游发展水平	国家地理标志保护产品数量	农林牧渔业法人单位	淘宝村和淘宝镇数量	农民专业合作社省级示范社数量	设施农业占耕地面积比重	农业生产性服务业发展水平	农村科普示范基地	乡村非农就业比例	化肥农药施用强度
1	东莞	√	×	×	×	√	×	×	×	×	√	√
2	广州	×	√	×	×	√	×	×	√	√	√	×
3	深圳	√	×	×	×	×	×	√	×	×	×	√
4	佛山	×	×	×	×	√	×	×	√	×	√	√
5	汕头	×	×	×	×	√	×	×	×	√	√	√
6	中山	×	×	×	×	×	×	×	×	×	√	×
7	惠州	×	√	×	×	×	√	×	×	×	√	√
8	梅州	×	√	√	√	×	√	×	×	√	√	√
9	云浮	×	√	√	×	×	√	×	×	×	×	√
10	韶关	×	√	√	√	×	√	×	×	√	×	√
11	肇庆	×	√	√	×	×	√	×	×	√	×	√
12	珠海	×	×	×	×	×	×	×	√	×	√	√
13	河源	×	√	×	√	×	√	×	×	×	×	×
14	汕尾	×	×	×	×	×	√	×	×	×	√	√
15	阳江	×	√	×	×	×	√	×	×	×	√	√
16	揭阳	×	×	×	×	√	×	×	√	×	√	√
17	清远	×	√	√	√	×	√	×	√	×	×	√
18	潮州	×	√	×	×	√	×	×	√	×	√	×
19	江门	×	√	×	×	×	×	×	×	×	√	√

续表

序号	市别	食品工业产值与农业总产值之比	休闲农业与乡村旅游发展水平	国家地理标志保护产品数量	农林牧渔业法人单位	淘宝村和淘宝镇数量	农民专业合作社省级示范社数量	设施农业占耕地面积比重	农业生产性服务业发展水平	农村科普示范基地	乡村非农就业比例	化肥农药施用强度
20	湛江	×	√	√	√	×	√	×	×	√	×	×
21	茂名	×	√	√	√	×	√	×	×	√	×	×
优势指标数		2	13	7	6	6	11	1	6	7	13	15

观察乡村产业发展水平各地优势指标和劣势指标可知，各市域所依赖的乡村产业发展路径有所不同。从具体指标来看：

第一，食品产业和设施农业发展水平市域间差距悬殊，珠三角地区的东莞、深圳等市发展水平遥遥领先。从食品产业发展程度来看，2020 年食品工业产值与农业总产值之比排名前 5 位的市域分别是东莞市（19.58：1.00）、深圳市（12.63：1.00）、佛山市（2.88：1.00）、广州市（2.68：1.00）、珠海市（1.98：1.00），显示出经济发达地区食品产业发展较快，农业产业链条延伸程度较深；而云浮市、汕尾市、茂名市不到 0.20：1.00，排名末位的云浮市仅为 0.11：1.00。从区域层面来看，食品工业产值与农业总产值之比珠三角地区为 1.88：1.00、粤东地区为 0.63：1.00、粤西地区为 0.30：1.00、粤北地区为 0.26：1.00。从设施农业发展水平来看，2020 年设施农业面积占比排名前 5 位市域分别是深圳市、佛山市、广州市、河源市、东莞市。尤其是深圳市高达 22.84%，显示出该市重视发展现代集约高效设施农业，而最低的梅州市占比仅为 0.40%。从区域层面来看，设施农业占比珠三角地区为 2.77%、粤北地区为 1.47%、粤东地区为 0.86%、粤西地区为 0.63%。

第二，农村电商发展水平市域间差距明显，珠三角地区的广州市、东莞市、佛山市和粤东地区的揭阳市、汕头市、潮州市在产业技术渗透方面走在全省前列，农业生产性服务业对珠三角地区的广州、珠海等市现代农业支撑作用突出。从新技术对乡村产业的渗透程度来看，淘宝村和淘宝镇数量超过 100 个的市域有 6 个，分别为广州市（215 个）、东莞市（212

个)、揭阳市(156个)、汕头市(149个)、潮州市(138个)、佛山市(123个),明显高于其他市域;而最低的深圳市、云浮市分别为0个和1个。从区域层面来看,淘宝村和淘宝镇指数粤东地区为0.0352、珠三角地区为0.0257、粤西地区为0.0017、粤北地区为0.0011。从农业生产性服务业发展水平来看,农林牧渔专业及辅助性活动产值占比广州市、珠海市在10%以上,珠三角地区为5.92%、粤东地区为5.57%、粤北地区为3.64%、粤西地区为3.23%,反映出珠三角、粤东地区农业生产性服务业融合度较高,对现代农业支撑作用突出。

第三,粤北地区的韶关、河源等市注重以乡村休闲旅游业为重点拓展农业多种功能,清远、云浮等市注重以地理标志产品引领乡村特色产业发展。从农业多功能拓展程度来看,省级休闲农业与乡村旅游示范镇示范点数量前5位的市域分别为韶关市、河源市、惠州市、清远市、梅州市,其中韶关市49个、全省最多。休闲农业和乡村旅游指数粤北地区为0.0416、粤西地区为0.0266、珠三角地区为0.0193、粤东地区为0.0168,显示出粤北地区尤其是韶关市注重以乡村休闲旅游业为重点拓展农业多种功能。从地理标志特色产业发展来看,拥有国家地理标志保护产品数量超过10个的市域分别为肇庆市、清远市、云浮市、韶关市、梅州市、广州市、湛江市;国家地理标志保护产品指标指数粤北地区为0.0246、粤西地区为0.0158、珠三角地区为0.0105、粤东地区为0.0070,显示出粤北地区注重培育地理标志保护产品,打造乡村特色品牌,引领带动乡村特色产业发展。随着营商环境的优化,粤北地区农业投资创业热情高涨,催生了大量的市场主体,农林牧渔业法人单位数全省前5位的市域分别为河源市、梅州市、清远市、湛江市、韶关市,其中河源市6440家、占全省总数的13.34%;农林牧渔业法人单位数指数粤北地区为0.0191、粤西地区为0.0127、珠三角地区为0.0059、粤东地区为0.0054。

第四,乡村产业发展对农民就业增收的促进效果珠三角九市明显优于其他市域。从农民就业增收效果来看,深圳市、东莞市、中山市、佛山市、广州市等珠三角九市农村居民人均可支配收入均高于全省平均水平(20143.4元),且高于其他12个省辖市。从区域层面来看,农村居民人均可支配收入珠三角地区为26856.5元、粤西地区为17932.4元、粤北地区为16490.8元、粤东地区为16386.8元。乡村非农就业比例前5位的市域分别为东莞市、中山市、佛山市、广州市、珠海市，均超过80%，珠三角地区为76.92%、粤东地区为66.67%、粤北地区为48.90%、粤西地区为47.84%。可以看出，经济发达的珠三角地区乡村产业发展对农民就业增收的促进效果明显；而经济相对落后的粤东、粤西、粤北地区，乡村产业发展带动农民就业增收的效果不太理想。

第三节　研究结果与分析

一、广东省乡村产业整体水平不断提升

从广东省层面来看，2015~2020年广东省乡村产业发展水平整体呈上升态势，广东省乡村产业发展水平的提升主要源于绿色农业、乡村新型服务业、乡村休闲旅游业和地理标志特色产业发展水平的提升。目前，全省乡村产业发展水平呈“两端分化、中间趋同”的区域分布特征，珠三角地区的广州市最高、粤西地区的茂名市最低。当前广东省乡村产业发展存在的主要问题是食品产业发展水平与发达国家存在较大差距；设施农业发展力度不够，整体规模较小；农村科普示范基地建设缓慢、重视不够。

二、广东省乡村产业多维度发展且市域差距明显

从维度层面来看，业态丰富和创新创业维度市域间差异较大，农民增收维度市域间差异最小。珠三角地区绿色农业发展水平相对较高、业态类型更为丰富、农民就业增收效果明显；粤东、粤北地区创新创业更为活跃，催生了大量的市场主体；粤北地区产业融合发展水平较高，注重拓展农业休闲旅游功能、挖掘发展地理标志特色产业。

三、广东省乡村产业加工与平台等新业态发展不平衡

从具体指标来看，食品工业产值与农业总产值之比、设施农业占比、

淘宝村和淘宝镇数量等指标市域间差异较大。东莞、深圳等市食品产业和设施农业发展水平遥遥领先，广州市、东莞市、佛山市、揭阳市、汕头市、潮州市在产业技术渗透方面走在全省前列，乡村就业结构更为优化。化肥农药施用强度、休闲农业与乡村旅游发展水平、农民专业合作社省级示范社数量成为一半以上市域推动乡村产业发展的重要力量；国家地理标志保护产品数量、农村科普示范基地、淘宝村和淘宝镇数量、农林牧渔业法人单位数和农业生产性服务业在多数市域作用发挥并不充分。食品工业产值与农业总产值之比在乡村产业发展水平较高的市域发挥了更大的作用，对其培育和发展能快速提升乡村产业发展水平。

第四节　本章小结

本章在构建广东省乡村产业发展评价指标体系的基础上，采用熵值法对广东省及其21个省辖市乡村产业发展水平进行了定量测度分析，并对比了区域间发展差异。根据乡村产业内涵特征，从产业融合、创新创业、业态丰富、农民增收、绿色发展五个维度构建了包含15个指标的乡村产业发展评价指标体系，对广东省及21个省辖市乡村产业发展水平进行了定量化描述。研究发现：在政策、市场等诸多因素推动下，2015~2020年广东省乡村产业发展水平整体呈强劲上升态势，主要来源于绿色农业、农业生产性服务业、农村电商、乡村休闲旅游、地理标志特色产业发展水平的提升。目前，全省乡村产业发展水平呈“两端分化、中间趋同”的区域分布特征，东莞市最高、茂名市最低；珠三角地区农业绿色发展水平较高、业态类型更为丰富、农民就业增收效果明显；粤东、粤北地区创新创业更为活跃，催生了大量的市场主体；粤北地区产业融合发展水平较高，注重拓展农业多种功能、挖掘发展地理标志特色产业，食品工业产值与农业总产值之比、设施农业占比、淘宝村和淘宝镇数量等指标市域间差异较大。当前，广东省乡村产业发展存在的主要问题是食品产业发展水平与发达国家存在较大差距；设施农业发展力度不够，整体规模较小；农村科普示范基地建设缓慢、重视不够。结合广东省各地乡村产业发展优势短板，因地制宜选择符合区域实际的乡村产业发展路径，重点发展食品工业、农村电商等产业，大力发展设施农业和农业生产托管服务，加快发展地理标志特色产业和乡村休闲旅游，创新利益联结机制，把乡村产业增值收益更多地留在农村、留给农民。

第五章　广东省乡村产业主要发展模式及典型案例分析

第一节　广东省乡村产业主要发展过程与模式

一、产业发展基础

亚当·斯密认为分工出效率，随着社会分工的出现和发展，产业也随之诞生。关于乡村产业的概念界定，国务院于 2019 年 6 月 17 日发布的《国务院关于促进乡村产业振兴的指导意见》中明确指出，乡村产业是根植于县域，以农业农村资源为依托，以农民为主体，以农村一二三产业融合发展为路径，地域特色鲜明、创新创业活跃、业态类型丰富、利益联结紧密，是提升农业、繁荣农村、富裕农民的重要产业。

产业发展，是指产业的产生、成长、进化过程，是产业在数量与质量上的增长变化以及产业结构的升级。经典产业经济理论认为，产业发展可分为四个阶段，即产业的形成期、成长期、成熟期、衰退期。人口、政策、外部环境、自然环境变化等因素主要在于影响市场的供给和需求，而供需的变化又会限制或者推动产业的发展。本书基于对广东省乡村产业发展进行调研和梳理，认为广东省乡村产业发展具有以下基础。

（一）自然资源

自然资源是指自然界中人类可以直接用于生产和生活的物质，是天然存在并有一定价值的自然物品，如水、土地、生物和海洋资源等，是生产原料的来源①。联合国环境规划署对自然资源定义为：在一定的时间和技术条件下，能够产生经济价值，提高人类当前和未来福利的自然环境因素的总称②。自然条件与自然资源是生产力的重要组成部分，是区域产业发展不

① 胡庆芳，王银堂，邓鹏鑫等．对雨洪资源利用的再认识［J］．水利水运工程学报，2023，197（01）：149-160.

② 联合国环境规划署（UNEP）：《自然融资状况报告》。

可缺少的自然物质基础和内在因素[①]。2018 年 5 月 18 日，习近平总书记在全国生态环境保护大会上指出，“绿水青山就是金山银山”，阐述了经济发展与自然环境的关系，阐述了保护生态环境就是保护经济高质量发展，实现经济可持续发展。独特的地理环境、土壤、日照、气候等条件，会直接影响农产品的生长品质，即便是同一种农产品，在不同地区生长会具有不同特性，如湛江市徐闻县曲界镇愚公楼村，因其红土富含矿物质，酸碱度适宜，适合菠萝种植，种植的菠萝品质上佳，“愚公楼”菠萝也因此闻名。土地、水等自然资源形成的独特地理自然风貌是乡村旅游产业发展的重要基础，如佛山市顺德区杏坛逢简水乡，其独特的水资源景观和文化，为其乡村旅游产业提供了发展的基础和空间。此外，广东省地处亚热带，大部分地区为亚热带季风气候，冬季温暖、光热充足，适合如马铃薯、番薯等冬种作物的种植以及相关种质资源的开发。

（二）特色农产品资源

特色农产品是指在基于地区优势资源禀赋的基础上，依托光热、水温等气候环境和地形地貌土壤等地理环境及市场特点与技术等多重原因，形成的具有资源条件独特性、区域特征显著性、产品品质特殊性和消费市场特定性的农产品，也可以称之为“土特产”。相对于普通农产品来说，特色农产品直观的体现在“本地特色优势明显”“土而美”“特而精”，其具有明显的地域特色、优良品质和特殊功效；特色农产品可以充分利用资源、环境、技术、政策等优势来不断延长产业链、提升价值链、畅通供应链，形成产业集聚和产业集群，助力“土特产”的优势农产品做大做强而走向高质量发展之路[②]。广东省地处沿海，海岸线长度为 4314 千米，珠江水系水资源丰富，因此广东省水产养殖产业的发展具有独特的水资源优势。生产加工历史的悠久以及传承使得特定区域内的个别农产品的种植方法和加工方法与众不同，使该农产品具有特有的品质，会促使农产品区域品牌的产生。如江门市新会陈皮，新会是柑橘的传统产区，由新会柑制作而成的

① 祁文莎，易海军．自然资源保护利用助推乡村产业发展的路径——以宁波市镇海区为例［J］．乡村科技，2021，12（04）：58-59.

② 王蕾．新疆特色农产品产业化发展研究［D］．乌鲁木齐：新疆师范大学，2015.

新会陈皮更是中国传统道地药材、“广东省三宝”之首和“广东省十大中药材”之一，具有较高的药用价值，素来享有盛誉。

（三）历史文化资源

历史文化，指的是人类在改造世界的社会实践中所获得的物质、精神生产的能力及其所创造的财富的总和，包括物质文明、精神文明和制度文明。2021 年中央一号文件《中共中央 国务院关于全面推进乡村振兴加快农业农村现代化的意见》强调，全面推进乡村产业、人才、文化、生态、组织振兴，深入挖掘、继承创新优秀传统乡土文化，把保护传承和开发利用结合起来，赋予中华农耕文明新的时代内涵。历史文化资源是宝贵的文化遗产，通过代代相传的制作技艺以及深厚的文化历史氛围，赋予了产品独一无二的品牌效应，如广州市花都区赤坭镇瑞岭村盆景，瑞岭村有 100 多年的盆景培育历史，长期的历史沉淀使瑞岭盆景形成了独特的艺术风格，为我国知名的“岭南盆景之乡”。

（四）区位优势

区位既包括特定事物的地理位置，也包括该事物与其他事物的空间逻辑关系。区位优势指的是特定事物或主体所在地理范围及空间区位具有的特殊综合资源优势，是所在地区承载的交通通达度、地理位置、自然资源、经济要素密度、文化及教育资源汇聚等多方面构成。影响农业的主要区位因素包括气候、地形、土壤、市场、交通、政策六大方面，一是气候因素，包括光、温、水三大对动植物生长重要因素；二是地形，地形地貌对农业尤其是种植业起到至关重要的作用，包括农业的耕种收方式及农业技术的适宜性等方面；三是土壤，土壤是种植业的物质基础，不同土壤适宜生长不同作物，东南丘陵的红壤、东北地区的黑土地等具有明显的差异化特点；四是市场，市场的需求量及市场价格信号的指导最终决定了农业生产的价格、规模和结构调整等情况；五是交通运输，交通通达性是农业耕种收加工销售等全产业链的重要价值实现元素和承载体，尤其是乳畜业等容易变质或对交通要求较高的产品更为严格；六是政策，国家农业扶持补贴政策

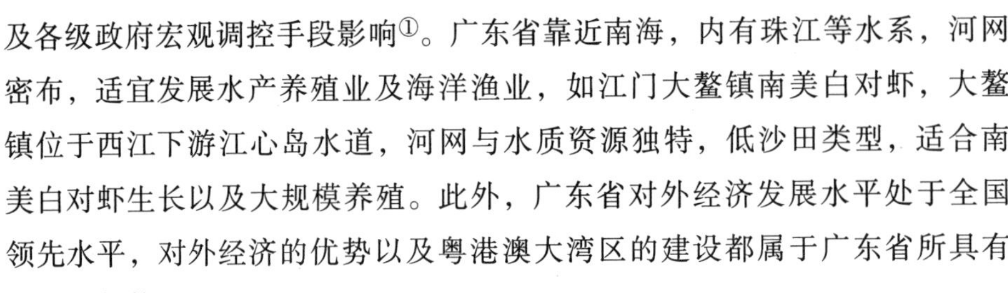

及各级政府宏观调控手段影响[①]。广东省靠近南海，内有珠江等水系，河网密布，适宜发展水产养殖业及海洋渔业，如江门大鳌镇南美白对虾，大鳌镇位于西江下游江心岛水道，河网与水质资源独特，低沙田类型，适合南美白对虾生长以及大规模养殖。此外，广东省对外经济发展水平处于全国领先水平，对外经济的优势以及粤港澳大湾区的建设都属于广东省所具有的区位优势。

二、产业形成路径

产业的形成是指由于新技术、新市场的出现，由此产生的具有某种同类属性的新企业出现，并且逐渐具备产业基本特点的过程。产业的形成有两个关键：一方面，产业的形成需要新技术的产生和推广应用，这是科学技术发明创造的价值实现过程；另一方面，产业的形成也需要产业和企业的创新，这是推动产业形成的重要力量。产业的形成离不开产业集聚，产业集聚是指在一个大区域范围之内，生产同一种商品的不同类型企业，以及与之匹配的相关企业和行业，以相当高的密度聚集在一起。产业集聚对企业组织的发展至关重要。一方面，产业集聚有利于企业节约经营成本，包括劳动力成本、原材料采购成本等，因此企业能够提高产品生产效率，增加企业核心竞争力。另一方面，同一集聚区企业之间的相互影响作用，可以使“整体大于局部之和”，最终使集聚区区域竞争力大大增强，促进区域高质量发展。本书基于对广东省乡村产业发展进行调研和梳理，认为广东省乡村产业的形成有以下几条路径。

（一）内生型

内生型主要分为能人带动型和有传统继承积淀型。能人带动型，指的是在产业的萌芽和形成阶段，由能人牵头种植、生产，对本区域特色产品进行改造和利用，“能人”可以是具有突出才能的自然人，也可以是一个组织机构的负责人或代理人，如种植大户、企业主、村干部等。能人带动型产业能够基于自身优势，推进农业规模化、集约化、专业化、产业化发展，

① 张明龙，周剑勇，刘娜．杜能农业区位论研究［J］．浙江师范大学学报（社会科学版），2014，39（05）：95-100.

基于能人突出的企业家才能，促进产业融合，通过延伸产业链深化农业发展，获得更大的经济利益。例如揭阳市军埔村，在早期从事电商行业年轻人的带动下，军埔村实现从传统食品加工村到广东省第一淘宝村的转变，带动揭阳市电商产业发展和村民增收。有传统继承积淀型，如广州市花都区赤坭镇瑞岭村盆景，有深厚的盆景基础和技艺传承，村内农户参与积极性高，80%以上村民从事盆景产业，已经形成岭南知名的盆景特色村。

（二）外生型

资本作为重要生产要素，是市场配置资源的工具，是发展经济的方式和手段。由于城乡发展的不平衡，农村产业发展所需的资金、人才、技术等关键因素缺乏，而引导社会资本下乡，促使资本参与乡村产业发展进程，是弥补这些缺陷的重要手段，资本下乡所带来的农村社会缺乏的要素与农村本土资源融合互补，加速乡村产业发展①。外生型发展模式主要指在产业形成的萌芽阶段或初级发展时期，由于本地区不具备促进产业发展壮大的关键要素，往往需要借助外部社会资源的引入助力产业转型升级或核心潜力开发；随着社会资本的注入，外来企业通过先进的技术以及雄厚的资金支撑，结合当地的特色优势产品形成现代产业链。如江门市鹤山市古劳镇古劳水乡，2019 年，华侨城集团正式接管运营古劳水乡景区，按照 5A 级景区的标准，将古劳水乡打造成为中国最美岭南水乡、粤港澳大湾区生态旅游度假标杆。

（三）政府引导性

政府对乡村产业的引导主要是基于某一特定区域的相似产业禀赋实施的“诱致性”制度与技术变迁，产业集聚是多方因素共同作用的结果，但就乡村产业的发展特征来说，主要是实现县城以下的乡村镇街特定地理区域围绕种养业、加工业、文旅休闲、农业服务与物流等产业形态，在政府引导下结合市场消费情况形成的产业集聚过程，这个过程中政府在宣传、引导、规划与管理、扶持、公共服务提供、搭建平台等方面起到至关重要的作用。

---

① 望超凡．村社主导：资本下乡推动农村产业振兴的实践路径［J］．西北农林科技大学学报（社会科学版），2021，21（03）：28-36.

政府职能与产业发展关系紧密，一方面，政府为产业发展提供基础设施建设、产业金融服务等公共产品，创造产业发展稳定且低交易成本的环境；另一方面，政府履行其经济职能，通过宏观调控和市场监管等手段营造良好的经商环境，促进产业快速发展。政府引导型指的是在产业形成的过程中，由政府提供发展思路，出台相关政策，提供金融服务、产业用地以及相关技术指导，逐渐引导产业做大做强，打造区域产业品牌。如江门市新会陈皮，在百年历史发展传统的基础上，由政府规划设计发展思路并提供金融服务和出台相关政策支持，通过政府引导，新会陈皮产业规模愈加庞大，成为珠三角地区特色农业发展的典范。

三、产业组织模式

产业组织为同一产业内企业间的组织形态或市场关系。从广泛角度来看，产业组织模式可以视为产业链上各主体之间通过某种联结机制组合在一起，形成具有特定产业形式和功能的经营方式，其组织方式可以是产业链条上下游各主体之间的市场交易关系或纵向联合关系，也可以是来自同类主体之间的横向联合关系。农户角度的农业产业组织模式可视为农户与下游交易者（贩销户、批发商、合作社、龙头企业等）之间相互作用的联结机制。广东省乡村产业组织可分为龙头企业带动型、农民专业合作社（联社）带动型、行业协会带动型、专业市场带动型等。

（一）龙头企业带动型

龙头企业主要是其对某个行业有纵深的影响力、号召力，具有示范和引导作用，并对地区行业发展做出突出贡献的标杆型企业。不同于一般的工商企业，龙头企业肩负开拓市场、科技创新、带动农户和促进区域经济发展、推动农民增收的重任。龙头企业与一般的农业企业相比，具有先进的技术设施、完善的治理体系以及较强的抵御各类风险能力，从分工理论与现实中乡村种养业、加工业等产业形态发展规律来看，龙头企业往往与农户按照相对优势形成合作，结成利益共同体，为农户提供先进的农业生产技术、先进的设施装备、及时的市场信息，拓展农产品销售市场等相关服务，提高农户收入水平。截至 2020 年底，广东省各级农业龙头企业超过 5000 家，省级以上农业龙头企业 1183 家，营业收入超 100 亿元农业龙

头企业8家，各种渠道上市、挂牌融资农业企业120家。

（二）农民专业合作社带动型

农民专业合作社是指在农村家庭承包经营基础上，农产品的生产经营者或者农业生产经营服务的提供者、利用者，自愿联合、民主管理的互助性经济组织①。农民专业合作社以其成员为主要服务对象，开展一种或者多种业务：一是农业生产资料的购买、使用；二是农产品的生产、销售、加工、运输、贮藏及其他相关服务；三是农村民间工艺及制品、休闲农业和乡村旅游资源的开发经营等；四是与农业生产经营有关的技术、信息、设施建设运营等服务②。合作社主要通过服务作为纽带来联农带农，建立、形成种养加、产供销一体化的全新生产格局。截至2020年底，广东省登记的农民专业合作社达5.05万家，国家级示范合作社为231家。

（三）行业协会带动型

行业协会是以同行业的企业为主体、以谋取和增进全体会员的共同利益为宗旨并具有法人资格的经济社团，是由个人或组织为达到某种目的，通过签署协议，自愿组成的团体或组织。协会代表着同行业企业的集体利益，并作为本行业代表与政府进行沟通，传达企业的利益诉求并协助政府制定和实施行业相关法律法规和发展计划、政策，同时对内协调行业企业之间的利益纠纷和经营行为，制定行业各类标准，保障并监督产品和服务质量，纠正不良经营作风，维护行业信誉，并组织相关生产技术和经营手段培训会议等。行业协会的发展有利于推动产业集群的升级和可持续发展，行业协会通过把中小企业组织起来，实现信息共享、优势互补，能够将追求相同利益的企业团结在一个产业集群内，整合产业集群内分散的各种要素，完成资本的积累以及实现产业集聚的规模效应。在乡村产业发展过程当中，行业协会通过向农户提供生产资料和科技信息等全方位服务，引导农户与市场逐步接轨发展。在广东省乡村产业发展的过程中，揭阳市军埔村就是通过成立电商协会，约束行业恶性竞争，营造良好的营商环境，联合商家共同追求更高利益和长远发展的可能性，并为需要的商家以及创业的年轻人进行电商相关经营技术的培训和管理水平的提升。

①② 资料来源：《中华人民共和国农民专业合作社法》。

（四）专业市场带动型

结合乡村产业发展特征及我国专业市场主体形态，专业市场带动主要是以现货批发为主要经营模式，并且集中交易某种商品或一类或几类替代性和互补性较强的商品的场所，是一种大规模的固定坐商式的市场制度安排。现代化的专业市场具有极为重要的经济功能，主要是通过规模巨大的且可共享的销售网络和交易平台，节约批发商的交易费用并且减少中小企业的批发购买成本，形成市场竞争力极为强大的批发价格。专业市场的独特优势在于以交易方式专业化和交易网络设施共享为基础，构建并形成了交易领域的外部规模经济、信息规模经济以及范围经济，从而明确了专业市场流通商品的低交易费用优势。广东省在专业批发市场建设与发展方面一直在全国具有重要的影响力，诸如南药市场、水果市场、服装市场、珠宝玉石加工市场等，均为广东省乡村产业萌新、演化及全产业链发展壮大提供了重要的沃土。

四、联农带农模式

乡村产业发展的重要原则之一就是健全联农带农机制，把以农业农村资源为依托的二三产业尽量留在农村，把就业创业机会和产业链增值收益更多留给农民①。广东省乡村产业发展主要立足于地区资源禀赋，结合比较优势，锚定好主导产业后，引入或培育相关主体合作发展。持续聚焦产业富民，做实做强做优全产业链，打造共享利益链，形成“培育一个企业、壮大一个产业、致富一方农民”的新格局。广东省乡村产业发展过程当中，主要有“龙头企业+农户”“龙头企业+合作社+农户”“龙头企业+家庭农场”“产业工人”等联农带农模式。

（一）“龙头企业+农户”模式

“龙头企业+农户”合作主体主要是指龙头企业和农户直接合作，龙头企业与农户之间关于原料、技术、资金、生产和收购等方面达成契约并签订合同，农户在企业的生产经营指导下开展生产经营活动，再由企

① 资料来源：农业农村部关于印发《全国乡村产业发展规划（2020－2025年）》（农产发〔2020〕4号）的通知。

业收购农户生产的达到生产标准的产品，以此达到农户收益的目的，这种形式在实际中还是处于较低水平的利益共同体，但在一定程度上提高了经营效率、经济效益；或农户以土地、人力、资金等生产资料入股，与龙头企业按股份制或股份合作制等形式建立股份合作关系，在这种形式下，有生产经验的农户可以直接从事生产经营，没有生产经验的农户通过土地等生产资料的投入也可以获得一定的利益。除了种植和养殖业方面的合作，在新兴的乡村旅游方面，如浙江省莫干山民宿，农户通过闲置宅基地的出租、使用权的转让，与相关开发公司达成合作，建造乡村旅游配套所需的乡村特色民宿，以达到盘活闲置宅基地、村民收益增加的目的。

（二）“龙头企业+合作社+农户”模式

“龙头企业+合作社+农户”新型合作主体一般是由农业企业牵头，在起初农民自发的专业合作社基础上改造升级而形成的。在这种模式中，农民是核心、合作社是主体、企业是“龙头”。首先，企业与农户签订最低保底收入，确保农民原有利益不减，增值部分与农民分成，农民得大头，企业拿小头；其次，由合作社按照要求统一组织生产，实现了规模化、标准化、集约化，有利于产业化的发展，降低了生产成本，提高了生产效率；最后，公司从保证自身原料数量、质量的需求出发，以订单的形式引导、农民自发组织起来，按照公司的标准、时限开展生产。公司通过必要的投入、全过程的服务来锁定与农户和合作社的关系。因为农民的生产成果通过公司得到了价值实现和价值增值，增加了这种模式的黏性，提高了这种模式的可持续性。公司通过这种形式保证了原料的同时，也稳定了原料价格，提高了原料的品质。

（三）“龙头企业+家庭农场”模式

家庭农场是指主要劳动力为家庭成员，从事农业规模化生产经营，家庭主要收入为农业收入的新型农业经营主体。“龙头企业+家庭农场”是产业公司把农场作为农业产业化生产基地，并与家庭农场联合起来组成经济联合体，农产品的集中销售、大宗生产资料的集中采购都由产业化龙头企业经营，这种经营方式一方面推动大农场的企业化经营，提高了家庭农场的规模化效益，降低了农业生产成本；另一方面也使各级产业化龙头企业有了自己的生产基地，增强了市场经营的实力。家庭农场或养殖大户与龙头企业签订协议，由龙头企业提供先进的生产技术以及优质的生产原料，生产完成后由龙头企业对产品收购继而进行市场销售，这一合作模式让家庭农场经营者或养殖大户有效规避了风险，实现了稳产稳收。

（四）产业工人模式

随着中国农业的快速发展，农村劳动力需求缺口逐渐扩大，这是农业竞争力的需要，随着农村土地流转的发展，越来越多的农民将土地流转出去，获得长久稳定收入，土地的流转带来了乡村产业发展的另一种可能，当企业或个人承包大量土地进行规模化生产时，因需要大量具有一定农业生产技术知识的劳动工人，选择支付工资雇用土地流转出去而无地可耕的生产能手和农户在企业生产经营场所进行生产劳动，以达到保证农户收益和扩大企业生产规模化的目的。

第二节　广东省乡村产业典型案例分析

一、生产加工业

（一）新会陈皮

2021 年，新会陈皮企业数量达 1700 多家，形成药、食、茶、健、文旅以及金融 6 大类 35 细类 100 多个品种的系列产品规模，全产业链总产值达 145 亿元，同比增长 42%。新会全区新会柑种植面积已达 10 万亩，核心种植基地 5.5 万亩，种植户 5000 户，年产鲜果 12.5 万吨种植点分布在全区 11 个乡镇 193 个行政村；以会城、三江、双水三镇为核心种植基地。新会陈皮行业协会统计数据显示，新会现已形成 45 亿元陈皮加工产业集群，吸引社会投资超 30 亿元，形成了 12 家龙头企业，超 1000 家经营主体，培育出“中国陈皮第一股”，园内加工企业数量从 2016 年的 50 家上升到如今的 150 多家，年纳税额超 1.6 亿元，带动全区陈皮产业就业达 5 万人。

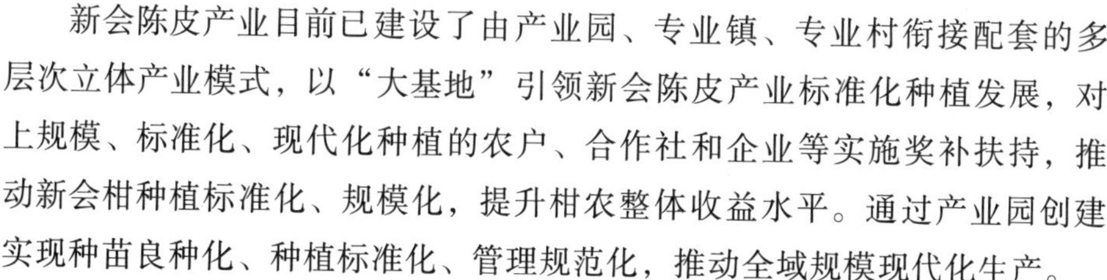

新会陈皮产业目前已建设了由产业园、专业镇、专业村衔接配套的多层次立体产业模式，以“大基地”引领新会陈皮产业标准化种植发展，对上规模、标准化、现代化种植的农户、合作社和企业等实施奖补扶持，推动新会柑种植标准化、规模化，提升柑农整体收益水平。通过产业园创建实现种苗良种化、种植标准化、管理规范化，推动全域规模现代化生产。

1. 产业发展基础

新会是柑橘的传统产区，早在元朝初期，新会柑橘生产已有记载，新会陈皮散发芳香扑鼻的香味，是其独有品质。由于新会陈皮具有很高的药用价值，又是传统的香料和调味佳品，所以向来享有盛誉，早在宋代就已成为南北贸易的“广货”之一，行销全国和南洋、美洲等地区。新会由于独特的地理位置和气候条件，是柑橘的起源中心之一和最适宜栽培区，这里是历来出产新会柑最好、新会陈皮最优的地方。

由新会柑制作而成的新会陈皮更是中国传统道地药材、“广东省三宝”之首和“广东省十大中药材”之一，素有“百年陈皮胜黄金”“千年人参，百年陈皮”之美誉，有着不可多得的药食茶同源、食养俱佳的独特价值，具备优越的产品产业化资源禀赋，在茶饮、保健品、饮食、含片等领域都有极大的开发利用空间。目前，经工商登记的新会陈皮行业生产经营主体800家以上，从业人员近2万人。目前，已创建新会陈皮产业园，覆盖圭峰会城、开发区、三江、双水4个镇（街、区），总面积64.5万亩，其中种植基地2.4万亩，规划加工园区0.4万亩，是国家现代农业产业园之一，也是珠三角地区都市农业发展的范本。

2. 产业形成路径

政府引导型。具有百年历史发展传统，政府引导逐渐做大做强。以陈皮产业为核心，以现代农业产业园为载体，以整合多种资源为手段，以优化供给、提质增效、农民增收为目标，强化特色，补齐短板，创新发展，通过引科技、建基地、强龙头、创品牌、融三产，政府引导、市场运作。充分发挥市场配置资源的决定性作用，更好地发挥政府在政策引导、统一协调和宏观调控的主导作用，为产业园营造良好市场环境；鼓励和引导农业企业、合作社和农户积极参与园区的建设，加快培育市场主体。

因地制宜，科学布局。依据产业园所在区域的资源条件和农业产业特点，以及农业主体的现状条件和发展意愿，因地制宜地科学布局陈皮产业种植示范区、三产融合发展集聚区及休闲观光旅游区等。

突出重点，示范引领。针对产业发展的突出问题、产业链条中薄弱环节，有针对性地打造一批标准化的种苗繁育、种植示范基地，扶持一批精深加工企业，引进一批养生、休闲旅游开发主体，示范引领全区陈皮产业发展。

改革创新，融合发展。加快培育新型农业经营主体，推进“企业+基地+合作社+农户”等产业化经营模式，创新组织形式和利益联结机制；努力促进高标农田建设与产业化经营项目、一二三产业和各类财政支农资金融合发展，合力打造全省优势特色产业发展的典范。

生态优先，环境保护。在加强产业园建设的同时，注重农业生产过程与生态环境保护建设的协调发展，加强产业园绿色生态网络和废弃物综合利用设施，着力构建资源节约型、环境友好型的生产生活方式。

3. 产业组织模式

龙头企业带动。共有 12 家龙头企业，超 1000 家经营主体。2020 年，新会陈皮产业产值已突破 100 亿元，在科研创新方面，新会陈皮产业通过与科研院校合作，搭建国家级陈皮产业研发平台及科研体系，深挖新会陈皮潜在价值，着力推进新会陈皮转型升级，积累发展力量；在产业融合方面，明确企业发展定位，服务、推动新会陈皮一二三产业交叉融合，以“市场交易+文化旅游”为核心，深度挖掘新会陈皮潜在附属价值，整合带动区域三产发展；在品牌保护方面，参与完善新会陈皮产业标准体系建设，推动农产品溯源系统、质量质检中心及大数据中心建设，解决品牌标准难题及竞争混乱等问题。

4. 联农带农模式

“龙头企业+农户”联结机制。农户根据所耕种新会柑数量或以土地入股等形式，或以提供原材料（生皮）或晒制好陈皮为主，农户参与度非常高。通过构建企业农户合作平台，推动一二三产业深度融合和交叉发展，创新利益联结机制，创新“陈皮产业+文化、旅游、公共品牌、金融、电商、健康以及仓储物流”发展模式，形成“企业+农户”利益共同体。据新会陈皮行业协会统计，目前陈皮产业园带动全区农民直接收益 12.6 亿元，

实现农民人均增收 1.88 万元，联结带动作用效果显著。

（二）江门市新会区大鳌镇南美白对虾产业

大鳌镇具有优良的水产养殖水域条件，位于江门、中山、珠海三市交界，处于江门市最东部，是由西江下游磨刀门水道冲积而成的江心岛。镇区域范围 52.14 平方千米，辖 16 个村委会和 1 个社区居委会，共计 8318 户，常住人口 3.8 万人，镇内基础设施配套日趋完善。大鳌属于低沙田地区，全境无山，一览平原，河网交错，四面环水，交通便利，是著名的水乡城镇。镇内水系发达，水体形态丰富，河流、坑塘交替穿插。水域面积 1222.94 公顷，占大鳌镇总面积的 23.27%。2019 年，全镇规模以上工业总产值 41.63 亿元，同比减少 14.20%；固定资产投资完成 3.62 亿元，同比增长 17.54%；农业总产值 7.59 亿元，同比增长 7.04%。全镇水产养殖面积约 3 万亩，约占全镇农业用地 73%；淡水养虾业已成为大鳌镇农业和农村经济发展的新增长点和支柱产业，16 个村集体经济收入 7884 万元，其中鱼塘承包收入占 90%以上。大鳌镇是江会地区第一面五星红旗升起的地方，是新会区唯一的革命老区镇，也是广东省集装箱制造专业镇、省级特色水产养殖示范镇、省休闲农业与乡村旅游示范镇和省新农村连片示范区。

1. 产业发展基础

区位优势。西江下游江心岛水道，河网与水质资源独特，低沙田类型。大鳌镇水产养殖面积 3.2 万亩，占全镇农业用地的 73%，其中优质水产养殖面积 2.9 万亩，占全镇水产养殖总面积的 96%。主导产业虾养殖业，养殖面积 2.48 万亩，其中南美白对虾养殖 2.32 万亩，罗氏沼虾 1600 亩，全年虾养殖总量约 2 万吨，产值超 6 亿元，占全镇农业总产值的 79.1%。虾养殖户数 3210 户，劳动力超 6000 人。2021 年，大鳌镇工农业总产值突破 100 亿元，其中农业总产值超过 9 亿元，同比增长 22%，城乡居民人均可支配收入约 6.4 万元，村级集体收入达 1.26 亿元。

2. 产业形成路径

政府引导。在 2000 年左右，大鳌镇有村民引进南美白对虾，但是存在养殖户承包面积小、期限短、缺乏可持续发展观念等问题，在这些问题面前，大鳌镇政府首先做的是打好基础，通过开展老旧池塘整治工程，构造优良的养殖环境，抓好渔业基础设施建设，改善生产环境和条件，提高生产效率、增强应对自然灾害的防护能力，并培养一大批集技术、管理、经营于一身的高水平水产养殖户，通过养殖能手的带动，使全镇养殖户转变观念，带动养殖户学习技术、应用技术，提高全镇水产养殖效益和效率。为加强水产品安全质量管理，大鳌镇通过贯彻落实《水产养殖安全管理规定》，积极推进渔业法制化、规范化管理，推进无公害水产品生产基地的认定工作。

3. 产业组织模式

合作社。现有 14 家水产专业合作社，兼有部分专营类公司。依托镇内良好信誉虾苗标粗场，增强优质虾苗的供应能力。提升对虾种苗场标准化、规模化、集约化水平。积极对现有低标准池塘升级改造，示范推广节能减排型池塘养殖技术集成应用，提高养殖效益。依托不同产业链中不同功能的单位，构建新品种虾苗养殖和推广培训基地、健康养殖技术培训现场观摩学习基地、水产经营培训基地等多元化水产培训平台。加强对水产品质量的安全监管，于 2015 年建立了镇级农产品质量检测中心，配备专职检测员两名，每年完成区级下达的检测任务量 2400 个，使水产品抽样检测实现常态化。

4. 联农带农模式

合作社+农户：股份合作为特色。“合作社+农户”“公司+农户”“大户+散户”，即合作社、公司全部垫资先期投入并承担养殖风险，养殖户则按协定标准化养殖，与农户按协议分成。在对虾养殖业的带动下，大鳌镇种苗培育、饲料供应、专业刮虾、专业搭越冬虾棚及养殖海水运输等相关行业蓬勃发展，养虾产业链不断得到延伸和完善，并转变得更加专业化。据统计，目前大鳌全镇共有虾饲料销售店 57 间、虾药品销售店 51 间、南美白对虾培育场 14 间。由此，大鳌镇的水产养殖形成全镇的“一镇一品、一镇一产业”的集聚效应，已有 40%以上的农户加入“公司+农户”“合作社+农户”模式合作经营，摆脱农村传统的家庭户水产养殖规模小、产业链短的困局。

（三）广州市花都区瑞岭村花卉盆景产业

1. 产业发展基础

历史文化资源：有 100 多年培育盆景历史，“岭南盆景之乡”。瑞岭村位于广州市花都区赤坭镇西北部，面积约 13.5 平方千米，瑞岭村是全国知名的盆景村，瑞岭盆景为我国南派盆景的代表之一，现有盆景种植面积超万亩。本村有 100 多年培育盆景历史，长时期的历史积淀，形成了独具特色的“古”“灵”“精”“怪”的艺术风格。瑞岭村 80%以上的村民从事盆景产业，92%以上的土地用于种植盆景，盆景种植面积超万亩，是全国知名的“岭南盆景之乡”“广东省民族民间艺术之乡——盆景之乡”。

全村共有占地 10 亩以上的盆景场数十个，名优盆景品种 40 多个，有省级盆景大师 1 人，中级园艺师 5 人，初级园艺师近 200 人。2019 年瑞岭村花木盆景产量 300 万盆，总产值接近 2 亿元。全村种植花木盆景年收入 8 万元以上的专业户有数十户。瑞岭村结合盆景特色产业，制定了村庄建设和发展规划，腾出集体建设用地供产业发展，据核算，2020 年，村人均可支配收入超 4.5 万元，到 2021 年底，村集体经济收入将超 350 万元。为凝聚本村优秀盆景种植人才，瑞岭村成立了广州瑞岭盆景农民专业合作社，巩固并提升“盆景之乡”品牌价值，提高村集体经济收入，促进农民增加收入。

2. 产业形成路径

内生型（有传统继承积淀）：有深厚的盆景基础和技艺传承，村内农户参与积极性高，80%以上村民从事盆景产业；与陈村花卉市场、国内外盆景大师建立稳定合作关系。

3. 产业组织模式

合作社：2018 年以前，瑞岭村的盆景产业呈现小、散、不精的发展局面，以“粗放”种植为主，重数量不重质量，产业集聚难以形成。为了摆脱这种局面，瑞岭村于 2019 年成立了瑞岭盆景农民专业合作社，着力破解产品低端、附加值低、种植规模小等问题，并组织种植大户，举办盆景节、技能大赛以及种植培训活动。

4. 联农带农模式

合作社+农户/产业工人：农户种植盆景初级材料（桩），合作社利用信息和组织优势，培训农户、传授技术，带动农户对接专业市场、盆景大师、参赛竞品，并配合引进大师工作室和博士工作站，建立电商直播中心和农村电商人才培训中心，壮大瑞岭盆景种植、生产、电商人才队伍。

（四）云浮市罗定市泗纶镇竹蒸笼产业

泗纶蒸笼主要以泗纶镇辖内的杨绿和黄丽两个“一村一品”专业村为主，杨绿村土地广阔，土壤肥沃，水源充足，是粮食、罗竹、肉桂主产区，尤其是泗纶蒸笼的发源地，罗竹种植面积最大，泗纶蒸笼编织历史悠久，早在人民公社年代，杨绿大队就成立了杨绿蒸笼厂，鼎盛时期的20世纪七八十年代，杨绿大队蒸笼厂拥有员工500多人，培养了一大批泗纶蒸笼产业人才，为泗纶蒸笼产业发展打下了坚实基础，泗纶镇最大的泗纶蒸笼龙头企业罗定市恒兆蒸笼有限公司董事长李均泉、总经理张群英就出生、成长于杨绿村。改革开放后，杨绿村大力进行农业结构调整，大量种植优质罗竹，放手发展泗纶蒸笼，已经成为泗纶镇首屈一指的蒸笼特色专业村。杨绿村大力发展以竹蒸笼为村特色主导产业，目前全村罗竹种植面积约3000亩，从事竹蒸笼生产农户798户，蒸笼产业年1628万元，占有该村农业产值的60.88%，农民年人均收入16500元，目前杨绿村具备良好的产业基础和资源优势，已初步形成以竹蒸笼为特色的主导产业。

黄丽村种植罗竹面积达3528亩，其中标准化生产面积为1200亩；全村参与种植蒸笼的农户共有208户，参与率达45%。全村农民人均可支配收入达11668元。

1. 产业发展基础

自然资源：泗纶镇位于罗定市西部云开大山山地，地处北回归线南侧，为亚热带季风性气候，气温偏高、热量丰富，全年平均日照率为42%，平均降水量为1400毫米，适合竹子的生长种植。泗纶镇自古以来盛产罗竹，这种竹子纤维长、韧性好，自带一股清幽的竹香味，是上乘的环保编织材料。目前泗纶镇镇内种植罗竹共6万多亩，建有罗竹基地5个，面积共1.5万亩。

历史文化资源：泗纶竹蒸笼制作历史可追溯至清朝嘉庆年间（1796~1820年），竹蒸笼制作技艺代代相传，连六七岁的孩童都懂得如何加工蒸笼。至民国时期，泗纶蒸笼在岭南地区已颇有盛名，改革开放以后大量出口港澳和海外市场。

2. 产业形成路径

政府引导：20世纪80年代之后，本该是作为造纸原材料的罗竹，随着

时代的发展，泗纶镇上的造纸厂陆续停业，罗竹也无从销售，罗竹何去何从成了发展的难题。于是，泗纶镇村干部将产业发展的方向瞄准了当地传统且具有优势的竹蒸笼生产加工，通过派出干部以及加工能手外出学习相关的生产技术以及管理技术，竹蒸笼产业开始在泗纶镇壮大发展。

3. 产业组织模式

行业协会：进入21世纪，随着泗纶竹蒸笼产业的快速发展，产业发展存在的问题也逐渐显现出来，如生产效率低下、产品单一、科技投入不足以及企业发展同质化，恶性竞争初现端倪。为了增强蒸笼加工经济效益、实现竹蒸笼加工专业化，在镇委、镇政府的统筹协调引导下，泗纶竹蒸笼全产业链主体成立了罗竹协会，在协会的组织以及成员的合作下，建立了以加工企业为主体的生产力促进中心和加工销售服务中心，为竹蒸笼生产加工主体提供技术支撑和信息化指导，大力扶持蒸笼加工企业的发展①。

龙头企业：主要是恒兆、竹之森蒸笼有限公司两家，以订单式出口为主；产品主打蒸笼等炊具及部分文化艺术品。

4. 联农带农模式

龙头企业+合作社+农户/产业工人：公司雇用产业工人收割罗竹后进行机械化初加工，分配给合作社或农户进行计件编制。采用“公司+合作社+农户”的产业化经营模式，大力推进农业产业化经营，助力罗竹种植大户、中小竹制品企业发展，实现了“产、加、销”一条龙生产销售链条。合作社协调蒸笼加工户确定最低保护价，将原材料给农户加工和直接收购农户的产品。合作社组织农户种植罗竹、编织竹蒸笼，公司与合作社签订订单合同，收购蒸笼产品，再经打磨、包装销售。

二、古劳水乡休闲农业

古劳水乡位于广东省江门市鹤山市古劳镇，位于鹤山市西北部，地处西江岸边。古劳镇区域范围68.22平方千米，辖1个社区、12个行政村，常住人口3.3万人。古劳水乡又称围墩水乡，一般指的是升平、双桥、新星、坡山围墩区和古劳村，自明朝洪武二十七年古劳人冯八秀奉旨兴建古

① 王玉成．“蒸笼传奇”——记罗定泗纶专业镇［J］．广东科技，2007（05）：28-29.

劳围至今已有600多年历史。“围墩”是根据地理特点命名的，意即堤围下的一个个“墩”，古劳水乡共有鱼塘和耕地14300多亩，是典型的湿地生态地貌，被誉为“珠三角最后的原生态水乡”。

2019年，亚洲第一的旅游集团——华侨城集团，正式接管运营古劳水乡景区，将古劳水乡打造成中国最美岭南水乡。华侨城古劳水乡旅游区，是华侨城集团推出的全新的“新型城镇化+乡村振兴”创新融合项目，是2020~2022年广东省重点文旅建设项目之一，也是江门“全力打造文旅千亿产业，抓好龙头项目建设”的重要抓手。项目整体规划占地约10平方千米，其中主旅游区约3平方千米，范围包括核心旅游区（包含三大组团）、农业文化遗产活化区和咏春文化遗产活化区。项目建设成熟后，预计每年可接待游客量达400万~500万人次。

1. 产业发展基础

自然资源：西江的冲击造就了古劳水乡，因为西江的存在，使得古劳土地肥力较高，土壤状况良好，因此古劳在历史上是著名的蚕桑基地，鹤山乾隆、道光县志皆载围墩“无地不桑，无人不蚕”，围墩妇女以蚕为业，道光县志说“计一妇女之力，岁可得丝四十余斤，桑叶一月一摘，摘已复生，计地一亩，月可得叶五百斤，蚕食之得丝四斤，家有十亩之地，以桑以蚕，亦可充八口之食矣”。蚕桑产业的高度发展带动了古劳蚕桑产业配套产业的发展，如丝绸、印染和运输等行业。围墩是在历史发展过程中因地制宜而形成的独具特色的生产模式，联合国教科文组织称之为“优秀的人工种养循环系统”，在蚕桑产业生产过程中形成了塘基种桑、桑叶喂蚕、蚕屎喂鱼肥塘、塘泥肥桑的生态循环种养模式，造就了良好的生态环境。

历史文化资源：古劳诞生了众多名人，如中国第一代影后胡蝶、咏春拳宗师梁赞、香港“李氏家族”以及王老吉凉茶创始人王泽邦和民族英雄陈开等历史名人，并且古劳拥有如三夹龙舟竞渡、新村和罗江醒狮以及享誉海内外的古劳咏春等民俗风情与文化底蕴。

2. 产业形成路径

政府引导：2014年，旅游业的发展得到了鹤山市委和市政府的高度重视，古劳水乡旅游项目领导小组成立，古劳水乡旅游项目的建设发展开始了全面推进的局面。2015年1月，鹤山市咏春文化暨古劳水乡旅游项目规

划得到了市委、市政府的评审通过，旅游规划将古劳水乡旅游景区划分成了六大片区，充分满足游客需求并将古老水乡自然风景和文化底蕴展现得淋漓尽致。到2015年9月，鹤山市政府投入4000多万元，大力开发旅游项目，提升旅游配套服务设施，建设了古劳东便村梁赞文化公园、水乡民情风俗馆、游船码头、游客中心等项目。

外资注入：2019年，华侨城集团正式接管运营鹤山市古劳水乡景区，按照5A级景区的标准，将古劳水乡打造成中国最美岭南水乡、粤港澳大湾区生态旅游度假标杆。

3. 产业组织模式

龙头企业：华侨城集团有限公司，负责古劳水乡景区的开发运营，规划三期建设全新的古劳水乡旅游景区。

4. 联农带农模式

通过古劳水乡旅游区项目的建设，吸引广大游客前来游玩消费，增加农户收入，并雇用当地农户为景区项目工作人员，提供就业岗位，使农户获得工资收入。

三、军埔村新业态新模式

军埔村位于揭阳市揭东区锡场镇，全村占地总面积0.53平方千米，常住人口2600多人，是潮汕地区典型的“人多地少”型乡村。20世纪80年代末，食品产业是军埔村的主导优势产业，凭借食品产业的优势，军埔村的经济总量在锡场镇名列前茅，2003年锡场镇被广东省科技厅评为“食品及食品机械”专业镇。与许多传统产业一样，随着产业的发展，军埔村食品产业面临着发展困局，没有高端产品的支撑以及恶性价格竞争等问题使得军埔村食品产业走向衰败的道路。随着食品行业的低沉，军埔村许多年轻人将生意发展的目光投向了电子商务，淘宝店在军埔村如雨后春笋般接连开启，实现了军埔村由“食品村”向“电商村”的转型，成为广东省第一个有据可证的“电商村”。

军埔村在首届中国淘宝村高峰论坛即被评为“中国淘宝村”，并作为中国淘宝村的代表亮相《G20中国方案》，2020年9月26日，在第八届中国淘宝村高峰论坛上，军埔村获得“最美淘宝村”的称号，是广东省唯一荣获此称号的乡村。截至目前，军埔村有各类网店 1 万多家，年交易额达 100 多亿元，在军埔村的带动以及政府的引导下，揭阳电商企业超过 1 万家，拥有 35 个淘宝镇、151 个淘宝村，2021 年揭阳市快递业务量为 35.33 亿件，排名全国第六，连续 3 年位居全国前十，2022 年第一季度揭阳市快递业务量达 8.47 亿件，排名全国第四。

1. 产业发展基础

历史文化资源：经商氛围浓厚。军埔村位于潮汕地区，潮汕位于中国东南沿海地区，自古以来就是粤东等地的商品集散中心，在古代也是海上丝绸之路的重要节点，对外经济文化交流密切，其特殊的地理位置使潮汕地区商贸经济活动频繁，对外贸易的发展造就了潮汕人独特的经商文化性格，形成了中国一大商派——潮商。军埔村位于潮汕地区，正是有着这样的经商历史氛围，才使军埔村的人们对于商贸看得比较重视。

2. 产业形成路径

能人带动：2012 年，在广州从事淘宝服装销售的许冰峰、黄海金等 12 位青年先后回到军埔村开淘宝店，经过一段时间的经营，很快就站稳了脚跟，把网店经营得风生水起，面对亲朋好友的求助，他们毫无保留传授经验，并开启了线下实体批发店，向村里新起的淘宝店供货，在军埔村“十二罗汉”的带动下，军埔村的电子商务发展得如火如荼。

政府引导：2013 年 6 月，在 1 年左右的自主发展之后，军埔村的电商规模初具雏形，开设了 100 多家网店和 14 家实体批发店，军埔村的发展引起了揭阳市委、市政府的重视，市委、市政府集中优势资源打造电商人才、电商服务、电商产业、电商文化、电商制度“五大高地”，致力于将军埔村打造成为“电商第一村”①。

在政府的扶持以及资源政策的倾斜下，军埔村的电子商务如雨后春笋般迅速成长发展，2013 年年底，军埔村淘宝店数量达到了 1000 多家，同比增长了一倍多，交易额和从业人数也增加了两倍。2013 年 12 月，阿里巴巴集团评选的首批 14 个“中国淘宝村”名单当中，军埔村赫然在列，率先抢

---

① 林宇，李博．善用“有形之手”撬动“无形之手”融合发展——揭阳军埔电子商务发展历程及核心要素综述［J］．中外企业家，2018，596（06）：54-55.

占了粤东乃至华南农村电子商务发展的先行地位，成了全省仅有两个之一、粤东地区唯一的“淘宝村”①。

3. 产业组织模式

行业协会：在20世纪80年代末90年代初，军埔村的食品产业做得有声有色，但是因为恶性价格竞争等原因，最终导致大部分食品厂举步维艰。同样的恶性价格竞争的问题也发生在新生的淘宝店之间，款式的仿造以及恶性价格竞争的现象在军埔村开始显现，为了不重走军埔村食品行业的老路，经过协商，签署联名倡议书，在2013年7月27日，揭东区锡场镇电子商务协会成立，倡议各个店家自创品牌，拒绝互相抄袭，2014年11月，新设揭阳市军埔电子商务协会。一直以来，协会秉持“引领行业发展、凝聚发展合力、创建综合平台”的宗旨，“打造电商高地，创造非凡价值”的使命，“诚信、创新、开放、共享”的价值观，以及“真诚通世界，共赢创未来”的理念。

4. 联农带农模式

通过成立军埔村电商培训中心，为揭阳市本地及周边地区农村青年提供电商理论知识学习和运营操作技能培训，帮助广大农村青年实现创业就业。

第三节　广东省乡村产业发展模式总结与存在的问题

一、发展模式总结

本书基于对粤东、粤西、粤北和珠三角地区资源禀赋条件及相关地区乡村产业发展实践进行调研和梳理，认为广东省乡村产业从发展初始条件

① 林宇，李博．善用“有形之手”撬动“无形之手”融合发展——揭阳军埔电子商务发展历程及核心要素综述［J］．中外企业家，2018，596（06）：54-55.

和动力来看，可分为“内生型”和“外生型”两种模式；从对地区资源禀赋深化利用情况来看，可分为：乡村特色农业发展模式、乡村农副产品深加工模式、乡村休闲文旅模式等。

（一）内生型模式

内生型模式更多在相对区域内，由乡村产业主体自发对本地区传统优势特色产业进行改造和利用的过程；地域内部主体力量的发挥是自主发展的重点，在广东省乡村产业发展的过程，村委或者村内“龙头企业”通过发挥自身作用，牵头组织小型企业和零散个体，通过农民合作形式，联合脱贫政策以及推行科技下乡惠农等途径，整合当地资源，减少资金投入、扩大产业覆盖范围，带动全体产业参与主体发展。结合调研发现农村能人带动、合作社组织是非常典型的内生动力机制。

（二）外生型模式

外生型乡村产业模式主要在“资本下乡”背景下，由龙头企业等通过强有力的技术和资本支撑，结合若干本地区优势特色产业构建现代产业链，开展“产加销”融合发展。产业组织形式包括“龙头企业+合作社+农户”“龙头企业+村集体+农户”“合作社+农户+专业市场”等类型。在“资本下乡”助推乡村产业发展的过程中，资本发挥其撬动作用，加强对乡村产业的融资支持，并推动相关企业规模化发展，发挥资本配置功能，加快产业建设效率，推动产业融合、加快产业升级，盘活乡村潜在资源并推动产业发展与生态衔接，促进乡村产业高质量发展。

（三）乡村特色农业发展模式

乡村特色农业发展为利用优势特色产业独特的资源禀赋条件和农产品多功能属性，立足乡村特色资源，面向市场需求，挖掘特色产品，通过科技创新、技术推广、标准化生产等进行产业化发展。乡村特色农业产业是乡村产业的重要组成部分，地域特色鲜明，乡土气息浓厚，涵盖各种特色业态类型，发展潜力巨大。乡村特色农业发展增强竞争力的途径主要为挖掘特色资源，开发新品种以及特殊地域品种等专属特性农产品，以适应消费结构的变化升级，以产品特性和高品质赢得市场份额。遵循因地制宜的原则，发展特色种养，根据作物资源、自然环境、气候变化等特点，在最适宜的地区发展最适宜的产业。乡村特色农业发展模式属于因地制宜发展

优势特色产业的主导类型，大鳌镇南美白对虾、新会陈皮产业、茂名罗非鱼产业、乐昌有机农业产业等，都属于广东省典型的乡村特色农业发展模式。

（四）乡村农副产品深加工模式

农副产品深加工是在粗加工、初加工基础上，将其营养成分、功能成分、活性物质和副产物等进行再次加工，实现精加工、深加工等多次增值的加工过程，是延长农业产业链、提升价值链、优化供应链、构建利益链的关键环节，是推进农业供给侧结构性改革、加快农业农村现代化的重要支撑力量。促进农产品精深加工高质量发展，对于农业提质增效、农民就业增收和农村一二三产业融合发展，推动农产品加工技术装备提升，实施乡村振兴战略，保持国民经济平稳较快增长，都具有十分重要的意义。罗定大米、增城丝苗米、新会陈皮村、佳宝九制陈皮、新兴排米粉、河源霸王花米粉等加工品牌都属于广东省内乡村农副产品深加工模式的产物。

（五）乡村休闲文旅模式

乡村旅游是以乡村自然景观和民俗文化风情为宣传点吸引游客，依托乡村自然环境景观、特色建筑和历史文化等资源，在以传统乡村休闲体验旅游为基础之上，拓展开发休闲娱乐、团建度假等新兴项目的新型旅游方式。2015 年中央一号文件提出，要积极开发农业多种功能，挖掘乡村生态休闲、旅游观光、文化教育价值。2022 年中央一号文件也提出明确要求，要持续推进农村一二三产业融合发展，鼓励各地拓展农业多种功能、挖掘乡村多元价值，重点发展农产品加工、乡村休闲旅游、农村电商等产业，并实施乡村休闲旅游提升计划。支持农民直接经营或参与经营的乡村民宿、农家乐特色村（点）发展，将符合要求的乡村休闲旅游项目纳入科普基地和中小学学农劳动实践基地范围。乡村旅游的发展，近年得到了国家及各级地方政府的高度重视。从全国范围来看，广东省的乡村旅游不仅发展起步较早，且资源丰富独特，有着别具岭南风格的复合文化底蕴，如江门市古劳镇古劳水乡、河源市东源苏家围村、韶关市南雄帽子峰银杏等旅游村庄，都属于广东省特色自然景观和文化资源的乡村休闲文旅发展模式。

二、存在的问题

（一）自然依赖性强

自然资源是乡村产业发展的重要基础，在广东省乡村产业发展这块画布当中，自然资源是最重要的底色之一，为广东省乡村产业发展提供了坚实的基础。但是，广东省乡村产业发展存在自然依赖性强的问题，产业发展依赖于自然资源的丰厚，特别是以自然资源优势为依托种植特色农产品的乡村产业，产品附加值不高，收入来源单一，农户收入完全依靠产品的售卖，对本地文化资源和产品潜在价值挖掘不深，产业融合发展势头不足等问题，使得在遭遇恶劣自然灾害的时候，产业根基就会变得脆弱，最终导致农产品减产、农民减收。

（二）外力依赖性强

经过对广东省乡村产业发展进行实地调研和资料梳理，可以发现在部分乡村产业发展的初期，在凸显发展势头的时候，由政府接手制定发展规划、提供发展空间、政策、服务等，或外来资本注入等助力主导产业发展，对外力的过度依赖会使得产业内在发展动力不足、农户内生性创造力不足。从目前广东省乡村产业的总体发展来看，乡村产业对内生动力的发掘尚不够，尤其是近年来面临新冠肺炎疫情及对外贸易出口下降等外部市场环境影响，造成乡村产业发展速度迟滞、发展内生动力不足，在发展规模上也还未走向规模经济与规模效益的匹配区间。

（三）发展用地不足

乡村产业发展过程中涉及耕地、园地、设施农用地、建设用地等多种土地类型。其中，设施农用地适用面小、范围窄和标准上限低，建设用地指标落地难、规划滞后、土地出让成本高和审批手续复杂，使得设施农用地和建设用地难题成为制约乡村产业振兴的主要瓶颈，在乡村产业建设用地难题的解决上，浙江省的探索做法提供了一些启示。如开展农业标准地改革，通过设立农业标准地建设标准，对达到一定规模和产值的农业项目，提供农业标准地的净地标准，并安排一定比例的设施农业用地或建设用地用于配合产业发展需求。对于涉及餐饮、停车场、住宿以及农产品加工和展销等建设用地，依据《土地管理法》等相关法律法规规定，必须按照建

设用地标准依法进行管理。然而，在优先发展城市和工业的经济发展理念之下，建设用地指标尚且不能满足城市和工业建设发展的需要，乡村产业发展所需建设用地指标更加难以获得，这就使得乡村产业项目发展规划难以进行，导致乡村产业项目难以落地。并且因为农业投资周期长，使得农业产业收益缓慢、融资困难，即便乡村产业经营主体取得了建设用地指标，也难以支付昂贵的土地获取成本。

（四）人力资本水平不足

一方面，自改革开放以来，随着工业化的快速发展和城镇化进程的逐步加快，大量农村劳动力涌向城镇，农村劳动力向城市群大规模集聚，产生农村“空心化”等问题，导致农村人力资本严重不足，生产领域一线劳动力、基层农技人员和经济管理人员严重短缺。另一方面，城乡差距明显带来的公共文化服务等资源严重不均等。随着城镇化加速和农村人口“空心化”的加剧，在传统农业乡镇适龄儿童等降幅明显，我国多数地区农村逐步推行了“撤村并校”，农村基础教育水平的不足和农村生活基础设施的缺乏导致农村父母“进城陪读”现象的出现，也造成了农村人力资源的不足，难以支撑乡村产业的发展。

第四节　本章小结

本章主要对广东省乡村产业的主要发展模式、典型案例进行了深度分析，重点从产业发展基础、产业形成路径、产业组织模式、联农带农模式等方面，对广东省乡村产业主要发展过程与模式、典型案例、存在问题进行了翔实分析，更加能够聚焦乡村产业“从无到有、从小到大”的发展脉络与产业演化历程。典型案例充分结合粤东、粤西、粤北及珠三角地区乡村产业发展实际，选取了生产加工业、休闲农业与乡村旅游、新业态新模式。

研究分析表明，自然资源禀赋、特色农产品资源、历史文化资源、区位优势等是乡村产业高质量发展的关键基础，包括案例中的大鳌镇南美白对虾、新会陈皮、长坝沙田柚等均充分利用了自然禀赋优势顺势而为。在产业形成路径方面，结合诱致性技术变迁与产业发展理论，本章总结为内生性、外生型、政府引导型三类，案例中的揭阳市军埔村从传统食品加工村到广东省“第一淘宝村”的转变，带动揭阳市电商产业发展和村民增收；有传统继承积淀型，如广州市花都区赤坭镇瑞岭村盆景，有深厚的盆景基础和技艺传承，村内农户参与积极性高，80%以上村民从事盆景产业；外生型如江门市鹤山市古劳镇古劳水乡，政府引导型如江门市新会陈皮产业等。乡村产业组织可分为龙头企业带动型、农民专业合作社（联社）带动型、行业协会带动型、专业市场带动型等。联农带农模式方面，主要有“龙头企业+农户”“龙头企业+合作社+农户”“龙头企业+家庭农场”产业工人等联农带农模式。从当前广东省乡村产业类型和发展阶段来看，主要存在的问题包括自然依赖性强、外力依赖性强、发展用地不足、人力资本水平不足等方面。

第六章　国内外乡村产业发展模式及经验借鉴

第一节　国内乡村产业主要发展模式与案例分析

本章以2021年国内部分省份乡村特色产业亿元村为案例，从中选出在乡村第一产业、乡村旅游与休闲农业或产业融合方面较为突出的案例（见表6-1），从“产业发展基础—产业形成路径—产业组织模式—联农带农模式”4个维度进行分析，总结国内部分省份乡村产业发展模式。

表6-1　国内部分省份乡村特色产业亿元村

省份	乡村特色产业亿元村	主要产业
浙江省	杭州市萧山区益农镇三围村	蔬菜
	湖州市长兴县水口乡顾渚村	乡村旅游产业
	宁波市余姚市陆埠镇裘岙村	茶叶产业+乡村旅游业
山东省	菏泽市巨野县麒麟镇南曹村	肉鸭鸭苗养殖业
	青岛市即墨区田横镇周戈庄村	海参+乡村旅游业
	济南市莱芜区牛泉镇庞家庄村	花椒、山楂+休闲农业
四川省	眉山市彭山区观音街道果园村	葡萄产业
	成都市郫都区友爱镇农科村	花卉+乡村旅游与休闲农业
	宜宾市高县来复镇大屋村	茶叶+乡村旅游与休闲农业

一、浙江省乡村产业发展模式及典型案例

（一）杭州市萧山区益农镇三围村

1. 产业发展基础

杭州市萧山区三围村是在钱塘江滩涂上围垦而建的村庄，是远近闻名

的“菜篮子”基地、储备粮基地。三围村的土质为沙壤土，非常适宜蔬菜种植。芹菜是三围村的主打产品，并成为带动人民增收致富的“大产业”。2020年，全村农业总产值突破1.365亿元，农民人均收入达53280元，村综合实力得到显著提升。三围村发展设施蔬菜产业始于2002年，目前已形成复种面积达8000亩的无公害设施蔬菜基地，产品涉及芹菜、长瓜、南瓜、玉米、辣椒等10余个时令蔬菜。

2. 产业形成路径

2000年，三围村开始了土地承包，以俞关马为代表的承包大户在三围村开启了农业种植。为了提高农业水平，三围村建设起了设施大棚。同年，该村实施了第一个市级中低产田改造项目，注册了“农垦”商标、成立了三围村蔬菜协会。2008年，为吸引来自全国各地的渠道商，该村集中资源新建了5000平方米的物流集散地和1000平方米的农产品物流配送服务中心。此外，借助浙江农民信箱、杭州农网、农垦蔬菜网等网络平台，该村农产品得以远销杭甬温以及广州、福州、南京等省外城市。

3. 产业组织模式

2005年9月，由116位村民共同筹资组建“杭州农垦蔬菜合作社”，实行“统一销售、统一采购、统一培训、统一品牌、统一质量标准”的“五统一”模式，不仅有效解决了村民卖菜难和低价恶性竞争问题，还辐射到周边群围、兴裕、东沙等村的万余亩蔬菜基地。

4. 联农带农模式

蔬菜基地在全村范围内形成了示范效应，截至2020年底，该村80%以上的土地建有设施蔬菜基地，大部分村民从事蔬菜产业，其中，农户收入超过80%来源于蔬菜产业，规模化种植让这里成了省内外闻名的“菜篮子”基地。抢占市场的同时，三围村还依靠科技，提升质量打响品牌。如依托杭州市农垦蔬菜专业合作社，建立起常态化的菜农技术培训和技术服务机制，标准化生产管理制度，形成了“大户示范+全面推广”的模式。

（二）湖州市长兴县水口乡顾渚村

1. 产业发展基础

顾渚村位于长兴县水口乡，东临太湖，北与江苏宜兴接壤，三面环山。截至2019年，区域面积18.52平方千米，下辖14个自然村，共有农户953

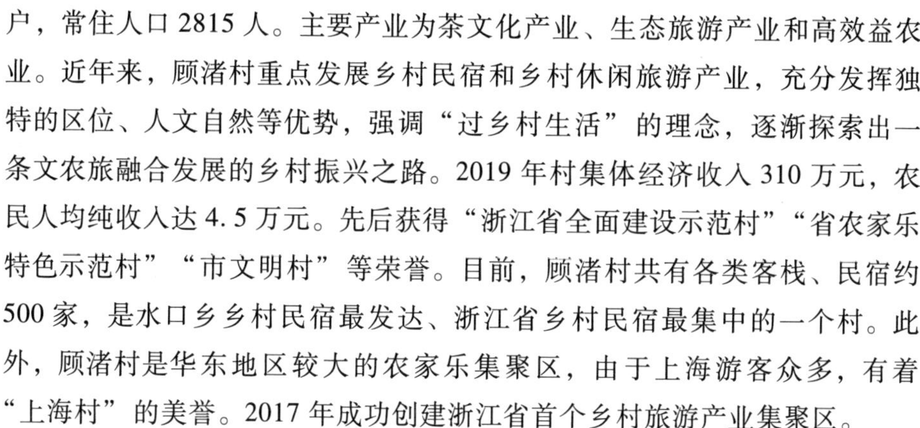

户，常住人口 2815 人。主要产业为茶文化产业、生态旅游产业和高效益农业。近年来，顾渚村重点发展乡村民宿和乡村休闲旅游产业，充分发挥独特的区位、人文自然等优势，强调“过乡村生活”的理念，逐渐探索出一条文农旅融合发展的乡村振兴之路。2019 年村集体经济收入 310 万元，农民人均纯收入达 4.5 万元。先后获得“浙江省全面建设示范村”“省农家乐特色示范村”“市文明村”等荣誉。目前，顾渚村共有各类客栈、民宿约 500 家，是水口乡乡村民宿最发达、浙江省乡村民宿最集中的一个村。此外，顾渚村是华东地区较大的农家乐集聚区，由于上海游客众多，有着“上海村”的美誉。2017 年成功创建浙江省首个乡村旅游产业集聚区。

2. 产业形成路径

顾渚村四面环山，当地村民以种植毛竹、茶叶及外出打工为主要经济来源，生活困难，生态环境遭到破坏。回顾近 30 年的发展，顾渚村的全域旅游经历了“个体无组织的自发参与、政府主导的组织参与和社区精英群体主导的大众参与”三个阶段，顾渚村居民参与乡村全域旅游的热情被充分调动了起来，村里的面貌也随之日新月异。

个体无组织的自发参与阶段。闭塞的村庄总蕴藏着丰富的社会资本，顾渚村的乡村民宿第一人便是上海退休老军医吴瑞安，他开发和利用其社会性资源，借助村庄的优良生态环境以及毗邻上海的独特区位优势，建立起疗养院，动员、吸引上海中老年群体来此康复、医疗与修养。随后，部分村民看到来自大城市消费者的惊人消费力，为满足疗养群体的日常消费需求，当创办服务性产业的水平和动员资源的能力超过了农户个人所能够承担的限度时，一些村民开始众筹合股，创办起第一家农家乐——“王塔庄”。在个体无组织的自发参与阶段，除了小范围的合作行为外，还有部分村民将自己的闲置资源出租利用，由此逐步形成了游客吃在疗养院、住在农户、游玩在周边的旅游模式。

政府主导的组织参与阶段。个体无组织发展到一定时期，基于经济理性的个体行为容易导向个体的无序竞争，进而可能产生类似于“公地悲剧”的局面。2009 年，顾渚村集体组织，开始成为合作行动的倡导者，利用集体权威和集体资源，开始以景区化的概念打造精品农家乐。2010 年，顾渚村所在的水口乡党委、乡政府确定了“生态立乡、旅游兴乡”的大景区建设战略，正式将乡村旅游产业作为水口发展的支柱产业。2015 年，在县、乡两级指导下，水口乡开展了治脏、治乱、治堵、治房、治水等行动，全力推进农家乐集聚区的转型升级。通过“政府职能部门+能人+合作社+协会组织+龙头企业+农户+基地+城市消费群体”，形成强有力的产业链条。整合多方资源，架起了城市与乡村之间的桥梁，实现了农民增收。

社区精英群体主导的大众参与阶段。近年来，顾渚村树立“高端树品牌、中端谋发展、低端聚人气”理念。一方面引导资本下乡，通过统一规划、精品定位、突出特色，树立高端品牌，为该村其他本土经营主体引入了现代经营理念；另一方面发挥农民主体地位，倡导村民开发和利用闲置宅基地，推进乡村民宿精品化特色化转型升级。

3. 产业组织模式

政府、协会、村民协同管理模式。住宿、餐饮、车费、景区门票等均由水口乡乡村民宿行业协会制定相应标准，并且推行网格化管理，让有威望、有公益心的乡村民宿老板担任网格长，管理好各自辖区，以及处理各类纠纷。此外，协会还对经营户采取积分制智慧化动态管理，以确保服务质量。

4. 联农带农模式

顾渚村拥有各类乡村民宿 480 余家，70%的家庭、60%的村民从事农家乐及相关产业，其中 5 个自然村每家每户都有乡村民宿。人均纯收入由原来的不到 4000 元增加到 4. 5 万元。通过投资实体、资产入股等形式经营美丽乡村、壮大村级财力，村集体经济收入也从原来的 60 多万元增加到 310 万元，一个农家乐一年能挣 30 万元，较好的民宿一年能挣到 100 多万元，真正实现了“村壮民富”。通过乡村旅游产业的发展，不仅解决了当地农村剩余劳动力的就业问题，还吸引了原来外流资本、劳动力的回归。民宿业带来的人气使得顾渚村原有农产品均能实现就地销售。村里效益好的土特产经营户，一年收入可达 100 多万元。

（三）宁波市余姚市陆埠镇裘岙村

1. 产业发展基础

裘岙村地处四明山腹地，这个千余人口的小山村早在 2013 年，就获评全国“一村一品”示范村，有名的“一品”是茶叶。裘岙村近年来又先后

成为浙江省 3A 级景区村庄、宁波市文明村、宁波市“美丽村庄”、浙东天然攀岩训练基地、余姚市文艺采风创作基地、浙江省革命传统教育基地等。这里还有新四军浙东游击纵队后方医院（惠民医院）旧址，旅游资源十分丰富。

2. 产业形成路径

裘岙村立足自身优势，一方面鼓励和引导村民大力发展茶产业，延伸产业链，让茶产业成为繁荣一方经济和富裕一方百姓的农业支柱产业；另一方面挖掘生态文化资源，加强基础设施建设，提升农村人居环境，大力发展乡村旅游，助推产业发展。

裘岙村茶叶产业历史悠久，坚持“以农养农”的基本方向，大力挖掘茶叶这一传统特色产业。2003 年，在该村党总支书记裘明辉的带领下，村民在大洋山原荒废的茶山上重新开发优质茶田 191 亩，加强科学管理，从源头把控原料品质，打造优质有机茶基地。同时，村里积极鼓励村民因地制宜，在本村创办茶叶加工厂，促进农民增收。2010 年，在农林部门和陆埠镇的大力支持下，裘岙村将原来的“弱、小、散”茶叶加工厂进行整合，成立了余姚市狮山钟秀茶叶专业合作社，并利用山区优势，建造厂房，引进机械设备、聘请技术人员、改造生产流程，推动形成“统一标准、统一品牌、统一推广”的经营模式，使珠茶产业“产销一体”全面提质增效。目前，合作社共吸纳本村及周边村镇成员厂家 39 家，其中本村 22 家。10 多年来，裘岙村茶厂规模越来越大，以生产精制珠茶出口为主，在中东、非洲摩洛哥等地拥有广阔的市场。

在做大做强做精茶产业的同时，裘岙村还积极推进美丽乡村建设，做好“体育+旅游”文章，依托狮子山风景区，以“浙东丹霞、锦绣裘岙”为目标，开发乡村旅游项目，发展美丽经济。在开发建设浙东攀岩基地及健身步道、玻璃观景台的基础上，裘岙村投入 200 余万元实施陆上线裘岙段沿线整治提升工程、建设村口休闲公园和松林露营公园，并完善了村口标志标识。举行宁波市全民登山大会，吸引来自宁波各地的 500 余人参加，热闹非凡。每到周末和节假日，前来观光游玩徒步的市内外游客人流如织，车辆经常排起“长龙”，村里的农家乐生意火爆，路边摆摊卖土特产、饮料、玩具的，有时多达 60 个摊位。

3. 产业组织模式

包括工会、合作社、茶叶加工厂和茶农，产业主体和链条较完整。2018 年，余姚市袭岙村茶叶联合工会成立，对茶企和茶农开展多项服务和帮扶活动。在合作社的指导下，各成员厂家对茶叶加工设备进行改造升级，使茶叶机械化生产更加节能环保。2020 年，市狮山钟秀茶叶专业合作社年产值约 4.7 亿元，其中一家自营出口的社员单位宁波卡特莱茶业有限公司年产值达 3 亿元。

4. 联农带农模式

“合作社+茶叶厂+茶农”模式。以合作社为引领带动，推动农业集约化、专业化、组织化、社会化发展，将农户牢牢嵌入产业链中，初具规模的茶农可自己兴办茶叶加工厂，小茶农可种植茶叶给茶叶厂收购等方式参与产业链。通过“合作社+茶叶厂+茶农”的模式，使农户可以分享茶叶加工带来的利润。

二、山东省乡村产业发展模式及典型案例

（一）菏泽市巨野县麒麟镇南曹村

1. 产业发展基础

南曹村位于巨野县麒麟镇东南 7 千米处，西距下陶公路 1.5 千米。全村地势平坦，土地肥沃，区域面积 1.66 平方千米，耕地面积 1.1 平方千米。村庄共有农户 346 户，主要产业为肉鸭鸭苗养殖产业，并发展出青山羊养殖、光伏发电、蔬菜种植、服装加工等多个特色产业。目前，南曹村是全国“一村一品”示范村，山东省最大的肉鸭鸭苗孵化基地，菏泽市生态品牌村，拥有 2 个农牧业有限公司、7 个农民专业合作社、1 个土地流转中心。近年来，南曹村推进乡村振兴，优化组合村庄内部各种生产要素，探索出集规划、生产、经营、加工、销售、服务管理一条龙的经营模式，形成了多层次、高质量、强集体经济的农村农业化的新发展格局。

2. 产业形成路径

从产业形成的路径来看，南曹村产业发展是从偶然走向必然、单一走向多元、低端走向高端，是一个动态发展的过程。

肉鸭养殖产业的“落地生根”。南曹村原本是一个既无特色资源又无明

显区位优势的普通村庄，民国年间，村民曹传故与德国传教士学习木工手艺，成了南曹村最早的木工师傅之一，并将木工手艺传承下来。自改革开放以来，南曹村村民得以凭借木工手艺外出从事建筑行业，南曹村成为全县有名的建筑专业村，村庄也成立了木工加工厂，发展林业种植以满足建筑行业的材料需求。然而，随着人口的不断外流，村庄也日渐“空心化”和凋零化。为解决这一问题，2008 年，时任村支部书记的曹传增，带领村民注册了菏泽市第一家林业种植专业合作社，流转土地 1100 亩，种植速生杨木 4.2 万棵，并开始尝试着规模化的林下养殖种鸭。养殖产业开始在南曹村的优渥土壤下，“落地生根”并茁壮成长。2011 年，南曹村引进一家 7000 万元的鸭苗孵化厂，2014 年注册成立公司并逐步扩大生产规模，现日孵化能力达 60 万只，截至 2021 年，全村肉鸭鸭苗孵化产值达 5 亿元，村庄综合实力显著提升。

产业发展的“多点开花”。脱贫攻坚期间，在政府政策大力支持下，村庄“两委”积极探索促进农民增收的途径，培育新产业，壮大村集体经济。一方面，村庄第一书记杲磊依据村庄的“林下养殖”传统，培育“棚顶光伏+棚下养殖”的新产业，2017 年，投资 6.8 亿元建成占地 1200 亩的 30 兆太阳能光伏项目，棚下在逐步培育形成了食用菌、“皇后菜”、牛蛙等特色种养产业，发展生态农业；另一方面，发展加工服务业，引进加工企业，建设村庄扶贫车间并引进服装厂，带动村庄 50 多名村民就业。自此，南曹村的特色产业呈现出“多点开花”局面，农工贸一体化、产加销一条龙的生产经营体系正在加速形成。

产业链不断延伸，提高价值链。在乡村振兴背景下，南曹村优化生产要素，不断延伸农业产业链，提升附加值。一是建设食品加工厂，对肉鸭养殖与鸭苗孵化过程的淘汰种蛋、老鸭进行加工，打造咸鸭蛋、卤鸭蛋等加工产品；二是打造特色品牌，南曹村洪江种鸭场产品通过农业部食品安全中心认证，“韵绿”牌有机杂粮通过 ISO9001 认证等；三是探索新型销售方式，利用山东烟草 1532 物联供应链等互联网数据平台销售，拓展销售场景，激发销售活力。

3. 产业组织模式

南曹村目前形成了“公司+合作社+基地+农户”的经营模式，产业主体和链条完整。全村入社率达95%，以洪江养鸭专业合作社为例，占地360亩，入社养殖户260户，辐射范围广，可带动600多家规模养殖户。此外，创新合作社组织管理机制，完善基层治理体系。一方面，党支部建立了包保合作社制度，发挥党员干部的先锋带头作用，定期召开评议会，对党员干部进行监督。另一方面，完善村级治理体系和治理能力现代化建设，定期召开村“经济工作会议”，形成村委领导，村民、企业共同参与的治理格局。

4. 联农带农模式

一是形成紧密的联农带农机制，采取“公司+合作社+基地+农户”的经营模式，通过土地入股流转、鸭苗孵化养殖、企业工厂就业、光伏项目等形式，增加农民收入，壮大村级集体经济；二是村居基础设施与人居环境明显提升，农民居住生活体验得到提高，全村346户村民全部搬进新楼房，现代化农村得以实现，打造出集产业、休闲旅游、养老、教育于一体的“农村生态圈”，农民生产生活更加稳定，收入来源更加多元。

（二）青岛市即墨区田横镇周戈庄村

1. 产业发展基础

周戈庄村位于山东省青岛市即墨区田横镇境内，濒临黄海，海洋资源条件优越。村庄共有860户，2560人，耕地1560亩。村庄海岸线2.1千米，海水养殖面积达401公顷，村民靠海吃海，世代以渔业捕捞为生。自20世纪90年代以来，村庄依托海洋优势，打造了水产养殖、海产品加工、销售全产业链，发展海参、赤贝等一系列品牌，其中“周戈庄海参”被评为山东省著名商标，现已形成以海参育苗养殖产业为主的产业集群。此外，周戈庄村保留了文化民俗——“祭海祈福节庆活动”，大力发展祭海文旅产业，延伸产业链条，村庄年接待游50万人次。2008年，田横祭海节被列入第二批国家级非物质文化遗产名录，被评为山东省旅游特色村、山东省传统古村落、全国休闲渔业示范基地、宝湖马术小镇国家3A级景区，荣膺首届节庆中华奖“最佳公众参与奖”。

2. 产业形成路径

周戈庄村的产业发展既得益于优质的海洋资源，又离不开能人带动，特别是以刘丛林、刘东升等为代表的村书记的带领。周戈庄村的产业发展

经历了三个阶段：第一，传统捕捞阶段。在1976年，时任村书记刘丛林团结带领村庄党员群众，拉起了136艘渔船，筹资建立500吨的冷藏厂，大力发展海洋渔业。第二，渔业养殖阶段。在近海资源枯竭，传统捕捞产量不稳定的客观背景下，部分村民弃船养殖，以第二代书记刘东升为代表的村干部，联合组织了260户养殖户，成立三平岛海参养殖合作社，带头发展海参育苗产业，稳定海参幼苗市场，其合作社被评为国家级农民合作社示范社。第三，发展祭海文旅产业，立足新发展格局阶段。周戈庄村大力推进乡村旅游业的发展，保留与传承祭海祈福节庆活动，创建打造影视基地、“花屿海”田园综合体、军民融合主题公园及水上餐厅等项目、发展乡村康养旅游，延伸了村庄产业链，提升价值链。周戈庄村找到新时代村民致富、集体增收道路。

3. 产业组织模式

在渔业发展上，采取“合作社+农户”的组织经营模式，合作社统一技术、统一销售、同一品牌、统一推广，为养殖户提供银行贷款，提高养殖户的市场议价能力与风险抵御能力；在乡村旅游业发展上，采取“党建引领+社区参与”的发展模式，成立祭海文化产业党支部，科学规划，规范管理，村民自发参与。

4. 联农带农模式

通过合作社的经营方式，养殖户可通过合作社购买饲料、种苗，获得资金支持与信息技术支持，形成了紧密的联农带农机制。打造宝湖马术小镇3A级景区，促进旅游联动发展，拉动多户村民从事休闲采摘、马术产业服务，带动本村及周边村庄300余户群众从事餐饮、民宿、旅游产品销售。

（三）济南市莱芜区牛泉镇庞家庄村

1. 产业发展基础

庞家庄村位于莱城西南16千米处，距牛泉镇政府10千米，下辖三个自然村。庞家庄东依笔架山，西靠凤凰山，云凤河自村中蜿蜒北去，山水环绕，景色宜人，拥有丰富的林业资源。全村共有329户，900余人，耕地面积784亩。花椒与山楂产业是庞家庄村的主打产品，并成为带动村民增收致富的“两板斧”。村庄花椒种植面积超3万亩，打造“莱芜花椒”

品牌，并获得国家地理标志认证、行业标准认证、FSSC22000全球质量体系认证、26个国家的马德里商标认证。庞家湾村是有名的“花椒之乡”，每年出口超500吨，创汇500万美元。村庄山楂种植约1万棵，最高亩产可达1万斤，拥有山楂干、山楂球、山楂条、山楂卷、山楂酒等一系列产品，年产值上亿元。此外，村庄打造“山楂之恋”田园综合体，建设山楂之恋博物馆，发展乡村旅游和休闲农业，实现了一二三产业的深度融合发展。

2. 产业形成路径

庞家庄村种植花椒具有一定的历史传统，1949年以前就有村民张珍挑着花椒到泰安做买卖，20世纪80年代，庞家庄村几乎家家户户都在种植花椒、贩卖花椒。2009年，吴连军回村子建厂房买设备，并成立了公司，带动成立莱芜花椒协会。2018年，其子吴涛接过父亲的企业，成立济南祥正花椒种植专业合作社，带动100多户农户参与种植，花椒产业越做越大，形成了规模化种植、合作化经营、标准化加工模式，发展出集产前、产中、产后的生产销售于一体的全产业链体系。山楂产业也是庞家庄村的传统种植产业，不过由于山楂这一种产品市场需求量较少，早期的山楂由于产品单一经常出现“谷贱伤农”的情形。山楂发展需要进行深加工，以提高产品的价值，2007年，亓宪瑞放弃上海外企工作，回乡发展山楂产业，2009年成立山楂合作社，2011年创立莱芜万邦食品有限公司，并逐步摸索出了山楂干的先进烘干工艺，打造出系列深加工产品，拓展线上线下消费渠道。

3. 产业组织模式

花椒产业采取“公司+合作社+基地+农户”的模式，辐射带动周边农户进行花椒种植，合作社采取统一标准、统一品牌、统一培训、统一销售。山楂产业采取“党总支+村集体+公司”“合作社+农户”的经营模式，通过土地流转、利润返还、种苗供给、订单合同、保价收购、提供就业岗位等形式，既拓展了农民增收渠道，又增加了村集体收入。

4. 联农带农模式

花椒产业通过成立合作社，吸纳了160户花椒种植会员，形成了种植示范基地，辐射带动周边农户100多户，增加劳动就业岗位100多个，就业岗位收入平均约100元/人/天，有效保障了农民稳定增收。山楂产业通过订

单合同，按高于市场价 10%～20%的保护价收购等形式，使农户年均收入超过 3 万元。

三、四川省乡村产业发展模式及典型案例

（一）成都市郫都区友爱镇农科村

1. 产业发展基础

农科村位于成都市郫都区西部，东距成都市区 20 千米，西邻都江堰市 30 千米，自然风景宜人，区位优势明显，是中国第一家“农家乐”开设地，也是历史名人杨雄的故里。全村下辖 11 个社，711 户，2500 人，村庄面积 2.6 平方千米，耕地面积 2400 余亩，花木种植面积 2300 余亩。农科村依托独特的区位优势、自然优势和人文优势，探索出了一条文农旅融合发展的乡村振兴之路。花卉苗木和乡村旅游与休闲农业是该村的主导产业，现具有 800 余亩的核心景区，景区内部鲜花随处可见，绚丽绽放，是国家 4A 级旅游景区、全国农业旅游示范点、全国美丽宜居村庄、成都市首批特色示范镇。目前，全村以观光、休闲、体验、赏花为主要乡村旅游特色，具有农家乐接待户 32 户，五星级乡村酒店 2 家，四星级乡村酒店 3 家。2020 年接待游客达 175 万人次，旅游收入达 1.2 亿元。

2. 产业形成路径

农科村的乡村旅游与休闲业的发展源于乡村第一产业的结构调整，其发展经历了“个体自组织无序发展”到“政府引导、村民参与、公司运营”的有序发展。20 世纪 80 年代，农科村村民自发调整种植结构，发展花卉苗木种植。由于毗邻成都市，交通便利，花卉苗木市场需求大，农科村的花卉苗木受到两地人民认可，许多人慕名前往采购苗木。这为农科村因地制宜发展乡村餐饮服务提供了可能，以徐家、何家为代表的第一批农户在村庄内发展农假餐饮服务，探索出“农家乐”的旅游模式，在政府的积极引导下，村民利用自己的院落、盆景，主动投身于乡村休闲旅游。2018 年，在乡村振兴政策的背景下，农科村成立景区管理运营公司，探索市场化运作模式，开展包装、策划、招商、营销、运营，将农家乐按照功能划分为主题精品民宿、精品园艺培育、文创体验活动三种类型，使其转入乡村旅游高质量发展的“快车道”，打造集旅游、休闲、娱乐、文创品牌于一体的

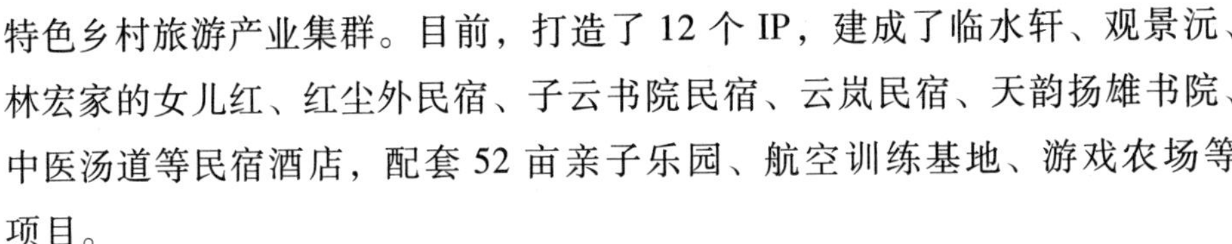

特色乡村旅游产业集群。目前，打造了 12 个 IP，建成了临水轩、观景沅、林宏家的女儿红、红尘外民宿、子云书院民宿、云岚民宿、天韵扬雄书院、中医汤道等民宿酒店，配套 52 亩亲子乐园、航空训练基地、游戏农场等项目。

3. 产业组织模式

采取公司化运营的模式，完善基础设施建设，建设江安河骑游绿道、导示系统和野餐、露营、游乐设施；提高游客体验服务，建设游客服务中心与购物中心，规范农家乐经营主体，挖掘扬雄文化、盆景文化和农耕文化，加强线上线下营销宣传，打造农科村乡村旅游品牌；提高旅游品质，按照特色化、休闲个性化，对部分农家乐休闲村庄进行改造升级；等等。

4. 联农带农模式

农科村发展国际旅游度假区，采取“资源变资产、资金变股金、农民变股东”的模式，将沉淀和叠加的资源专业化、规模化、股份化集中起来，构建起村民和集体以及其他社会资本之间高效的利益联结机制。

（二）眉山市彭山区观音街道果园村

1. 产业发展基础

果园村位于眉山市彭山区观音街道，是典型的丘陵地貌，清水河支流的发源地，具有丰富的石灰石资源。果园村下辖 11 个农业社，2344 户，7066 人，共有面积 6.09 平方千米。该村昼夜温差大，日照时间长，温度适宜，特别适合种植葡萄。近年来，该村逐步放弃矿产资源开发模式，向生态友好型产业转变，大力发展葡萄产业，打造“一村一品”，拥有阳光玫瑰、美人指等 20 余个葡萄品种，面积 7500 余亩，亩均产值达 3.5 万元，年产值超 2.6 亿元，是国家葡萄产业技术体系综合实验站示范点、全国乡村治理示范村、全国乡村特色产业亿元村、四川省乡村振兴示范村。

2. 产业发展路径

果园村充分利用自然条件优势，发展葡萄产业，顺应了绿色发展的要求，其发展经历了无组织分散化经营到有组织标准化经营。2000 年前后，由村委干部示范种植并取得成功，随后村民开始分散地无组织种植经营。之后果园村成立了专业合作社、家庭农场，引进农业龙头公司，壮大葡萄

产业。2015 年，在农业部门和街道的支持下，果园村发挥党建引领的作用，分门别类设置 7 个党支部、10 个党小组，并进行产业规划、完善基础设施、引进机械设备、优化生产流程、提供技术指导等，全村形成集葡萄种植、管理、销售等环节完整的生产链，使葡萄产业“产销一体”全面提质增效。

3. 产业组织模式

“公司+合作社+农户”是果园村的经营模式，果园村组建葡萄专业合作社、为全村种植户提供种苗、滴灌、反光膜等农资服务，降低种植环节成本，种植户平均每亩节省 800~1000 元，此外合作社开展“线上+课堂+田间”的技术培训模式。

4. 联农带农模式

果园村葡萄产业的发展形成了较为稳定紧密的联农带农机制，一是提供资金支持，通过协调农业银行等金融机构，提供抵押贷款、信用贷款、贴息贷款等服务，使种植户能够参与到葡萄种植的产业中，分享葡萄种植收益，目前累计完成贷款 3.5 亿元；二是提供农业保险，分担种植户风险，提高种植户的参与意愿；三是分红，村民可通过农地流转获得集体分红，参与合作社的社员年底也得到分红；四是提供就业岗位，为村庄部分弱势群体提供公益性岗位，为部分劳动力较低的妇女、老人提供葡萄采摘、包装等就业岗位，增加农民收入。

（三）宜宾市高县来复镇大屋村

1. 产业发展基础

大屋村紧邻宜宾，距宜宾市区仅有 10 千米，是宜宾后花园。大屋村所处位置自然环境优越，景色宜人，旅游资源丰富，附近拥有大雁岭景区、红岩山旅游景区、文武荷田、李硕勋故居等旅游景点，是省级乡村文化振兴样板村、全国乡村治理示范村、全国乡村特色产业亿元村。得益于自然地理条件，村庄主要发展茶叶产业，2020 年，该村茶叶核心示范区达 8000 余亩，实现茶产值 10130 万元，茶农人均茶叶收益 9158 元。近年来，该村发挥区位优势，依托大雁岭景区，发展乡村旅游和休闲农业，景区与村庄旅游项目年接待游客 30 余万人次，获得“四川天府旅游名村”“四川十佳生态宜居村”“四川省乡村旅游精品村寨”等荣誉称号。

2. 产业形成路径

大屋村的产业发展是“资本下乡”的实践。长期以来，大屋村的产业发展一直受到村庄交通条件的限制，2015年在村“两委”的动员带领下，完善了村庄的基础道路设施。便利的交通以及毗邻市区的交通环境很快引起资本的注意。现在入驻了早白尖茶业公司、云锋旅游、林峰农业、红竹沟生态园、芸艺花卉等企业，其中最为重要的产业是茶叶，年产值8000万元。大屋村与早白尖茶业有限公司合作，采取“公司+基地+农户”的方式，延伸了茶产业链条，带动农民增收。此外，大屋村引进其他农业企业，开发出茶食、家畜、水果等10种特色产品。在乡村旅游业上，大屋村开展产业融合，依托大雁岭景区，探索农村康养、休闲、体验、文创、农家乐等新型业态，打造“酒都夜宴”消费区，芸艺花卉以及红竹沟生态园等文旅项目，带动农民增收致富，壮大集体经济，目前集体经济年收入超500万元。

3. 产业组织模式

采取“公司+基地+农户”的经营模式，推动形成“统一标准、统一品牌、统一培训、统一收购、统一销售”的模式，由早白尖免费发放优质茶苗、采取标准化茶叶种植技术培训、优先收购鲜叶的“产销”一体模式，解决村民销售难题。

4. 联农带农模式

一是村民通过“公司+基地+农户”的模式，实现稳定增收；二是村民通过开办家庭农场、农家乐、民宿等形式，共享乡村旅游收益；三是成立村集体公司，采取公司集中管理方式，推进“三变”改革，确权折资1941.33万元，股权量化村民达97%，壮大了集体经济。

四、国内乡村产业发展的经验总结：经验共性与差异

（一）乡村产业发展经验共性

各省乡村产业发展均是广大农民敢于探索、善于创新与各级政府引导支持合力的结果。

表 6-2　各省乡村特色产业亿元村发展模式总结

	产业发展基础	产业形成路径	产业组织模式	联农带农模式
浙江省杭州市萧山区益农镇二围村	资源优势：沙壤土适宜蔬菜种植 区位优势：距离杭州较近	能人带动：以俞关马为代表的承包大户开启蔬菜种植 政府支持：实施中产田改造、成立三围村蔬菜协会等	合作社：由 116 位村民共同筹资组建“杭州农垦蔬菜合作社”，实行“统一销售、统一采购、统一培训、统一品牌、统一质量标准”的“五统一”模式	合作社（或大户）+农户
浙江省湖州市长兴县水口乡顾渚村	资源环境优势：生态环境优良； 区位优势：距离上海近	能人带动：上海人吴瑞安成功开办了第一家疗养院，村民众筹合股创办了第一家农家乐“王塔庄”； 政府引导：确定乡村旅游产业作为支柱产业的战略、成立景区综合管理办实现景区日常秩序规范化管理；引入社会资本参与，打破同质化局面，实现“精品化、主题化、特色化”	政府、协会、村民协同管理：住宿、餐饮、车费、景区门票等均由协会制定相应标准，推行网格化管理	村民经营民宿：70%的家庭、60%的村民从事农家乐及相关产业； 提供就业岗位：乡村旅游产业带来了大量就业岗位
浙江省宁波市余姚市陆埠镇裘岙村	资源环境优势：山地多，种茶历史久远	村集体引领：该村支书裘明辉带领整合“弱、小、散”茶叶加工厂，成立茶叶专业合作社，统一标准、统一品牌和推广。进而依托自然资源和特色产业开展乡村旅游	合作社：成立余姚市狮山钟秀茶叶专业合作社，推动形成“统一标准、统一品牌、统一推广”的经营模式。该合作社共吸纳本村及周边村镇成员厂家共 39 家，其中本村 22 家，2020 年该合作社产值 4.7 亿元	合作社+茶叶加工企业+茶农：带动茶农收入
山东省菏泽市巨野县麒麟镇南曹村	区位交通优势：地势平坦，紧邻公路； 林下养殖传统历史久远	村集体引领：该村支书曹传增带领村民成立林业种植专业合作社，尝试林下养鸭； 引进资本：引进鸭苗孵化厂； 政府引导：脱贫攻坚时期，第一书记杲磊拉动项目，培育“棚下养殖+棚顶光伏”的新产业	合作社：全村入社率达 95%。创新合作社管理机制，形成党员包保合作社、定期召开“村庄经济会议”的制度，形成村委领导、村民、企业共同参与的治理格局	“公司+合作社+基地+农户”的经营模式：通过土地入股流转、鸭苗孵化养殖、企业工厂就业、光伏项目，促进农户增收； 村居基础设施与人居环境明显提升，农民居住生活体验得到提高，全村 346 户村民全部搬进新楼房

续表

	产业发展基础	产业形成路径	产业组织模式	联农带农模式
山东省青岛市即墨区田横镇周戈庄村	资源环境优势：濒临黄海，海洋资源条件优越； 文化传统：继承发展民俗文化	村集体引领：村委带动发展海洋渔业捕捞，发展近海海参育苗产业，成立海参养殖合作社；进而挖掘历史民俗文化传统，发展祭海祈福节庆活动，开展乡村旅游	合作社：合作社统一技术、统一销售、统一品牌、统一推广的四统一模式； 乡村旅游发展采取“党建引领+社区参与”，成立文化产业党支部	合作社：养殖户可通过合作社购买饲料、种苗、获得资金支持与信息技术支持，形成了紧密的联农带农机制； 乡村旅游：带动本村及周边村庄300余户群众从事餐饮、民宿、旅游产品销售
山东省济南市莱芜区牛泉镇庞家庄村	资源环境优势：山地多，林业资源丰富，种植花椒、山楂历史悠久	能人带动：吴连军返乡利用资本成立公司，发起莱芜花椒协会，成立花椒种植专业合作社；亓宪瑞返乡创立山楂合作社和公司，打造系列深加工产品，建设“山楂之恋田园综合体”	合作社：实行统一标准、统一品牌、统一培训、统一销售的模式； “党总支+村集体+公司、合作社+农户”的经营模式，土地流转、利润返还、种苗供给、订单合同、保价收购、提供就业岗位等形式	花椒产业采取“公司+合作社+基地+农户”的组织模式：吸纳160户种植会员，带动农户100多户。通过订单合同，高于市场价10%～20%的保护价收购； 提供就业岗位：100多个，岗位收入为100元/人/天
四川省成都市郫都区友爱镇农科村	区位优势：毗邻成都及都江堰市区； 资源环境优势：旅游资源丰富，历史文化名人扬雄故里	自我摸索：以徐家、何家为代表的第一批农户在村庄内发展农假餐饮服务，形成了“农家乐”的旅游模式； 村集体引领：确定乡村旅游产业作为支柱产业的战略、成立景区管理运营公司，实现景区日常秩序规范化管理；引入社会资本参与，打破同质化局面，走精品、主体、体验的特色乡村旅游道路	政府引导、村民参与的组织模式：采取公司化运营，景区公司完善基础设施建设，打造经典项目，提高服务体验	发展国际旅游度假区，采取“资源变资产、资金变股金、农民变股东”的模式。构建起村民和集体以及其他社会资本之间高效利益联结机制

续表

	产业发展基础	产业形成路径	产业组织模式	联农带农模式
四川省眉山市彭山区观音街道果园村	资源环境优势：矿产资源丰富，丘陵地貌	村集体引领：改进无组织分散经营，成立专业合作社、家庭农场、引进农业龙头企业，发挥党建引领作用，成立7个党支部，全村形成集葡萄种植、管理、销售等环节完整的生产链，使葡萄产业“产销一体”全面提质增效	合作社：统一采购、统一服务、统一培训、统一销售的四统一模式	“公司+合作社+农户”的经营模式：提供资金支持、农业保险、利润分红、集体分红、就业岗位等，稳定促进农民增收
四川省宜宾市高县来复镇大屋村	区位优势：距离宜宾市仅有10千米； 资源环境优势：附近拥有多个景区景点	村集体引领的“资本下乡”：集体修路，引进早白尖茶业公司、云锋旅游、林峰农业、红竹沟生态园、芸艺花卉等企业	“公司+基地+农户”的组织经营模式：统一标准、统一品牌、统一培训、统一收购、统一销售。实现“产销”一体模式，解决村民销售难题	“合作社+基地+农户”的经营模式：实现茶农人均年收入9158元； 乡村旅游景区开发，打造旅游项目，壮大集体经济，集体经济年收入超500万元； 成立村集体公司：推动“三变”改革，确权折资1941.33万元，股权量化村民达97%

第一，在产业发展基础方面，亿元村均依托当地自然、区位和历史文化优势，因地制宜发展乡村产业。从亿元村案例中可以看出，各村产业发展主要依赖于当地的自然资源、生态环境、历史文化等禀赋条件，“靠山吃山、靠水吃水”，因地制宜地形成了差异化和特色化的乡村产业。

第二，在产业形成路径方面，乡村能人示范与带动效应形成的内生发展动力、政府支持形成的外部制度供给，共同促进乡村产业发展壮大。一方面，乡村能人创新精神至关重要。从案例经验中可以看出，农民自主创新和乡村能人带动是乡村产业发展壮大的重要因素，乡村能人和经营主体的示范和带动作用明显，且往往具有内生性的特征，即发生于村庄内而非“外来”。另一方面，乡村产业发展离不开基层政府的引导、支持与制度供给。实践证明，乡村制度创新是以农民的诱致性创新为主动力的，政府提供了制度变迁所必需的组织协调与必要的制度供给。通过制度创新释放农村发展活力，赋予农民生产经营自主权和自主创业创新权利，让农民成为独立的市场主体，激发农民创业创新的活力。

第三，在产业组织模式方面，产业化经营主体多样化，形成规范生产、打造品牌、生产服务、全产业链发展模式。从案例分析可以看出，乡村产业化经营主体呈现多样化组织载体，如农业企业、合作社、家庭农场等。从市场份额来看，有两种模式：第一种模式是平均每个乡镇有1~2个市场份额占有率较大的经营主体，对当地市场具有较大的定价权；第二种模式是经营主体较多且市场份额相对平均，但组建了行业协会。无论何种形式，这些经营主体在产业化发展中均发挥着不可替代的作用，包括规范生产流程、打造产品品牌、对外交流、为农户提供生产与经营服务、扩展产业链条等。

第四，在联农带农模式方面，形成多种利益联结模式，提高农民嵌入产业发展程度。在各乡村产业发展实践中涌现了大量联农带农模式，如典型的“公司+农户”“合作社+农户”和创新型资源入股等模式。依托经营主体的带动作用，出现了统一服务带动标准化经营、业态创新引领就业创业、股份合作共享发展成果、村企协同共促脱贫致富等联结模式，最大限度地利用农民自身资源和能力提高其嵌入产业发展的深度和宽度，进而增加收入水平。

（二）乡村产业发展经验差异

乡村产业发展均是依托本地资源优势，以能人带动和基层政府引导支持为内生动力；由企业、合作社等新型经营主体为主带动村民以资源出租、产业工人和订单销售等模式发展壮大乡村产业，但各省乡村产业发展模式也存在以下差异：

第一，从产业类型来看，各省份的资源禀赋条件不同，导致村庄产业类型也有所不同。比如，浙江省已经出现了以休闲农业、民宿为主的多元产业，在浙江省的亿元村中，顾渚村依托生态环境以及区位地理优势，开展民宿和乡村旅游业，并且形成了产业聚集；山东省与四川省的主导产业仍未脱离传统种养业，例如山东省的周戈庄村的主导产业仍然是以海参为主，四川省亿元村大屋村的茶叶贡献了村庄产值的70%。虽然山东省以及四川省具有不少生态资源优势的村镇，但尚未形成有规模、成体系的乡村产业多元发展格局。

第二，从产业发展内在动力来看，浙江省以及山东省更加重视农民创新精神和内在发展动力，四川省更加强调村集体以及政府引导，通过行政力量推动乡村产业发展。具体而言，浙江省与山东省非常重视农民群众创新精神、正确看待农民的创新和农村改革中出现的新事物并积极总结推广。在乡村产业发展实践中，“能人治村”传统在两省广为流传，例如浙江省三围村的俞关马开启了该村的蔬菜种植，山东省庞家湾村的吴联军和亓宪瑞放弃了村外高薪工作回乡创业，分别发展了花椒以及山楂两大产业。四川省则发挥村集体与政府引领作用，克服种种困难，将分散无组织的农民集中起来，激发起其内生动力；例如四川省的果园村、大屋村在村组织引领下，集中村庄资源，完善基础设施，成立专业合作社，引进龙头企业、公司，成立景区开发公司，壮大集体经济，促进农民增收。

第三，从产业融合角度来看，四川省及浙江省三产融合发展趋势较好。在浙江省及四川省亿元村中，大部分以种养产业为主的乡村也在积极寻求产业融合发展，如浙江裘岙村与四川大屋村分别利用茶叶产业基础开展乡村旅游产业。山东亿元村也有一些开展了产业融合，如庞家庄村基于山楂产业打造的“山楂之恋”田园综合体。但总体而言，山东省的产业融合趋势不强，如山东省的周戈庄村，虽然充分挖掘了本地历史文化资源，但与主导产业海参的融合力度不强，乡村多元价值还有待进一步提高。

第二节 国外乡村产业主要发展模式及案例分析

放眼全球主要发达国家，都在工业化与现代化进程中出现过城乡发展不均衡、农村产业发展停滞的状况，各国因地制宜、分类施策，探索出独具特色的乡村产业发展道路，从而实现乡村产业的发展。国外推进乡村产业发展方面积累的经验，对于推进中国乡村产业发展，构建和完善产业发展框架与政策支持体系有一定的借鉴意义。

一、亚洲国家：日本、韩国

中国与日本、韩国同属东亚国家，具有相似的农业经营结构、文化背景。“二战”后，日本和韩国为恢复经济，加快社会发展速度，将工作重心侧重于优先发展城市工业部门，片面追求经济增长，导致城乡矛盾越发激烈，农村发展越发落后的局面。对此，日本和韩国政府推行了一系列乡村产业振兴政策，有效推动了乡村产业发展。

（一）日本模式

“二战”后，日本农村农业生产停滞，土地利用率低下，为提高农业生产效率，日本进行了农地改革，并确定了以超小规模自耕农为主体的经营制度。1961 年施行《农业基本法》，通过促进农村非农产业发展，拓宽农民增收渠道，提高乡村生活福祉，实现了缩小城乡差距的政策目标。20 世纪 90 年代，由于农业人口向非农产业加快转移、贸易自由化下国际农产品对本土农业的冲击不断增强、乡村居民对消费需求不断提高，原本基于农业问题的基本法不再适用，日本政府于 1999 年开始施行《食物、农业、农村基本法》，实施“六次产业化”战略，旨在促进第一产业与第二产业、第三产业融合发展，发挥农业多功能性，促进农业可持续发展，以缓解经济一体化对国内农业产业的冲击。自《食物、农业、农村基本法》颁布以来，日本乡村产业得以迅速发展，具有日本特色的现代化农业产业得以初步形成。综合来看，日本乡村产业走出了“战略引领、政策支持、组织有效、配套保障”的产业融合发展道路。

1. 战略引领：确立“六次产业化”战略

自 20 世纪末以来，日本从自身国情与农村社会经济基础出发，确立了农业农村产业发展的“六次产业化”的战略导向。“六次产业化”是指在发展第一产业的同时，推动农业生产向第二、第三产业进行融合发展，将农产品的种植、加工、销售与服务相结合，形成综合产业链，提高农民收入（姜长云，2015）。日本发展的“第六产业”主要有三种形态，包括：①产业特色基地型。如葡萄基地（胜沼町）、草莓基地（佐伯市、町三村）、水产品基地（姬岛村）等。②产业加工型。通过对农林牧渔产品的加工，延

长农产品产业链，提升产品附加价值。③乡村旅游消费型，即借助乡村自然风光、历史传统文化等无形资源，推动农家乐、乡村旅游等多种形式发展，如广岛县世罗郡世罗村73个农业团体形成了多类型生产经营联合，建立农村公园（张永强等，2017）。日本"六次产业化"的实践，关键在于"地产地销"的发展策略。"地产地销"旨在通过当地的农产品在当地加工、销售的方式，降低因流通环节产生的交易成本。如产业基地通过农产品直销，培育农产品特色和自由品牌，提高产业附加值；产业加工通过利用本地农产品原料，降低生产成本；乡村旅游吸引城市人口下乡，促进城乡融合发展等。

2. 政策支持：建立乡村产业政策支持体系

良好的制度环境是乡村产业可持续发展的重要保障和前提。日本乡村产业发展得益于相关政策体系的不断完善，从1961年将《农业基本法》作为政策纲领以来，日本制定和完善了相应的政策文件，形成了以"基本法"为基础，"普通法"为补充的政策支持体系，例如，日本为保障乡村产业项目的顺利进行，于1961年施行《农业现代化资金助成法》，对乡村产业项目提供贴息服务；为推进乡村的"六次产业化"，于2010年开始施行了《农林渔业经营主体使用本地资源开拓新业务及促进使用本地农产品的相关法律》，同时出台了相应配套政策，如《农工商合作促进法》（2008年）、《城市农业振兴法》（2015年）等（曹斌，2018）。这些法律均以"基本法"为基础，使得乡村产业政策得以保持长期稳定，保障了乡村产业的可持续发展。

3. 组织有效：健全产业发展组织模式

健全有效的组织架构以及自上而下的工作机制，保障"六次产业化"的有效推进。2000年，日本政府增设"农村振兴局"，并在地方农业局设立农业振兴科，统筹相关部门的政策资源，引导各地市、町、村等根据区域特色建立农产品销售和加工市场，保障了政策的有效落实。此外，日本鼓励农民建立以经济服务为核心的农民合作组织。农林渔协通过组织引导，开展产业融合项目以及批量售卖农产品，拓宽农民就业途径，增强规模效益，有效保障农民权益。

4. 配套保障：提供产业发展资金技术保障

在资金支持方面，日本采取了财政补贴和金融扶持等方式，促进乡村产业政策顺利实施。一是提高特色农产品销售、加工、研发工作、人才培训、设备购置等方面的资金支持力度。如 2013 年设立了“山村发展支持计划”，给予相关政府或企业 1000 万日元的资金扶持，对农林渔业优质项目给予一定程度的贴息支持。二是完善支农政策性支农金融体系，为农林渔业经营主体提供中长期高额贷款，贷款利率远低于同期商业贷款利率平均水平。三是鼓励技术创新，加强涉农人才培养，重视成果转化与利用。

（二）韩国模式

韩国与日本一样是一个资源匮乏型的国家，20 世纪 60 年代，韩国的城乡收入差距悬殊，农民生活水平低下。为促进农业经济发展，1970 年 4 月韩国政府开展以“脱贫、自立、实现现代化”为目标的“新村运动”，争取把所有的村庄都能从落后的停滞的传统村庄发展成先进的现代村庄。韩国的乡村产业发展内嵌于“新村运动”实践，并通过“新村运动”得以高效发展。总体来看，韩国通过“新村运动”形成了“政府主导、全民参与”协同发力的乡村产业发展模式。

1. 新村运动：促进乡村产业发展

政府主导下的“新村运动”实质上是一场脱贫致富运动，彻底改变了韩国农村封闭落后的面貌，使农村环境得以改善，农业产业得以发展，农民收入得以增加。综观“新村运动”的发展史，其对乡村产业的促进有以下四个方面：一是完善乡村基础设施，夯实产业发展之基。1970～1980 年，韩国通过修建道路桥梁，支持农民建设“安乐窝”、增加农业基础设施等，累计在改善农村人居环境方面的投资约 2.8 万亿韩元，约相当于 1972 年其国民生产总值的一半。二是发展乡村工业，探索产业融合之路。韩国自 1967 年开始推进农工并进的政策，此后在“新村运动”期间，大力推进农业机械化以及乡村工业化，开始探索以“农渔村副业园区”为代表的农产品就地加工、存储、销售的工农产业融合之路。三是构建和完善乡村产业发展保障体系。在政策保障方面，韩国陆续出台了《农渔村收入源开发促进法》《农渔村特别促进法》《产业选择及开发的相关法律》，提供了农村加工业发展、产业园区建设的制度保障；在智力支持方面，建立专家咨询

系统、鼓励专家学者开展“新村运动”研究活动，促进产学研深入融合。四是开展新村教育，加强精神文明建设。通过设置研究院，培育乡村产业发展精英人才，引导村民树立“勤劳、自立、合作”的意识，激发村民内生动力，提升村庄社会资本和人力资本，为产业发展奠定坚实基础。

2. 产业布局：区域特色产业经济

乡村产业融合发展是实现乡村高质量发展的重要路径。一方面，韩国优化乡村产业结构，大力推动食品产地加工，形成“乡村工业园区”的发展模式，在园区内部实现农产品的生产、加工、销售，降低交易成本，形成综合产业链条，提高生产效益，构建了现代化的农业生产经营体系。另一方面，韩国依托乡村自然景观、历史文化、民俗工艺等特色资源，发展乡村特色旅游业。以政府主导开发模式，引导乡村旅游景区景点的规划开发，以项目运作方式打造独具特色、内容丰富、活动精彩的乡村旅游线路，逐步形成以农村康养、旅游为主的乡村产业，如发展“观光农场”“农渔村观光修养园”“农渔村体验山庄”“山村生态村庄”等旅游项目。

总体而言，日本和韩国由于相似的自然资源禀赋、以家庭为单位的小农生产经营结构，其产业发展也存在着较大的相似性，即遵循着自上而下的发展逻辑，以政府引导产业发展为基础，激活村庄社会组织及农民的活力，实现了农村产业的转型升级。日本和韩国的乡村产业成功的关键在于“六次产业化”的产业融合打破了传统农业生产经营的“天花板”效应，实现了产业链的价值延伸，进而提升了农业的经济效益、社会效益和生态效益，提高农民收入，缩小城乡差距。

二、欧洲国家：荷兰、法国

自第一次工业革命以来，欧洲国家反思落后的乡村产业，通过科技赋能等方式使农业的发展走在世界前列。以荷兰与法国为代表的发达国家，在探索农业现代化的进程中走出独具特色的乡村产业发展之路。

（一）荷兰模式

荷兰国土面积约 4.1 万平方千米，2022 年人口达到 1721 万人，人口密度比中国还要高。其耕地面积仅为中国的 5%左右，人均耕地不足 2 亩，农业就业人口比重在 3%以下。然而，就是有这样的“先天不足”缺陷的荷兰，却成了当今世界上最发达的农业现代化国家之一，是仅次于美国的全球第二大农产品出口大国，是典型的小国大农。

1. 政策支持：推动“链战略行动计划”实施

荷兰政府高度重视创意农业产业链经营，提出了“链战略行动计划”。这一计划旨在通过政策扶持，大力推动创意农业产业链发展，以集约化、专业化、高新技术和现代化管理模式为特点，推动农业生产前期、中期、后期与休闲旅游等产业转型升级，实现一二三产业深度融合，并最终在产业链的基础上打造产业集群，形成系统的产业体系。以花卉产业为例，荷兰政府打造花卉“绿港”的产业集群，完善园艺研发、花卉育种、生产、销售、加工的产业链，发展花卉主题旅游与观光农业，提升农业的附加值（付晓亮，2017）。此外，荷兰政府投入资金给予农业补贴、成立农企协作的供应链管理研究机构、加强农产品安全与质量监管、出台生态环境保护政策、提升公共服务能力等，保障“链战略行动计划”的持续有效实施。

2. 组织支持：构建以家庭农场为基础的合作社体系

以家庭农场为基础的农业合作社体系是荷兰成为农业大国的组织保障。在荷兰，家庭农场是以家庭农场主和家庭成员为主要劳动力，通过生产、销售农产品，形成以农产品生产专业化、经营面积规模化为特点的农业经营组织。荷兰乡村产业的发展得益于“合作社一体化产业链组织模式”，而家庭农场是这一模式的基础，其通过自愿自发的形式组成合作社组织，拥有不同异质化资源的家庭农场所形成的合作社组织不以盈利为目的，而是为其社员提供技术支持、生产资料供给、农产品销售、融资和保险服务、产品质量监管、返还农产品交易环节的利润等。因此，不同于其他国家的合作社，荷兰的合作社数量较少，但是却是以适度规模的家庭农场为基础，具有较强的议价能力和抵御风险能力。这种全产业链协同发展的合作社体系，不仅延伸了农业生产的产业链条，提升了农业附加值，增强了农产品的市场竞争力，也增强了农民参与合作社的凝聚力，促进了农民的增收。以荷兰乳业为例，养殖农场主具有入社和退社自由，加入合作社之后便成了合作社股东，养殖农场主可以获得资金技术设备支持，拥有销售奶品的渠道，而乳业公司则可以获得优质稳定的鲜奶供应，通过加工形成乳制品，延伸产业链，提高实现价值链（肖卫东和杜志雄，2015）。

3. 高科技赋能：荷兰乡村产业发展的关键引擎

先进的科学技术，是荷兰实现农业现代化的关键引擎。高科技被运用于农业生产过程中，实现了自动化、机械化和信息化，打破了耕地不足的制约，提高了农业生产效率。例如，荷兰大力发展温室农业，并实现环境的全自动化控制，对花卉、水果、蔬菜等采取温室无土栽培技术，利用先进科学技术解决生产环节中的光照、温度、湿度、配肥施肥、灌溉、生物防治以及采摘、监测等，使产量大幅提升，质量稳定可控。此外，荷兰采取大数据分析、卫星识别、分子识别、GPS 系统等高科技手段，将信息技术运用到基本的农业生产过程中，做到全产业生产溯源分析，提高产业管理水平，提高产品竞争力，创造出巨大的经济效益。

（二）法国模式

法国的农业资源丰富，但是在“二战”后，法国的城镇化进程导致农村日渐凋零，乡村产业发展停滞不前。为此，法国政府开始采用“领土整治+产业融合”的模式对农村进行改革，并最终实现乡村产业的良性运行与协调发展。

1. 领土整治：提供乡村产业发展沃土

法国的领土整治工作是指通过法律法规、政策制定等宏观手段，加强对经济状况较为落后的地区的经济干预，使农村资源实现了优化配置，加快了农村现代化建设。法国政府采取了一系列措施，包括：出台法令规定，鼓励有条件的地区发展农村工商业或以减免税费等方式鼓励工业企业迁移到落后地区，为当地居民提供就业岗位；鼓励乡村手工业，发展农村农副产品，提高农民收入；大力发展职业教育，设置教育机构，鼓励农民参与培训，引导人才回流，组建科研队伍，以提高农民人力资本，赋能乡村产业发展。

2. 产业融合：一体化农业的实践

法国的产业融合实质上就是发展一体化农业的过程。所谓的一体化农业即是强调产业链的产前、产中下沉到乡村，使农业生产过程中的产供销形成一体化，强调的是农业各个部门之间业务的相互配合，紧密衔接，使得工、农、商形成产业利益共同体。法国政府积极探索一体化农业的实现路径。在提升价值链方面，法国发展出独具特色的乡村旅游业，并制定了严格的乡村旅游管理条例，以保障乡村旅游业的持续发展，避免同质竞争。例如鼓励法国农民充分挖掘自身的优势，打造本土体验项目，规定农庄遵照当地风俗、餐饮必须使用当地烹饪方法烹饪本地农产品等。

总体而言，荷兰根据小国大农的国情实施“链战略行动计划”，以科技进行赋能，以合作社组织化经营方式提升效益；法国通过领土整治与产业融合，快速实现农业现代化。荷兰与法国均有较强的工业基础，较强的国家综合实力，其农业科技手段较为成熟，欧洲的乡村产业通过资本、技术等资源要素的优化配置，实现快速发展。

三、北美洲国家：美国、加拿大

北美洲国家的资源禀赋条件优越，农业发展具有较为丰富的土地等资源条件。美国和加拿大的人均耕地面积高，两者乡村农业产业发展共同呈现出规模化、机械化、自动化的特点。我国部分地区也具有较为广袤的平原、良好的耕地条件，总结美洲发达国家乡村产业发展实践，可以为我国部分乡村产业高质量发展提供借鉴。

（一）美国模式

美国的土壤肥沃，气候温和，耕地面积占国土总面积的18%，人均接近0.5公顷，是一个拥有丰富农业资源的国家，其农产品数量多、品种丰富、品质高，农产品出口总额长期居于世界首位。纵观美国乡村产业的发展历史，可以从两条脉络中加以把握。一条主线是延续着美国农业产业的工业化展开，即美国经历了农业产业的规模化阶段（19世纪60年代至20世纪30年代）、农业机械化推广普及阶段（20世纪40年代至70年代）、高科技农业发展阶段（20世纪80年代至今）；另一条主线是农业产业的企业化发展历程，同样包括三个阶段：即家庭农场制的确立（18世纪70年代至19世纪40年代）、农业合作社阶段（19世纪40年代至20世纪30年代）、农业现代化企业发展阶段（20世纪30年代至今）。从美国乡村农业产业发展历史可以发现，其组织模式是从家庭农场逐步实现规模化经营，扩大成为合作社并最终发展成为农业现代企业，在此过程中，农业的机械化、信息化、自动化水平得以提高。总体来看，美国农业企业发展是依赖于完备的政策支持保障体系、先进的科技创新应用体系、科学的组织管理体系。

1. 完备的政策支持保障体系

美国政府出台了一系列法律法规，有力保障了乡村产业可持续发展。一是建立配套法律法规体系，在农业保险、农产品安全、农业科技推广等方面，出台了完备的法律法规，明确对农业的保护与支持。二是完善产业负面清单，严格把控水产养殖红线，设置农药使用的准入制度，加大对违反规定的处罚力度，还对遵守规定的生产者给予适当补贴等。三是构建完善的农业资金补贴政策，以直接补贴、反周期补贴、奶制品市场损失补贴、灾难救助、交易援助贷款和贷款补贴、作物与收入保险补贴、出口补贴共7种方式保障农场主的基本收益（罗鸣等，2019），提高其生产积极性。

2. 先进的科技创新应用体系

美国大学高等教育在世界上处于领先地位，在农业产业发展过程中，大学研究机构与政府、民间三者紧密联系，通过资金保障、收入激励机制等方式，形成了稳定高效的产学研模式。其中，赠地大学（land-grant colleges）是产学研合作系统能够有效运作的关键。赠地大学是集教育、科研、推广的合作组织，包括政府创办并提供资金资助，大学提供师资技术资源，农民接受先进创新技术。它促进了政府、大学、农民三位一体的有机结合，使得农业科技成果得以转化推广。

3. 科学的组织管理体系

科学的组织管理体系包括由农民为主导的合作化组织以及由企业主导的企业化管理组织。第一，以农民为主导的合作化组织保障了农民的经济利益。美国农场主通过主动自愿结合，降低了生产、销售的交易成本，提高了农民的农产品议价空间，优化产业结构，延伸产业链，实现产前、产中、产后的稳定收益。第二，以农业企业化管理为特征的组织管理体系促进了美国乡村产业的专业化、规模化发展。美国农业企业逐步向企业模式发展的过程，实质上就是对各种资源的整合和要素的优化，集中体现在土地要素集约化生产，农业生产的专业化分工。

（二）加拿大模式

20世纪60年代，加拿大就已经基本实现农业现代化，农业生产经营呈现出规模化、专业化和机械化的特点。总体而言，加拿大农业现代化得益于完备的政策支持与保障体系、合作社组织体系以及先进的科技保障体系。

1. 完备的政策支持保障体系

完备的政策支持与保障体系是加拿大农业得以持续发展的根本保障，加拿大政府在农业发展上主要采取以下做法：一是出台并建立一系列详尽的法律法规和政策体系。如 1935 年颁布实施《草原农场复兴法》，规范农场主的农业生产行为，推行耕地保护。二是建立以项目为核心的资金保障体系，明确项目用于改善农村环境、完善基础设施、支持产业经济发展、产业能力建设、完善食品安全与质量监管。三是配套保险项目，如加拿大农业收入稳定项目、农产品保险、运输补贴等，主要用于支持商业保险体系建设，完善农业抵御风险机制等。

2. 合作社组织体系

加拿大农民自发形成农民合作经济组织，增强个体抵御市场风险的能力。加拿大的合作社组织是农业现代化进程中最重要的主体，包括农民生产合作社、金融互助合作社、消费合作社、专业服务合作社等。此外，加拿大合作社具有系统的管理章程与原则和较高的自由发展权。一方面，国家制定完备的法律法规规范合作社的生产经营行为；另一方面，合作社具有高度的自由发展权利，由社员决定合作社的发展方向，政府不加以干预。

3. 先进的科技保障体系

加拿大政府重视科学技术对农业的保障作用，健全农业科技机构，加大对科研经费的投入，积极开展农业技术培训的“绿色证书”制度等。加拿大政府重点改进科学技术管理机制，建立健全农业科学技术体系。自 20 世纪 90 年代中期认识到知识经济的作用性之后，加拿大便提出了改进科学管理机制的方向，促成了加拿大创新基金会和加拿大大学研究主席的成立。这些改进机制重组了联邦科学部门，确立了优先解决经济、社会和环境问题的目标，促进产学研融合发展，例如，加拿大农业和农业食品部（AAFC）实施了农业政策框架（APF），协调省政府、行业和研究部门之间的创新工作。

综上所述，美国与加拿大不仅具有相似的历史背景和文化背景，其农业资源禀赋也同样丰富，两者的农业发展路径均以农业企业化为目标，加强科学技术的投入，发展集约化、专业化的现代农业。有所不同的是，美国农业市场的发育状况比加拿大更加具有优势，因此农业组织从合作社逐

步发展成现代农业企业，甚至是寡头企业。

表 6-3 国外乡村产业发展战略、模式及重要举措

国家	战略计划	产业发展主要模式	主要举措
日本	“六次产业化战略”	战略引领、政策支持、组织有效、资金保障	地产地销法，三产融合
韩国	“新村运动”	“政府主导、全民参与”的协同发力	完善乡村基础设施及环境、开展新村教育、推进产业融合、进行产业布局
荷兰	“链战略行动计划”	政府支持、组织支持、高科技赋能	打造产业集群、完善合作社组织体系、推动高科技赋能
法国	“领土整治”	发展一体化农业	发展乡村工商业、聚焦乡村旅游，实现一体化农业
美国	—	政策支持、科学组织体系、高科技赋能	稳定土地制度、培育农业企业、提高科技能力、加强科研成果转换
加拿大	—	政策支持、科学组织体系、高科技赋能	完善政策支持与保障体系、重点健全合作社组织体系、加大科研投入力度

四、国外乡村产业发展的经验差异与共性

（一）经验共性

在乡村产业的发展过程中，各国也呈现出一定的共性。从各国的产业发展路径来看，各国乡村产业的发展得益于在政府、个体以及社会上形成合力，共同参与到乡村产业发展实践中。

第一，政府加强顶层设计。针对农业高风险性和低收益性的特点，各国政府加强顶层设计进行宏观调控。从发展目标来看，各国政府在现代化进程中，都出现过城市偏向发展的情况，为顺利推进农业农村现代化，缓和城乡矛盾，确立了城乡均衡发展的发展目标；从政策制定角度来看，各国政府统筹规划，优化产业布局，建立健全了一系列具有引导作用和约束作用的法律法规体系，推进乡村产业的可持续发展；从配套保障措施来看，各国政府充分调动社会资金，完善农村基础设施，建立健全保险机制，对农业产业发展初期给予一定的支持与保护。从措施实施的角度来看，各国政府均依据自身国情，采取具体详细且具有针对性的措施，培育农业企业、农业合作社和家庭农场，以激发农民自身的内在动力。

第二，个体内生发展动力强。各国农民个体的组织化水平较高，具有合作精神，并形成了以家庭农场为基础，以合作社为核心和主导的一体化产业链组织模式，促进农业的生产发展、拓展农产品销售的渠道，保障了自身的经济效益。此外，各国农民具有较高的专业化意识和企业家精神，建立起专业化合作社或农业公司，社会分工程度较高，形成规模效益。

第三，社会营造良好的乡村产业发展环境。一方面，各国社会淡化农民的社会身份，建立起农民培训制度，提高农民素质和科技运用能力，农民完成了从社会身份到职业身份的转变，整个社会对农民的职业认同较高；另一方面，主流社会强调生态环境，倡导绿色生产型农业，促进农业产业的高质量发展。此外，大学机构的研学氛围浓厚，农业基础技术研究和高科技人才资源丰富，为兴农强农提供强大助力。

综上所述，各国政府积极引导、农民个体自我组织、社会提供支持，三者紧密联系，共同推进了农业企业的发展。

（二）经验差异

不同的地区、国家之间由于自然资源禀赋、文化传统以及发展环境差异导致了各国乡村产业发展路径也不尽相同。

第一，从资源禀赋的角度来看，各国发展出不同的经营模式。例如美洲国家农业资源禀赋丰富，劳动力数量较少，可以采取机械化的形式，形成集约化生产经营，其乡村发展策略可以归结于资本密集型；日本、韩国人地关系紧张，资源匮乏，强调一二三产业融合，合理布局产业，发展出小而精的农业，延伸了产业链和提高价值链，其乡村发展策略可以归结于劳动密集型。欧洲国家的自然资源禀赋条件适中，并且地处温带海洋性气候，因地制宜发展出特色乡村产业并利用科技打造产业集群，例如荷兰的花卉产业，法国的乡村旅游等，其乡村产业发展策略可以归结于技术密集型。

第二，从文化传统来看，各国产生不同的组织方式。日本、韩国精耕细作的文化传统塑造小农的经营模式，在乡村产业发展过程中农户个体更加注重与他人的合作，因此政府在推动乡村产业发展时更多地以合作社、村集体为扶持对象；而欧美的殖民文化催生了以家庭农场为基础的农业生

产经验模式，其乡村产业的独立性和自主性较高，最终发展成为公司企业，政府的支持主体转变为对专业化的企业、公司进行帮扶。

第三，从发展环境来看，各国乡村产业发展在市场环境与社会环境上也有所差异。一是市场环境有所差异。欧美的市场机制较为完善，农产品流通比较畅通，其市场消费需求较高，因此其乡村产业发展以外向型的农产品出口加工经济为主；日本和韩国的专业化分工较为缓慢，自给自足的模式较为突出，农产品供应链还不够完善，其乡村产业发展主要以内向型的地产地销模式为主。二是科技水平有所差异，欧美的集约化经营以及人多地少的局面，意味着欧美对科技的依赖性较高，决定了其较高强度的科技投入和较高水平的科技成果转化能力，日本和韩国的精细化农业虽然也要求了现代科技的支撑，但总体上高科技含量较弱，科技依赖程度较低。

各国的经验共性与经验差异如表 6-4 所示。

表 6-4　各国乡村产业发展的经验共性与差异

<table>
<tr><th>经验总结</th><th>美洲国家（美国、加拿大）</th><th>亚洲国家（日本、韩国）</th><th>欧洲国家（荷兰、法国）</th></tr>
<tr><td>经验差异</td><td>资本密集型；
专业化的企业、公司；
外向型的农产品出口加工经济为主；
高科技依赖性</td><td>劳动密集型；
专业化合作社；
内向型的地产地销模式为主；
低科技依赖性</td><td>技术密集型；
专业化的企业、公司；
外向型的农产品出口加工经济为主；
高科技依赖性</td></tr>
<tr><td rowspan="3">经验共性</td><td>政府层面</td><td colspan="2">目标明确：实现城乡均衡发展的目标；
政府倾斜：建立健全具有引导性、约束性的政策法律法规体系，支持乡村产业发展；
资金支持：政府加强财力支持，充分调动社会资金，健全农业保险机制；
举措详细：乡村产业发展的举措具体、细致、针对性强</td></tr>
<tr><td>个体层面</td><td colspan="2">农民以家庭农场为基础，农民合作经济组织普遍，合作意愿强；
建立专业合作社，形成专业分工；
逐步完善现代农业管理体系，具有企业家意识</td></tr>
<tr><td>社会层面</td><td colspan="2">农民社会身份淡化，职业身份突出；
强调生态环境，注重生活品质；
研学氛围浓厚，社会农业科技创新能力强</td></tr>
</table>

第三节　经验与启示

本章通过对国内外乡村产业发展模式以及案例进行分析，认为只有依托乡村禀赋条件，挖掘乡村多功能价值，激发乡村发展的内在动力，引入现代化生产、服务要素，注重经营主体的培育并提高治理能力，强化联农带农机制，才能推进城乡、区域协调发展，乡村地区独有的社会文化功能和生态功能及其价值方能得到保全和发挥。

一、依托禀赋优势，找准乡村产业定位

激发有限的资源禀赋活力是推动乡村产业发展的关键。一是做好乡村产业规划，充分发挥禀赋优势，找准乡村产业发展定位，打造具有乡村特色的产业链。针对农业产业基础优越的乡村，抓好“农头工尾”，做强特色农产品加工业，提高农产品附加值；针对具有区域和生态资源优势的乡村，做优生态环境，推动田园变花园、花园变游园，打造一批“精、特、新”的乡村旅游品牌，实现生态和文化价值。二是着力推进乡村一二三产业融合发展。要充分找准乡村产业定位，夯实种养业基础，拓展农业多种功能，挖掘乡村多元价值，重点发展农产品加工、乡村休闲旅游、农村电商三大乡村产业。要“纵向到底”打造农业全产业链，推动农产品由“粗品”到“精品”转变，促进产品增值、产业增效；要“横向拓展”实现多产业深度融合，推动农业与旅游、生态、文化、休闲养老等融合发展，推进乡村多元化发展，提升乡村产业价值。

二、建立多元主体激励相容机制，提升农户、地方政府、企业内生动力

乡村产业发展要建立在乡村居民和基层政府主导的基础上，才能充分调动乡村本地资源，实现本地资源禀赋与现代要素的优势互补。一是激发乡村内生动力，引导带动村民参与产业发展。提升村民人力资本存量，开

展多类型、深层次、重实践的培训与教育；借助乡村原有的宗族网络和乡贤关系，进一步提高乡村居民的组织化程度，带动留守村民开展学习、交流和协作活动，恢复乡村社区的活力。二是促进基层服务型政府建设。乡镇政府需要重新审视自身职能定位，注重农民主体地位，加强基层组织建设，推动完善农村居民自治制度，积极创造乡村产业发展的软环境，将增强公共服务供给能力作为自身建设的重点，努力打造"服务型政府"。

三、注入技术、信息等现代化要素，推动"农业走出农村"

现代化、高质量的生产和经营要素是乡村产业"由0到1"和"由1到100"的重要推动因素。一是构建城市生产要素下乡的制度机制，畅通城乡要素流动渠道。通过财政、金融和社会保障等多方面的优惠条件，建立和完善各类支持市民下乡、能人回乡、企业兴乡的制度机制，引导资本和人才反哺乡村，形成城乡之间要素有序流转的长效机制和互利互促的局面。二是注入现代企业制度，全面提升经营主体治理能力。搭建"三农"领域优质项目招商引资平台，挖掘汇集全省优质企业与潜力项目，吸引风投、基金等社会资本对接投资，为农业产业发展引入更多金融"活水"，以资本市场的"力量"带动农业经营主体推进信息化、规范化和职业化的现代企业治理模式。三是注入数字化等现代信息技术要素，提升生产经营效率。广东省应加快培育一批数字化农业经营主体，搭建好乡村产业、服务与市场信息共享平台，建立健全智能化、网络化的农业生产经营服务体系，带动上、中、下游各类主体协同发展。聚力打造一批电子商务集聚特色乡村，实现电子商务技术在农村应用的多元价值。

四、创新"三变"改革，完善乡村产业联农带农机制

乡村产业发展的目的是让农民成为真正的产业发展主体，实现共同富裕。一是完善农民资产入股机制。通过"资源变资产、资金变股金、农民变股东"，鼓励和引导农民自愿将个人资产、资金、技术等资源，通过协商或评估折价后以投资人身份入股，让农民成为产业链、资金链、供应链、价值链的参与者和受益人。二是支持各类农业社会化服务组织开展订单农业、加工物流、产品营销等社会化服务，实现"小农户"与"大市场"的

有效对接，让农民更多分享产业增值收益。三是完善“公司+N+农户”抱团发展模式。积极推进广东省农业产业化联合体创建，指导各地创建由龙头企业牵头、合作社跟进、家庭农场和农户共同参与的农业产业化联合体，发挥农业龙头企业技术优势，向农民合作社、家庭农场、小农户等提供专业化农业生产性服务，以标准化生产提升农业综合生产力。

第四节　本章小结

本章选取浙江省、山东省和四川省等国内案例，从产业发展基础、产业形成路径、产业组织模式和联农带农模式几个维度分析了乡村产业形成过程。选取亚洲、欧洲和美洲典型城市案例，从政策、组织和科技等方面分析了乡村产业发展经验，并总结了经验共性和差异，为广东省乡村产业高质量发展提供借鉴。研究发现，国内各省份乡村产业发展均是广大农民敢于探索、善于创新与各级政府引导支持合力的结果。国外乡村产业的发展得益于在政府、个体以及社会上形成合力，共同参与到乡村产业发展实践中去。

本章认为只有依托乡村禀赋条件，结合当地自然、区位和历史文化优势，挖掘乡村多功能价值，激发乡村发展的内在动力，引入现代化生产、服务要素，注重经营主体的培育并提高治理能力，强化联农带农机制，才能推进城乡、区域协调发展，乡村地区独有的社会文化功能和生态功能及其价值方能得到保全和发挥。在产业形成路径方面，应加强对乡村能人示范与带动效应的重视，注重对内生发展动力挖掘，科学决策、科学制定政策供给。在产业组织模式方面，要充分激发生产主体的积极性，并形成组织化、行业协会化，形成规范生产、打造品牌、生产服务、全产业链发展模式；尤其是应注重联农带农作用的发挥，形成多种利益联结模式，提高农民嵌入产业发展程度。

第七章　广东省预制菜产业发展概况及典型案例分析

第一节　预制菜产业概述

一、预制菜产品定义

预制菜泛指以农、畜、禽、水产品为原料，配以各种辅料，经预加工而成的成品或半成品菜肴。预制菜目前还没有国家标准等官方权威准确的定义。中国食品工业协会 2019 年发布的《预制包装菜肴》团体标准①定义预制菜是以一种或多种食品原辅料，配以或不配以调味料等辅料，经预选、调制成型、包装和速冻等工艺加工而成，并在冷链条件下进行贮存、运输及销售的菜肴。但目前该定义不能覆盖全部预制菜品，因为有不少产品可在常温运输。中国烹饪协会 2022 年 6 月发布了《预制菜》团体标②，将预制菜定义为以一种或多种农产品为主要原料，运用标准化流水作业，经预加工（如分切、搅拌、腌制、滚揉、成型、调味等）和（或）预烹调（如炒、炸、烤、煮、蒸等）制成，并进行预包装的成品和半成品菜肴。广东省农业标准化协会结合以上标准发布了《预制菜术语定义和分类》团体标准③，定义预制菜为以一种或多种畜禽、水产、果蔬、粮食等原料及其制品和食品原辅料配以或不配以调味料加工而成，并进行预包装，可在冷链或常温环境进行贮存、运输及销售的预制食品。该定义涵盖的预制菜产品范围更广。

二、预制菜产品分类

预制菜按加工深浅程度，分为即配、即烹、即热、即食四类。即配食

① 中国食品工业协会：《预制包装菜肴》。

② 中国烹饪协会：《预制菜》。

③ 广东省农业标准化协会：《预制菜术语定义和分类》。

品指经过清洗、分切等初步加工而成的半成品配菜原料食品，加工程度最少。即烹食品指组合分装的原食材料及调味品，可以立即入锅调理加工的原料食品。即热食品指只需要经蒸热、水浴或微波炉等快速加热的即食食品。即食食品指开封后可以直接食用的预制调理制品，加工程度最高。

广东省农业标准化协会结合以上标准发布的《预制菜术语定义和分类》① 按即热预制菜根据熟化加热温度和熟化传热介质等烹饪操作工艺和参数分类。将预制菜分为烧烤类即热预制菜，指主要经电、红外线、炭火、燃气等烧烤熟化的预制菜；油炸类即热预制菜，指主要经食用油油炸熟化的预制菜；炒制类即热预制菜，包括使用少量食用植物油炒制熟化的预制菜以及以陶瓷珠、砂、盐等固态介质高温炒制熟化的预制菜；高温蒸汽熟化类即热预制菜，主要经110℃以上高温高压蒸汽加热熟化的预制菜；卤煮类即热预制菜，主要经卤水加热熟化的预制菜；水蒸类即热预制菜，主要采用常压蒸汽熟化或常压水熟化的预制菜；白切类即热预制菜，采用95℃以下热水多次浸泡熟化的预制菜；烟熏风干类即热预制菜，采用烟熏或热风风干的预制菜品；盐焗类即热预制菜，以食盐为介质使原料加热熟化的预制菜。

三、预制菜产品类型和生产工艺

按《食品安全法》规定国家对食品生产经营实行许可制度。从事食品生产、销售和餐饮服务均应当依法取得许可。按食品生产加工许可证分类，预制食品主要包括以下类别：

（一）水产制品

主要包括干制水产品、盐渍水产品和鱼糜制品。干制水产品是以新鲜或冷冻的动物性水产品、藻类等为原料经调味、干制、烤制等工艺加工制成的产品。代表性产品包括原味鱼干、调味鱼干、干贝、鱿鱼干、烤鱼片、烤虾、干燥裙带菜叶、干海带、紫菜等。盐渍水产品是指以新鲜水产品为原料，经腌制、烫煮、干燥等工艺加工制成的产品。代表性盐渍水产品包括盐渍海带、盐渍海蜇、盐渍鱼等。鱼糜制品是指以鱼、虾、贝等动物性

① 广东省农业标准化协会：《预制菜术语定义和分类》。

水产品肉糜为主要原料，经调配、切削、斩拌、成形、杀菌等工艺加工制成的产品。

（二）其他水产食品

主要包括水产调味品、风味鱼制品、生食水产品等。水产调味品是指以鱼虾蟹贝藻等水生动植物为原料，经盐渍、生物发酵、调配、杀菌等工艺加工制成的产品。风味鱼制品是指以鱼类为原料，经盐渍、干燥、调味、烟熏、糟制、油炸、杀菌等工艺加工制成的风味产品，以及进一步加工的鱼（蟹）松产品。生食水产品是指以鲜活的水产品为原料，采用盐渍、酒渍、醋渍或其他工艺加工制成的可直接食用的水产品。

（三）肉制品

肉制品是指以畜禽肉为主要原料，经解冻、选切、腌制、调味、成型、熟化和包装等工艺制成的肉类食品。主要包括腌腊、酱卤、熏烤、发酵肉制品、熏煮香肠火腿制品五类。腌腊肉制品包括咸肉、腊肉、风干肉、腊肠、火腿、生培根和生香肠等；酱卤肉制品包括白煮、酱卤、肉糕、肉冻、油炸肉、肉松和肉干等；熏烧烤肉制品包括熏烤肉、肉脯和熟培根等；熏煮香肠火腿制品包括熏煮香肠和熏煮火腿等；发酵肉制品包括发酵香肠和发酵肉；等等。

（四）速冻其他食品

速冻面米食品是指以粮食为主要原料，也可配以肉蛋奶、水产品、果蔬、糖、油等调味品等馅料和辅料，经加工成型或熟制后，采用速冻加工包装后贮存、运输及销售的各种面、米制品。根据加工方式速冻面米食品可分为生制品和熟制品。速冻其他食品是指除速冻面米食品外，以水果、蔬菜、畜禽产品、水产品等其他农产品为主要原料，经相应的烹饪等加工处理后，经速冻后贮存、运输及销售的冷冻食品。速冻其他食品按原料可分为速冻肉制品、速冻果蔬制品及速冻其他制品。

速冻食品主要工艺为原辅材料经生制或熟制后速冻，可采用速冻前包装方式，也可采用速冻后包装方式。速冻要求将预处理的食品放在-30℃以下的装置中，在30分钟内使食品中心温度从-1℃降到-5℃，快速通过最大冰晶生成带使其所形成的冰晶直径小于100微米。

（五）蔬菜制品

蔬菜制品是以蔬菜、瓜类和食用菌为原料，采用腌制、发酵、干燥、油炸等工艺加工而成的各种蔬菜制品，主要包括酱腌菜、发酵蔬菜、蔬菜干制品、食用菌制品和其他蔬菜制品。

（六）蛋制品

蛋制品包括以禽蛋为原料加工而制成的蛋制品，主要包括再制蛋、干蛋、冰蛋等。再制蛋类是指以禽蛋为原料，经腌制、糟腌或卤制等工艺加工制成的蛋制品。干蛋类是指以禽蛋为原料，用全蛋或蛋白或蛋黄部分，经加工、干燥后制成的蛋制品。冰蛋类是指以禽蛋为原料，以全蛋或蛋白或蛋黄部分，经加工冷冻后制成的蛋制品。

（七）罐头

罐头预制菜是指畜禽水产等预制菜原料经处理、烹饪、装罐、密封、杀菌或无菌包装而制成的食品。罐头预制菜为商业无菌、常温下能长期存放。

（八）方便食品

方便食品是指经熟制后仅需简单加热、冲调就能食用的食品。该类食品包括方便米饭、方便粥、方便面、方便湿面、方便米粉、方便粉丝、方便湿米粉等。

（九）中央厨房预制半成品

2020 年 8 月 6 日，国家市场监督管理总局就《食品经营许可管理办法（征求意见稿）》向社会公开征求意见。在调整食品经营项目的修订内容中，增加了简单制售分类、增加半成品制售项目等，此类包括鲜切菜品和肉品以及即配食品。

四、预制菜产业特点和产品优势

（一）预制菜产业基本特点

我国幅员辽阔、人口众多，地区之间物产种类、丰足程度不一。预制菜加工原料分布有区域性。预制菜产业主要立足当地的原材料，开发特殊地域、特殊品种等专属性特色产品，包括地方传统乡土卤制品、酱制品、豆制品、腊味、民族特色奶制品等传统食品，最终以品质和特色赢得市场。

各地居民饮食习惯及口味不一致。中餐通常被分为川、湘、粤、闽、苏、浙、徽、鲁八大菜系，粤菜、川菜、湘菜、西北菜等经典菜系都推出了预制菜。烹饪方法又可分为蒸、炸、煮、炖、炒、炝、烧、爆，每个菜系下可以细分出很多单品。预制菜消费也逐渐成为不同地域人们的选择。同时预制菜产品大多依赖冷链运输一定程度上限制了单个企业产品配送半径。目前，预制菜企业覆盖面还不大，尚未出现全国性的预制菜龙头企业。

（二）预制菜产品优势

预制菜以农畜水产品为原料通过加工预制菜品方式能与餐饮终端需求对接，缓解农畜水产品供应压力，促进乡村振兴。预制菜能实现菜肴的工业化加工，加工环境更卫生，烹饪加工工艺参数控制更精准，配合冷链技术，食品检验追溯过程能更好地保障食品卫生安全。预制菜对农产品原材料工业化批量处理能降低原材料损耗，提高生产效率，节约餐饮行业后厨面积。食品原料统一前处理能通过集中处理果蔬、畜禽水产的副产物，减少环境污染。

第二节　国内外预制菜产业发展现状

一、发达国家预制菜产业情况

预制菜在国外也称为预制调理菜肴食品（Prepared Food 或 Precooked Food）。1920 年，第一台快速冷冻机在美国试制成功，20 世纪 60 年代美国开始商业化经营预制菜产业，最早是部分净菜企业开始面向家庭、个人零售，方便居民日常烹饪。期间诞生了世界 500 强企业全球超大食材配送供应链公司 Sysco。20 世纪七八十年代，预制菜在日本高速发展，每年增长速度达 20%以上。诞生了神户物产和日冷公司两大预制菜龙头。美国、日本预制菜在餐饮消费渗透率已达 60%以上。头部企业优势明显，日本 CR5 达 64.04%，美国预制菜龙头 Sysco 在美国市场占有率达 16%。

二、中国预制菜产业发展概况

（一）发展历程

20 世纪 90 年代，随着麦当劳、肯德基等快餐店进入中国，我国开始出现净菜加工配送工厂，在北京、上海、广州等大城市相继发展了净菜加工配送产业。2000 年前后，国内陆续出现了半成品净菜生产配送企业，对畜禽、水产等原料也进行进一步加工。随着外卖平台的快速发展引爆了料理包等预制食品市场。2020 年前后，预制菜需求激增，预制菜迅猛发展。

2022 年 3 月 31 日，NCBD（餐宝典）发布了《2022Q1 中国预制菜产业指数省份排行榜》[①]。排名前五位的省份分别为：广东、山东、福建、江苏、河南。各地发展预制菜各有特点，广东特点为有组织、系统化组织化推动预制菜产业。山东农产品加工和食品产业基础扎实，全国 7 万家预制菜相关企业，其中山东预制菜相关企业数量最多，有近 8600 家，在上市公司中山东有春雪食品、龙大美食、双塔食品、东方海洋、得利斯、惠发食品、好当家 7 家上市企业，为全国最高。河南是我国农业大省，有丰富的农业资源为预制菜产业提供了强有力的原料保障，有双汇、思念、三全等食品行业巨头。

在预制菜加工企业中，登上 2022 中国预制菜企业 TOP 50 榜单[②]的前 20 名的龙头企业有：安井食品、春雪食品、聪厨、得宝食品、得利斯、凤祥食品、福成五丰、盖世食品、谷严、广东恒兴、广州酒家、国联水产、海欣食品、好得睐、何氏水产、惠发食品、贾国龙功夫菜、老饭骨、乐肴居、龙大美食。

目前进入预制菜行业包括五大类参与企业。

第一，农产品原料供应企业：这类企业大多建立了全产业链，供应链能力强，具备原料成本优势和抗风险能力。代表企业如国联水产、双汇发展、圣农发展、龙大美食等。第二，预制菜菜肴生产企业：这类企业主要生产各大菜系菜肴。代表企业如味知香、珍味小梅园、信良记、好得睐等。第三，速冻食品企业：这类企业具备冷链加工运输优势，生产标准化程度

① 餐宝典研究院 . 2022Q1 中国预制菜产业指数省份排行榜：广东蝉联第一，山东紧追不舍［EB/OL］. https：//mp. weixin. qq. com/s/et7_ YAU49kdHFsoBOZNmWQ. 2022-08-13.

② 餐宝典研究院 . 2022 中国预制菜企业 TOP50 出炉！［EB/OL］. https：//www. 163. com/dy/article/HE956SFG0519EGA0. html. 2022-08-15.

高。代表性企业如安井食品、三全食品、千味央厨等。第四，连锁餐饮企业：这类企业大多自建央厨，首先满足连锁餐饮需求，逐步放大规模实现预制菜标准化生产。代表性企业如海底捞、广州酒家、同庆楼、西北贾国龙等。第五，零售商：这类企业终端网点多，推广能力强，成为新增长点。代表性企业如叮咚买菜、盒马鲜生、永辉超市、每日优鲜等。

（二）市场规模分析

据艾媒咨询①分析数据显示，2021 年中国预制菜的市场规模为 3459 亿元，预计未来中国预制菜市场保持较高的增长速度，2026 年预制菜市场规模将达 10720 亿元。从人均消费量来看，根据 Statista 数据②显示，2021 年我国预制菜人均预制菜消费量为 8.9 千克/年，而日本的人均预制菜消费量为 23.59 千克/年，我国预制菜行业尚属蓝海，未来有较大的发展空间。

据《中国统计年鉴 2021》③，2020 年全国总人口 14.12 亿，人均消费食品烟酒 4493.9 元，全国总食品烟酒消费 63455 亿元，扣除居民烟草消费 12.07%（以烟草占食品行业营业收入 12.07%）的份额，居民食品消费为 55874 亿元。如按国外预制菜占居民食品消费市场 50%计，市场容量约为 2.79 万亿元。

第三节　广东省预制菜产业发展概况与竞争情况分析

一、广东省预制菜产业发展概况

（一）发展环境分析

预制菜属于农产品加工业，农产品加工业一头连着农业、农村和农民，

① 艾媒咨询 . 2022－2023 年中国预制菜产业发展趋势及商业布局分析报告［EB/OL］. https：//baijiahao. baidu. com/s? id = 1735061267995766687&wfr = spider&for = pc. 2022－08－15.

② 36 氪研究院 . 2022 年中国预制菜行业洞察报告［EB/OL］. https：//baijiahao. baidu. com/s? id = 1724433282034246987&wfr = spider&for = pc. 2022－08－15.

③ 资料来源：《中国统计年鉴 2021》。

另一头连着工业、城市和市民，是我国民生产业。预制菜是一二三产业融合发展的新模式，是推进“菜篮子”工程的新业态，是农民增收致富的新渠道，对促进创业就业、消费升级和乡村产业振兴具有积极意义。

广东省预制菜产业具备扎实基础。根据餐宝典公司的分析数据，广东省在2021年和2022年第一季度预制菜的指数排名第一，广东省不仅有国联、恒兴、广东酒家、正大、品珍等一批知名的预制菜企业和品牌，而且配套设施比较齐全，包括冷链设施在全国排第三，仅次于山东和上海，且金融配套能力也比较强，已经成立了50亿元的预制菜母基金。

（二）发展模式及与全国的差异

广东省作为中国改革开放的前沿地带，自2020年以来，由广东省农业农村厅主办率先系统性统筹发展预制菜，探索产业发展的新路径。2020年9月，在东莞举办第五届中国国际食品配料博览会，全方位展示广东省名优农食产品，为预制菜发展谋篇布局。2021年9月，“湾区央厨，全球共享”2021中国（东莞）农产品食品化工程中央厨房（预制菜）峰会举办，会上成立广东农产品食品化工程中央厨房（预制菜）产业联盟。2021年11月，全省预制菜产业发展大会在广州举行，广东省发布预制菜产业发展十条政策措施，公布18项关键技术成果，推介广东省预制菜十大名品，“保供稳价安心”数字平台上线预制菜专区。2021年12月，广东省发起预制菜双节营销，预制菜双节营销推介目录、广东省预制菜美食地图、预制菜科普系列视频，“云山珠水宣言”响彻羊城，广东省预制菜亮屏“小蛮腰”，喊全国人民吃预制菜。2022年1月，RCEP正式生效，湛江、茂名、云浮多地发出广东省预制菜，扬帆东南亚市场，向全球吃货“发货”，广东省预制菜迎来了发展良机。2022年3月，广东省发布了《关于加快推进广东预制菜产业高质量发展十条措施》，5月建立了预制菜产业高质量发展联席会议制度，其中共有30个部门联合推动预制菜发展。2022年首批立项了11个预制菜产业园，加快建设具有全国和全球影响力的预制菜产业高地，推动广东省预制菜产业高质量发展。5月初，大湾区首个预制菜产业园于肇庆启动，活动现场签订了广东省内首只预制菜产业基金协议，规模为10亿元，将重点投向预制菜上下游相关产业。通过一系列举措，广东省在2021年和2022年第一季度预制菜的指数排名第一，力压山东、河南、江苏等传统强省。

（三）市场运行状况

广东省地处粤港澳大湾区，人口众多，消费能力强，市场前景大。《2021 广东省统计年鉴》数据显示，2021 年末广东省常住人口 1.26 亿，全省居民人均食品烟酒消费支出 9629.3 元，合计约消费食品烟酒 12116 亿元。烟草以 7.05%计（按烟草占食品制造业产业比值约 7.05%估算），食品消费市场约 11261 亿元，预制菜如能占领 50%食品消费市场，市场规模可达 5630 亿元。

广东省有源远流长的饮食文化，粤菜作为全国八大菜系之一，岭南“食疗养生”历史悠久；粤菜广义上包括广府菜、潮州菜、客家菜。广府菜范围包括珠江三角洲和韶关、湛江等地，具有清、鲜、爽、嫩、滑等特色。潮州菜发源于广东省潮汕地区，有“食在广州、味在潮州”的说法。客家菜主要流行在梅州、惠州、河源、韶关、深圳等地，主料突出，讲究香浓。各地根据自身特色发展预制菜产业。其中肇庆要建设预制菜产业高地，湛江打造水产预制菜美食之都，茂名建设滨海海产品预制菜产业园区，广州南沙打造预制菜进出口贸易区，佛山南海顺德筹建预制菜美食国际城，潮州打造预制菜世界美食之都，江门发展全球华侨预制菜集散地和梅州、河源、惠州客家预制菜产业集聚区。

二、广东省预制菜行业 SWOT 分析

（一）发展优势

预制菜原料资源丰富，广东省背靠五岭，面向南海，既有崇山峻岭，也有长达 3368 千米的海岸线，以及辽阔富饶的珠江三角洲和韩江三角洲的水网地带。广东省农产品种类多，水产、特色果蔬、南药、药食同源资源等产量排在全国前列，食材丰富；广东省草鱼、鳜鱼、鲈鱼、乌鳢、鳗鱼、罗非鱼、罗氏沼虾等 10 个淡水鱼品种的养殖产量均居全国第一，海鲈鱼、军曹鱼、鲷鱼、石斑鱼、南美白对虾、青蟹等 10 多个海水养殖品种的养殖产量居全国第一。

餐饮文化源远流长，知名度高。粤菜作为全国八大菜系之一，广东顺德荣获联合国教科文组织“世界美食之都”称号。2020 年，习近平总书记视察潮州时指出，潮州菜是中华文化的瑰宝，弥足珍贵，实属难得。岭南

“食疗养生”历史悠久，2020 年广东省规模以上餐饮业产值达 1465 亿元。

（二）发展劣势

粤菜口味清淡，特别强调食材新鲜。粤式预制食品难度较高，有些调料经过发酵难以标准化。目前预制菜行业准入门槛不高，有些小而散的预制菜企业、质量和品质难以保证的问题逐渐显露。有很多企业忽视菜品研发的重要性，只是一味地跟风模仿，导致市场上产品同质化竞争严重，不少企业开始打价格战，不利于行业的良性发展。

（三）发展机遇

广东省委、省政府高度重视，2022 年 3 月 25 日，广东省人民政府办公厅发布了《关于加快推进广东预制菜产业高质量发展十条措施》作为预制菜行业发展纲领和行动指南。广东省作为对外开放的窗口，外贸发达。自 2022 年 1 月 1 日，区域全面经济伙伴关系协定（以下简称 RCEP）开始实行，进口农产品关税开始逐年下降甚至直接降为零，预制菜企业可以通过设立海外农场提高产品品质和降低成本，也可以通过在东盟国家设厂开拓国际市场，降低人工成本和税务成本。

（四）发展挑战

目前市场上销量高的预制菜多以重口味取胜，粤菜风味预制菜较少。即使是“广东出品”，如恒兴日销 10 万份的爆品是“金汤酸菜鱼”，国联水产最好卖的预制菜烤鱼和小龙虾都不是传统粤菜风味。现阶段的粤菜菜式与预制菜的结合较多还只是停留在盆菜、牛肉丸、狮头鹅等少量传统风味食品上。

在高品质预制菜研究方面也有挑战，消费者认为预制菜行业急需改进的几个难题分别是：预制菜的口味复原程度，预制菜的食品安全问题，预制菜向种类多样化发展。要提高预制菜的还原度，实现产品多元化，必须要科技支撑。

三、广东省预制菜行业波特五力竞争分析

1979 年，迈克尔·波特提出，每家企业都受直接竞争对手、顾客、供应商、潜在新进公司和替代性产品这五个“竞争作用力”的影响，在预制菜行业也存在五力竞争力。

（一）现有企业竞争

由于预制菜进入门槛相对较低，我国预制菜企业数量近几年虽快速增长，但目前全国范围内的预制菜生产商以同类型中小企业及个体工商户居多，行业内的规模企业数量较少，预制菜加工厂一直较为分散，具有明显的区域性，没有绝对头部的企业出现，预制菜行业竞争格局分散，市场竞争亦相对激烈。从目前我国预制菜所涉及的行业来看，除了专门预制菜的公司之外，农业、速冻食品、餐饮等行业中的公司开始进入预制菜行业，预制菜所覆盖的行业面较广，加剧了行业竞争格局的分散现象。

（二）替代产品威胁

预制菜面临的替代品威胁主要来自传统餐饮业、外卖业和上游原料供应企业。餐饮业选择预制菜主要为了控制成本，而上游原料行业无疑对降低成本更有优势。价廉又方便的外卖食品是预制菜行业最大的威胁。但我国餐饮市场规模庞大，许多追求完美服务的消费者仍热衷传统即烹即食模式。预制菜面对替代产品应在产品品质、供应链管理上满足消费者的需求，提升竞争力。

（三）新进入者威胁

预制菜行业的市场潜力巨大，仍不断吸引众多企业入局，行业业态逐渐呈现多元化发展态势。预制菜行业的蓬勃发展吸引了不少新入局者，这些企业中，可分为餐饮和食品两大类。第一类餐饮企业大多是原本就依赖预制菜的连锁品牌，如海底捞、西贝、外婆家等。受疫情期间“宅经济”的影响，许多餐饮企业开拓食品业务，利用品牌自建的中央厨房，推出半成品菜、速冻食品、方便食品等品类，通过外卖平台、自有平台、电商平台及团购等新型渠道拓展业务。此外，还有一些资本驱动企业如舌尖科技等。同时传统食品企业也频频进军预制菜市场。推出以中华菜系为代表的预制方便菜肴，其中红烧肉、梅菜扣肉等经过简单加热即可出餐。这些新入局者凭借自身对食品加工的优势，兼具良好的品牌效应、离消费者更近的营销渠道，是强有力的竞争者。预制菜要提升竞争力还需凭借高品质的产品。

（四）上游议价能力

预制菜上游主要原材料为肉禽类、水产类等农副产品。由于农副产品容易受自然条件、市场供求等因素影响，其价格存在一定的波动，因此，公司原材料采购价格存在随农副产品市场价格波动而变动的风险。预制菜供应商主要为农产品、调味品行业，是我国成熟的行业，竞争也十分激烈。一旦预制菜企业形成规模，有良好的运转机能，对供应商的议价能力较高。

（五）下游议价能力

预制菜下游产品为食品，食品是消费者需求最大的生活必需品，食品市场也是竞争最大变化最快的市场之一。消费者对食品的选择面极广，预制菜行业虽然越来越受欢迎，但产品类别同质化严重，产品的可替代性较强导致价格战的现象发生。所以，除了极受市场认可的头部品牌，购买者对产品的议价能力较强。

第四节　预制菜行业典型企业案例分析

目前涉足预制菜的上市公司主要有专业类、上游企业类、冷链企业类、传统餐饮类等几大类，以下在每类中分别选取了 1~2 个案例分析。专注预制菜领域的企业，以味知香为代表；上游向下游预制菜延伸的农牧水产企业，以圣农发展、国联水产为代表；传统冷冻食品企业，以安井食品为代表；餐饮企业拓展预制菜，以广州酒家为代表。

一、苏州市味知香食品股份有限公司

苏州味知香公司成立于 2008 年，2010 年在上海开设了第一家专卖店，2018 年公司股份制改造变更为苏州味知香食品股份有限公司，2021 年在上交所上市，是行业领先预制菜生产企业之一。目前已建立“味知香”和“馔玉”两大品牌为核心的产品体系，现有产品品类超过 300 种，覆盖肉禽类、水产类及其他类。

据苏州市味知香食品股份有限公司 2021 年年报[①]，味知香近三年营业

① 苏州市味知香食品股份有限公司 2021 年年度报告［EB/OL］. http//www. sse. com. cn/assortment/stock/list/info/announcement/index. shtml? producid = 605089，2022-08-15.

收入和利润情况为：2021 年营业收入 7. 65 亿元，利润 1. 33 亿元；2020 年营业收入 6. 22 亿元，净利润 1. 25 亿元；2019 年营业收入 5. 42 亿元，利润 8624 万元。呈现稳步增长趋势。公司深耕预制菜行业，是集预制菜研发、生产、销售于一体的食品加工企业，在行业中处于领先地位。多年来，公司先后被授予“2016 年度江苏省食品行业优秀品牌企业”“2014-2017 江苏省著名商标”；2017 年，公司被农业部授予“全国主食加工业示范企业”称号，在市场上树立了良好的口碑；随着公司影响力不断扩大，公司品牌知名度持续提升。在销售渠道方面公司线上线下一体化布局，多方位触达终端。公司已拥有 1319 家加盟店，合作经销商 572 家，构建了以农贸市场为主的连锁加盟生态圈，近距离触达消费者。公司自建了较为完善的冷链体系，从用户下单到产品出库、运输、配送耗时较短，既降低了客户等待时间，也更大程度地保障了产品的新鲜程度。在产品配送过程中，公司相关人员实时监控产品运输储存及搬运状态，严格控制产品装车及卸货交付时间，减少产品暴露在非低温环境的时长。同时，公司会定期对冷链车辆进行检查和消毒，保证食品运输过程中不受污染，保障食品安全。公司自有物流车队仅对内服务，不承接外部物流配送服务，避免复杂的使用状态给产品运输环境带来不利影响。高效、及时的物流体系能够帮助公司提升客户体验，进一步扩大产品销售区域，奠定公司长远发展的基础。

公司坚持以产品为核心，不断完善老产品，持续推进新产品的研发，通过不断推陈出新来保持公司产品体系的生命力。在科技上依托江南大学，2011 年成立了江南大学教学科研实践基地。公司 2016~2020 年研发投入逐年增长，2020 年研发费用达 1. 25 亿元。自成立之初，以正餐预制菜品类逐步拓展到细分品类，如火锅、西餐牛排等，如今已发展到 300 多种产品。随着市场需求的个性化、多元化升级，公司将在品类上继续精细化深耕，不断致力于满足消费者的不同饮食习惯和多样化口味需求。

二、湛江国联水产开发股份有限公司

国联水产目标为“为人类提供健康海洋食品”，公司致力于成为全球最具影响力的海洋食品企业，具备集全球采购、精深加工、食品研发于一体的企业，为全球餐饮、食品、商超等行业的客户提供从食材供应、菜品研

发、工业化生产及消费者餐桌的综合解决方案。

公司的主要产品可以分为：以预制菜品为主的精深加工类、初加工类、全球海产精选类。其中，精深加工及预制菜品主要包括水煮、裹粉、米面、调理、火锅烧烤等系列；水产初加工类主要包括生熟带头、生熟虾仁、鱼片、小龙虾肉等系列；全球海产进口精选类包括阿根廷红虾、沙特虾、黑虎虾、北极甜虾、新西兰青口贝、鳕鱼、帝王蟹、巴沙鱼等品类。

公司立足水产食品板块，聚焦预制菜进行商业模式升级，充分发挥全球供应链和研发优势，产品结构逐步向以预制菜品为主的餐饮食材和海洋食品转型，产品附加值和影响力得到进一步提升。在“保量”“增利”“调结构”的方针指引下，公司强化管理、精耕细作、降本增效，主营业务基本面保持稳定，盈利能力持续改善，但受上游产业亏损较大影响，全年仍然亏损，但亏损同比大幅降低。据湛江国联水产开发股份有限公司 2021 年年报①，公司 2021 年营业收入 44.7 亿元，净利润-1384 万元；2020 年营业收入 44.9 亿元，净利润-2688 万元；2019 年营业收入 46.3 亿元，净利润-4638 万元。

公司核心竞争力在于：第一，全球化采购能力。公司深耕水产行业 20 余载，在全球对虾及综合水产品的主要原料产地构建了比较完善的采购体系，进行全球化与规模化采购，对原料稳定供应有充分保障。第二，强大的食品质量管控能力。率先在行业内推行“2211”电子化监管模式，拥有国家认可的 CNAS 实验室，通过了 HACCP、BRC、BAP 等国际认证，实现从养殖到餐桌的全程可追溯，保障产品质量安全。第三，全渠道覆盖的营销能力。公司在中国和美国等两大主流市场拥有领先的市场地位，营销网络覆盖流通、餐饮、商超、电商新零售等渠道。公司拥有一大批如盒马、永辉超市、沃尔玛、大张超市、山姆会员店、赛百味、汉堡王等大型优质客户。第四，研发能力。公司 2021 年有研发人员 500 多人，研发投入 1.6 亿元，研发投入占营收的 3.64%。公司在上海和湛江两地的食品研发中心配备了来自国际大型连锁餐饮的研发总监、研发总厨并组成了研发团队，建立起系统化产品研发体系，近年来持续研发一批以酸菜鱼和烤鱼为代表

① 国联水产 2021 年年度报告［EB/OL］. http://www.gl-fish.com/uploadfiles/pdf/c77b5c5c-9a8d-4c74-afc5-31ff5be3e97c.pdf. 2022-08-15.

的懒人快煮系列，以金粟芙蓉虾为代表的裹粉系列、虾滑系列，以调味小龙虾尾为代表的小龙虾系列，实现了从原料加工向食品研制的创新升级。

三、福建安井食品股份有限公司

公司主要从事以速冻鱼糜制品、速冻肉制品为主的速冻火锅料制品和速冻面米制品、速冻菜肴制品等速冻食品的研发、生产和销售，产品线较为丰富。经过多年发展，公司已形成了以华东地区为中心并辐射全国的营销网络，是国内最具影响力和知名度较高的速冻食品企业之一。公司不断优化商业模式，通过"主食发力、主菜上市"的产品策略。目前公司共有速冻食品近400个品种。

销售模式包括经销模式、商超模式、特通直营模式以及电商模式。商超客户主要包括大润发、永辉、沃尔玛、苏果、物美、家乐福、华润万家、联华华商、世纪联华、麦德龙、盒马鲜生等连锁大卖场。电商方面加速抢滩抖音、快手等新兴电商平台，聚焦"货找人"的场景营销。据福建安井食品股份有限公司2021年年报①，安井食品2021年营业收入92.72亿元，净利润6.82亿元；2020年营业收入69.65亿元，净利润6.04亿元；2019年营业收入52.67亿元，净利润3.73亿元。

在公司核心竞争力方面，公司坚持"市场导向+技术创新"的经营思路，以生产工艺专业化、食品质量安全性为经营目标，推动研发工作的开展。目前公司拥有国家级企业技术中心、国家冷冻调理水产品加工分中心和农业农村部冷冻调理水产品加工重点实验室，在行业内拥有较强的技术创新能力，每年不断推出多种新品。公司已和江南大学等多个国内院校和科研院所建立了良好的产学研合作关系，先后主持了科技部"十二五"科技支撑计划子课题、科技部国家重点研发计划课题子任务、自然资源部"十二五""十三五"海洋经济创新发展区域示范项目等。公司坚持"高质中高价"的销售定价策略、"BC兼顾、全渠发力"的渠道策略，传统产品的市场占有率逐年扩大，规模效应持续体现。

① 安井食品集团股份有限公司2021年年度报告［EB/OL］. http：//www. sse. com. cn/assortment/stock/list/info/announcement/index. shtml? productId=603345，2022-08-15.

四、广州酒家集团股份有限公司

广州酒家是一家“食品+餐饮”双主业协同发展的中华老字号企业，现已发展成为深具岭南特色的大型食品制造及餐饮服务集团。正致力于成为粤式饮食文化领导者，为实现“创百年老字号驰名品牌，打造国际一流饮食集团”的长远目标迈进。坚持“餐饮强品牌，食品创规模”战略，食品制造业务收入突破30亿元，产品包括以广式月饼及月饼馅料、粽子等为代表的节令食品，以核桃包、叉烧包、流沙包、糯米鸡、虾饺等点心为主的速冻食品，以及广式腊肠腊味、中式糕点、西点面包蛋糕、盆菜熟食预制菜等食品。其中，月饼系列产品仍是收入核心。速冻产品方面保持常态化产品的持续增长，占公司收入比重达22%。据广州酒家2021年年报①，广州酒家2021年营业收入38.90亿元，净利润5.57亿元；2020年营业收入32.87亿元，净利润4.64亿元；2019年营业收入30.29亿元，净利润3.84亿元。保持较高的利润率。

公司始终秉持“餐饮强品牌、食品创规模”的发展战略，坚持食品、餐饮一体化多业态经营管理模式，是全国少有的拥有完整的大型现代工业化食品研发、生产、营销、零售全链条食品业务的大型餐饮集团，也是全国少有的拥有极高品牌美誉度的连锁正餐业务，具有深刻正餐餐饮基因的大型食品集团。餐饮业务的品牌美誉、口味的高标准、新品研发储备、高水平的大厨团队，为食品业务的迅速发展奠定了坚实基础，利用在餐饮服务业积累的品牌优势、技术优势和渠道优势，延伸食品产业链，开展标准化、规模化的食品产业。特别是在新冠肺炎疫情期间，在餐饮堂食受限时，食品业务对餐饮业务的风险形成了很好的对冲。公司坚持“创新是引领发展的第一动力”，持续加大研发投入，积极推进平台建设、技术创新，带动公司自主创新能力的提升和技术升级，促使研发成果加快转化运用。2021年公司新增授权专利58项，研发新品超过60款。积极申报创新平台及政府科研项目，持续加强研发项目管理、体系管理、配方管理等工作，促进研

① 广州酒家集团股份有限公司2021年年度报告［EB/OL］. https：//pdf-new. valueonline. cn/web/viewer. html？ v = 20200509&originStr = &file = https%3A%2F%2Fannouncement. valueonline. cn%2F20220331%2F202203311648636829001914. pdf&spm = undefined. undefined. undefined. undefined. 2022-08-15.

发体系建设不断完善，实现研发综合能力提升。

第五节　预制菜产业高质量发展的主要路径

一、预测把握行业阶段走向

目前，预制菜行业重点应根据农产品原料营养大数据、膳食营养指南、不同年龄、不同人群需求等，构建产品精准营养设计模型，创制个性化营养预制菜和团餐。应用生物、工程、信息等技术，建立以整体加工利用为核心的绿色化、智能化和高度集成化预制菜加工成套技术和装备。同时，针对预制菜加工副产物主要包括畜禽水产副产物的开发利用。

二、加强预制菜餐饮标准化趋势

预制菜要进一步走向国际市场，需加强预制菜标准化。预制菜标准方面可重点关注两个方面：一是最低标准，加强预制菜品分类监管，保障食品安全。二是高质量发展标准，打造符合大湾区发展的粤菜预制菜标准，实现优质优价。目前很多畅销预制菜都是属于北方的特色，包括烤鱼、酸菜鱼等预制菜品种很多，但是广东省的预制菜品较少。因此，可在打造广东省的预制菜品上制定一些高标准推动高质量发展。

此外发展预制菜还应构建广东省特色农产品的品质、营养和贮藏、加工特性大数据，为预制菜食品原料筛选、新型营养与功能组分的挖掘、食品安全追溯体系建立提供参考。建立预制菜营养品质量化评价模型，构建其原配料标准、加工工艺标准、成品营养与味觉指纹图谱品质标准体系，建立特征风味数据库，突破标准化加工关键技术，实现从“手工经验”向“标准化”跨越。

三、提升预制菜对“种养加”乡村产业的增值增效

（一）预制菜产业高质量发展加速种养业现代化发展进程

现代化的预制菜产业，从本质上来讲是预制菜助力推进农村一二三产

业融合发展提供组织保障、技术支撑和产业链与价值链的延伸。为保证预制菜产业健康发展并满足消费者日益增长的物质生活需求，预制菜在原材料采购中十分重视食材标准，对粮、油、肉、蛋、奶、果、蔬、茶等尤其重视生态化与绿色化，因此，预制菜产业对传统种植、养殖的乡村产业实现了产业链延伸、价值链增值，也反向促进了传统乡村产业迈向“生态化”“绿色化”“品牌化”战略。

（二）注重预制菜产业技术创新，科学编制预制菜产业发展规划

广东省发布了《关于加快推进广东预制菜产业高质量发展十条措施》（以下简称《发展十条措施》），全面开启预制菜产业发展新布局，推动预制菜的高质量发展。其中提出要构建预制菜质量安全监管规范体系，通过行业主管部门指导，构建预制菜质量安全监管规范体系，逐步制定完善预制菜从田头到餐桌系列标准，形成具有大湾区特色的预制菜标准体系，积极引导预制菜产业自律及有序发展。引导产学研结合，突破预制菜“卡脖子”技术和装备。引导企业大力开发粤式预制菜产品。各地应根据当地原料特色和消费习惯及传统食品配方，科学编制预制菜产业发展规划，预制菜总体加工工艺如图 7-1 所示。预制菜相对于即烹即食传统产品增加了冷藏冷冻后解冻过程以及杀菌过程，导致品质变化。为提升预制菜复原度指标，必须加强冷冻解冻、加热冷却等核心环节的品质控制机理及技术研究。

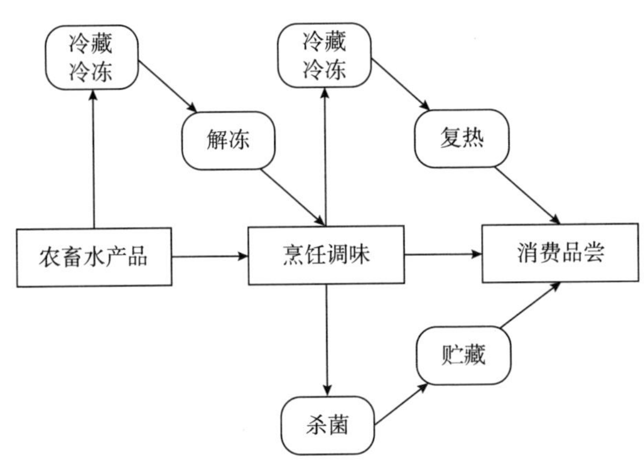

图 7-1　预制菜总体加工工艺

（三）加快预制菜产业园建设形成产业集聚效应

立足资源禀赋、区位优势，实现差异化发展，布局建设一批预制菜产业园，形成预制菜产业集聚效应。应发挥广东省特色农业和粤菜品牌优势，推动预制菜产业企业和产业链上下游配套企业集中入园发展。同时应加强科技投入，提升营养品质，提高菜品复原度。基于《发展十条措施》提出，先后培养预制菜示范企业，成立一批预制菜产业园，吸引优秀企业的加入，共同致力于预制菜高质量发展，以菜品命名的产业园，比如湛江吴川烤鱼、中山黄浦腊味产业园。目前新一批预制菜产业园正在进行招商，虽然目前预制菜的发展如火如荼，招商工作也在紧张筹备，但现存的问题还是缺乏优质创新型企业和优质特色产品。针对这个问题，还是要以科技引领广东省预制菜发展，提供更多符合市场需求的产品，引入更多的企业来发展预制菜产业。

第八章　促进广东省乡村产业高质量发展的路径和对策建议

第一节　促进广东省乡村产业高质量发展的主要路径

一、“新主体+‘平台’”带动

（一）农业产业化新主体利益联结带动

大力培育农业产业化龙头企业、专业合作社等新型经营主体，使其成为乡村产业发展的主力军、突击队。同时，建立完善其与小农户的利益联结机制，把广大普通农户纳入现代化农业轨道。

着力用好政府基金，做大做强广东省农业企业。支持基金运营主体按照基金设立原则和目标运行，持续助力广东省农业产业化龙头企业，加快建立完善现代企业管理制度，不断增强主营业务营收能力，逐步提高利润水平，培育一批大型乃至跨国农业企业集团；要在解决农业龙头企业省内分布不平衡的问题上下功夫，有步骤分阶段地扶持粤东、粤西、粤北地区具有一定规模基础、发展潜力的小企业快速成长。

大力支持行业协会和专业合作社发展。积极培育新型农业经营主体，积极扶持适度规模、家庭经营、集约生产的专业大户和家庭农场，重点从事种养业生产，为生产和生活提供初级农产品和加工原料；扶持发展各类专业合作社、股份合作社，强化合作社在农资采购、农产品销售和农业生产性服务等领域的社会化服务功能；引导龙头企业重点在产后开展农产品加工和市场营销，延长农业产业链条，增加农业附加值。逐步形成以市场化为导向、以专业化为手段、以规模化为基础、以集约化为标志的新型农业经营体系，有效克服传统的小规模、分散家庭经营带来的兼业化、高成本、低效率、低收益等问题。在资金方面，要增加贴息贷款投入力度，优化申报流程，提高资金使用效益。在生产资料配送和销售方面，设立农民专业合作社补贴专项资金，支持鼓励农业龙头企业、工商资本到农村建立物流点，解决农资配送和农产品销售困难。在培训方面，要对带头人开展政策、管理、市场、营销培训，引入农业科研院所对合作社进行技能培训。要支持行业协会发挥“三个重要作用”：一是在行业规范化、标准化中的重要作用；二是在组织小农户链接大市场中的重要作用；三是在深化农业分工、推动产业结构转型升级中的重要作用。

（二）农业产业园聚能带动

按照“大品牌、大科技、大企业、大产业、大区域”高质量建设优势产区现代农业产业园的要求，以“大科技”为依托，重点推进现代技术与装备集成区的建设。围绕产业发展过程中的突出问题和关键之处，在“卡脖子”的瓶颈之处强下功夫；学习借鉴国际社会的领先经验，凝聚国内相关行业人才，持续多渠道开展研究，推进创新品种技术；推进农科教、产学研大联合大协作，配套组装和推广应用现有先进技术和装备，探索科技成果熟化应用有效机制，将优势产区现代农业产业园打造成为技术先进、现代设施装备配套加速应用的集成区。

吸引大企业落地，建设新型农业经营主体创业创新孵化基地。以优惠政策等吸引一批国家级、省级农业龙头企业作为实施主体，助力产业发展的同时带动本地企业优化经营方式，打造“产业航空母舰”。鼓励引导家庭农场、农民合作社、龙头企业等新型经营主体，对接农业龙头企业，重点通过股份合作等形式入园创业创新，搭建一批创业见习、创客服务平台，降低创业风险成本，提高创业成功率，将优势产区现代农业产业园打造为新型经营主体“双创”的孵化区。

做大主导产业，建设大区域农业高质量发展示范区。依托优势主导产业，大力发展绿色、生态种养业，建成一批具有较大规模的原料生产“大基地”，培育一批农产品加工“大集群”，推动农业由增产导向转向提质导向，建立健全质量兴农的体制机制，将优势产区现代农业产业园打造成为农业高质量发展示范区。以“一村一品、一镇一业”为抓手发展特色产业，推动“一村一品”广泛覆盖，实施特色产业培育工程，打造一批特色镇和专业村。通过扶持专业村镇发展特色农业产业，形成一批小而精专业村镇，大而强（荔枝、丝苗米、菠萝等）优势产业带或区域，产业园、专业村镇

有机联结的高效产业链条。推进全产业链发展，建设农村一二三产业融合发展区。构建农村一二三产业融合发展体系，将生产、加工、收储、物流、销售、旅游、电商融于一体的农业全产业链。

（三）农业科技协同创新平台赋能推动

广东省农业科技为农业发展作出了重大贡献，但科研力量分散、协同不够，技术转化和推广应用不足。要破解现代农业发展短板问题，培育强有力的专家团队，充分发挥科技、信息、互联网优势，为现代农业插上科技的翅膀。加强农业科技创新平台建设。鼓励农业科研院校、农技推广部门、龙头企业、农民专业合作社等联合打造一批创新中心、科技产业园。创新科研体制，激活科研单位创新活力，建立集科研攻关、成果转化、产业孵化、人才集聚和培养等功能于一体的资源共享开放研发平台。

构建农业科技协同创新体系。围绕富民兴村的优势特色产业，以科研单位为领衔力量，吸收省内外技术专家，以地市为单元，以龙头企业为依托，组建“农科院+政府+企业”的产业技术团队，解决产业发展中的技术瓶颈问题，集中力量开展科技协同攻关研究、试验示范和推广应用，着力增强乡村产业发展创新能力。

二、产业联动

（一）加速三次产业融合发展，培育“第六产业”

把产业链、价值链等现代产业组织方式引入农业，促进一二三产业融合互动，打造“第六产业”（1+2+3=6），农业由单纯的农作物生产向农产品加工和流通及休闲服务业等领域交融发展，产业链得以延伸，实现农业附加值的增加和农民的增收。充分发挥农业多功能性，推动农业与涉农产业纵向与横向融合发展，通过不同产业之间功能与属性的复合、农业资源的深度利用和农产品市场的重新定位，实现农业和涉农产业在技术、市场等资源的共享，实现资源在产业间的优化配置。不断发挥农产品加工企业的集聚效应和规模效应，确保全省农产品加工产业初级加工和精深加工协调发展，原料基地建设与精深加工良性互动，有效满足农业增效与农民增收等各方面要求。加快农产品市场基础设施改造升级，坚持新建与改建相结合，完善市场服务功能，拓展市场经营领域，全面推动全省农产品流通

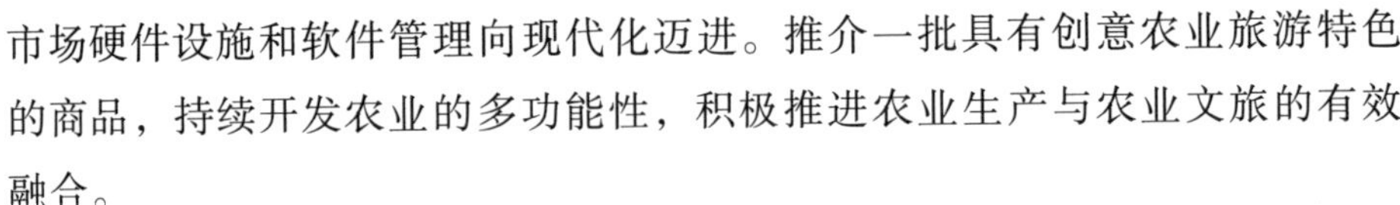

市场硬件设施和软件管理向现代化迈进。推介一批具有创意农业旅游特色的商品，持续开发农业的多功能性，积极推进农业生产与农业文旅的有效融合。

（二）大力发展农产品加工业

加强主要农产品优势产区加工基地建设，引导农产品加工业向种养业优势区域集中，促进农产品加工业集聚集群发展。充分挖掘农产品加工发展潜力，重点推进农产品初加工、精深加工与综合利用协调发展。积极发展蔬菜、瓜果产后初加工产业，在农产品产后减损、提档增值、节能减排等方面的能力实现重大提升；加强对荔枝、龙眼等特色农产品鲜运技术的研发和推广，减小经营的不确定性，降低发生恶性竞争的可能性，提升产业效益；加大国际竞争的参与度，以国内外市场需求为依据，积极开展农产品精深加工，提升产业整体收益。

（三）大力推动休闲农业转型升级

进一步规范休闲农业的创设标准，提高发展质效，因地制宜合理推广农业多种功能，着重加强休闲农业发展与农业资源保护之间的相互协同，推动农业资源在数量上和质量上不出现降低，提升农业产业效益。一是统筹谋划，多方面整合辖内山水风景、地域文化、乡土民情，统一性规划广东省休闲农业发展，形成别具特色的业态网络，促进广东省加快发展集合生产性、生活性、生态性的休闲文旅农业。二是树立品牌，加强对农业农村领域的自然环境、田园景观、农业设施、农耕文化、农家生活等资源的利用，强化农业文旅产品设计和推广，着力推动农业观光、田园度假、农耕文化、涉农会展商务、乡村民风、涉农科普旅游等业态的发展，创设一批别具广府特色、客家特色、潮汕特色的农业精品项目，实现农业旅游由单一性转向多元性、三产有机融合。三是丰富产品，基于广东省旅游业的空间布局，以休闲农业的资源分布为依托，创设十大休闲农业精品路线和品牌活动，以农林风景欣赏、农事体验、农产品采摘、农家乐餐饮、科普教育、生态养生、民俗风情等作为内容，发展多样形式的休闲农业。四是改善人居，农村人居和生态环境显著改善，能够有效增强可持续发展能力。继续建设农村清洁示范工程，加大推广农村废弃物资源化利用技术，着力改善农业生产环境。

三、要素拉动

（一）加快推动农村产权制度改革，盘活农村土地资产

2015年中央一号文件明确提出，要推进农村集体产权制度改革，探索农村集体所有制有效实现形式，出台稳步推进农村集体产权制度改革的意见。推动农村产权制度的改革，必然确权登记农村集体土地所有权、集体建设用地使用权、土地承包经营权、林权及房屋所有权，而其核心是土地确权。深化农村产权改革已成为促进各种生产要素自由流动、全面深入推进城乡一体化发展的重要途径和强大动力。广东省现代农业实现新一轮的腾飞迫切需要抢抓农村改革新机遇，加快农村土地产权改革，有效盘活农村土地资产，破解农业投资不足、农民增收乏力等问题。

改革农村集体产权制度的目标是构建归属清晰、权责明确、保护严格、流转顺畅的产权制度。推进农村产权改革要在尊重农民意愿基础上进一步确权扩能和还权于民，稳步探索农村集体产权制度与市场的衔接机制，赋予农民更多财产权利，激活农村各类生产要素潜能，建立符合市场经济的农村集体经济运营新机制。

（二）创新农业资本投资管理方式，做好金融保障措施

一是加大农业财政投入力度。以财政总量不断提高、比重逐步增加为要求，持续加大乡村产业领域的投入，增加农业基础设施建设的资金投入，对特色农业强县高效农产品生产基地、现代农业园区的基础设施建设，特别是标准农田、标准鱼塘和标准畜禽养殖场，以及农田水利等基础设施建设要给予重点扶持。增加农业补贴资金的投入，扩大良种补贴品种，扩大农机补贴资金规模，将畜牧业、林业、渔业和抗旱、节水及高效设施农业机械纳入补贴范围。为充分发挥财政资金的引导作用，需要整合各项专项资金，将上级和本级安排用于“三农”的项目资金实行统筹安排、集中投放、统一管理，将资金性质相近、用途基本一致的项目资金进行整合归并，集中使用，努力提高资金使用效率。

二是创新政府农业投资管理方式。强化政府农业投入的引导作用，逐步形成以国家财政性投入为导向、金融优惠、农业保险、贸易保护相结合的；以直接投资、补助、贴息、地方政府配套投入等各种方式相结合的；

以农户与社会经济组织投入为主体、个人积极筹资投劳，以资本市场与外资为补充的；政府诱导、市场自发、引导农民自主投入，各类投资主体共同参与的多渠道、多元化、完整的农业投入体系。重点是逐步将市场机制引入由政府主导的公共投资领域，缓解财政资金不足的同时，提高政府投资项目资金使用效率，在保障财政支农总量不断增长的前提下，转变以政府直接投资为主的支持方式，优先探索先建后补、民办公助、以奖代补、以物代资、奖补结合等多样化的投资方式，按照现代农业发展实际需求，不断拓宽政府农业投资支持对象，鼓励各类新型经营主体承担政府投资支持的农业建设项目，在统一建设标准和符合选项条件的前提下优先予以安排。

三是促进农村金融服务业发展。通过不断探索创新财政资金扶持方式，继续加快实行财政资金与金融支农政策双轮驱动。鼓励和引导社会资本发展与企业化经营相契合的现代种养业，安排农业龙头企业贷款贴息资金，撬动金融资金投向“三农”。实施农民合作社“政银保”项目，撬动信贷资金投向合作社等新型农业经营主体，大力推动产融结合；支持现代农业示范区加强融资平台建设，以“政银保”“投贷补”等形式引导更多的金融资本投向园区建设。

四是推进农村金融创新，抓好顺德、南海等农村改革试验区改革。鼓励和支持地方开展区域性主导产业保险，加快建立农业大灾风险分散机制。加大财政对主要作物保险的保费补贴力度，扩大政策性农业保险覆盖面，提高稻谷、小麦、玉米三大粮食品种保险的覆盖面和风险保障水平，逐步将全省特色优势农产品纳入政策性保险范围。开展设施农业、渔业政策性保险试点，积极探索生猪、蔬菜、水果等品种的价格保险。

（三）建立资本与交易平台，推动农业深度融合发展

一是建设广东省农业资源的资产评估平台体系。重点建立通过市场竞争有偿获得资源使用权的产权安排制度，完善以市场化为导向的产权制度。建立专业的农业土地等资源资产评估机构和规范的评估办法，科学评估各类农业资源资产的价值，为资源资产转让、入股、抵押、财产保险等提供科学合理依据。建立健全广东省农业资源资产交易、抵押、入股等制度规则体系，明确交易范围、方式、程序、行为规范和监督管理等，确保资源资本化过程的科学化、规范化。二是建设完善农业资源的产权流转与交易

平台。建立省、市、县农业资源产权交易市场，以产权为纽带，通过资源入股、股份合作和抵押贷款等方式，实现农业资源资本化，稳妥引导村集体经济组织、农户通过将土地、水面、林木、农业生产设施等资源在农业资源产权交易平台进行评估交易，以作价入股等方式与外来法人成立股份制企业，参与企业决策，分享企业收益。三是积极搭建资本化运作的金融平台，设立“功能齐全、分工明确、主业突出、运营规范”的广东省现代农业投融资平台体系。研究并推进由省政府、国有农业企业、农垦系统等主体共同出资设立广东省农业改革与建设基金，对全省农业土地开发、基础设施建设、重大农产品流通和休闲农业项目进行直接投资入股。四是围绕建设有国际影响力的产品交易中心，促进交易中心与广东省农业金融平台的合作融合，探索设立第三方支付平台和融资平台，提高农产品交易总量和交易效率，实现商流、物流、资金流和信息流在全省金融与交易平台的高度聚集，最终将其打造成运营模式完善，服务功能齐全，具有国际影响力的交易中心、物流中心、定价中心和信息中心。

四、装备带动

（一）推进农业基础设施建设和设施农业示范基地建设

扎实推进高标准农田、田间水利、中小型灌区改造、中低产田改造、农业综合开发、沃土工程等项目建设，重点加强灌排沟渠、机井、机耕道路、桥涵和节水、小型集雨蓄水、积肥等农田水利建设和设施管护，建设一批旱涝保收的高标准农田。实施耕地质量保护与提升行动，全面推进建设占用耕地剥离耕作层土壤再利用。

积极发展设施园艺业、设施畜牧业，重点实施现代设施农业“五位一体”示范基地建设工程，扶持粤东、粤西、粤北各县建设“融先进设施、现代农艺、科技服务、经营主体和质量安全于一体”的设施农业示范，建设一批节水灌溉设施、田头冷库、病虫害统防统治和动植物疫病防控设施、秸秆综合利用，以及散装饲料运输、储存及自动化饲喂系统等设施配备的推广应用，提高农产品均衡供应能力。

（二）强化现代农业装备及农产品精深加工机械设施研发应用水平

依据广东省平原、丘陵、山地等地形特点和农产品特色资源状况，积极加强适用的岭南特色作物农机装备和适应山地丘陵地区的小型农机具的研究开发。加强水稻育插秧机械化示范县和农业机械化示范县建设，坚持农机与农艺结合，在推进水稻生产全程机械化的同时，加快发展经济作物、园艺作物、马铃薯、甘蔗、畜禽水产养殖等特色农机化，大幅提高主要农作物耕种收综合机械化水平。完善农村机电排灌建设、人工渔礁建设、现代渔业技术装备建设、病虫害统防统治和动植物疫病防控设施。重点扶持设施大棚、微滴灌、控温等生产设施。

统筹推进农产品精深加工机械的研发力度，重点抓好粮食作物烘干和仓储、经济作物标准化和商品化以及园艺作物贮藏保鲜和冷链运输等加工设施建设，延长产业链。引进吸收国外先进的设备设计理念，开发适合国内热带亚热带水果加工的设备。针对确定的重点开发品种可重点研究全产业链技术装备。以柑橘为例，研究引进采摘机械、去皮榨汁设备、磨皮设备等。荔枝、龙眼则重点开发机械去皮设备，引进冷冻浓缩设备。梅李重点引进机械化去核设备。蔬菜则引进清洗、消毒、切分及鲜切加工成套设备。

（三）抓紧实施农业大数据工程和农业物联网示范应用

利用互联网技术，构建农业大数据平台。重点跟踪研究稻谷、橡胶、糖料、水产品等主要产品国际市场消费需求和趋势，建立涵盖生产、库存、流通、消费和贸易等环节的数据采集、存储、处理和表达信息平台，增强以东盟地区为重点的全球农产品市场价格监测预警能力，提升政府部门对农产品贸易的调控和决策能力，增强企业和农户对农产品市场的理解力和把控力。同时，用互联网技术整合农产品质量追溯、认证机构、质检机构等多方数据资源，有效重塑消费者对生产者的信心，确保农产品质量安全的有效提升。

大力推动精准作业、智能控制、远程诊断、遥感监测、灾害预警、地理信息服务及物联网等现代信息技术在农业农村的应用，促进互联网在技术服务、经营模式上的创新，着力提高农业经营管理水平，创新一批具备数字化、智能化、精细化的现代“种养加”生态农业新形式，形成模范带头效应。开展物联网建设试点，大力实施农业物联网区域试验工程，推广成熟可复制的农业物联网应用模式。

（四）提高农业物质技术装备公共服务能力

加大基层农机推广基础设施投入，建立完善分工协作、服务到位的多元化农机推广体系，扶持建设一批农业机械化专业合作示范社。培育农机社会化服务组织，引导和支持农机合作社、农机大户开展跨区作业、订单作业、农田托管等社会化服务。加大对扶持农业物质技术装备发展的投入，完善农机购置补贴政策，加大金融扶持力度，改革补贴办法，简化补贴程序，加强统筹协调，提高实施效率，形成推进现代农业物质技术装备建设的合力，促进农业机械化健康快速发展。

五、市场推动

（一）坚持实施农业品牌战略

加快完善广东省农产品标准体系，构筑统一权威、协调配套的农产品质量安全标准体系，把农产品的产前、产中、产后等环节纳入标准化管理轨道，进一步完善国际、国内行业各级标准相互配套的标准体系。积极推进全省农业标准化生产，大力扩大农业标准化生产示范创建规模，推动省级“菜篮子”生产基地、水果标准园、畜禽标准化规模养殖场、水产标准化健康养殖场逐步实现全覆盖。强化农产品生产的标准认定与管理，加强“三品一标”产品监管，在此基础上，在全省统一对接各类认证机构，建立全省统一、规范的农产品认证管理体系，夯实品牌战略基础。

坚持实施农业品牌战略，以品牌经营理念提升广东省农产品附加值。制定品牌建设规划，完善培育扶持机制，建立“市场导向、企业主体、政府推动、社会参与”的品牌建设与保护机制，调动各类经营主体重品牌、创品牌的积极性。重点开展广东省名优新特农产品评选推介活动，认定一批承载岭南文化、体现广东省特色、展现现代农业科技成果的地方性名优新特农产品，着力打造一批有影响力、有文化内涵的农业品牌，提升增值空间。完善农产品品牌目录制度，将有影响力的品牌纳入目录定期发布、动态管理，完善、规范和强化对农产品品牌的推介、评选、推优等活动，鼓励企业做好质量、做大品牌。此外，鼓励企业在国际市场注册商标，加大商标海外保护和品牌培育力度。

发展“一村一品、一镇一业”，依托当地资源禀赋，以特色种养产业为发展重点，打造一批新型农业特色村、镇（乡），专业村、镇（乡）力争实现生产标准化、特征标识化、产地身份化、营销品牌化。做精一批特色产业。各地要因地制宜，科学规划，选择适合自身发展、契合市场需求、别具区域特色的优势产业，着力发挥地域优势、传统优势、资源优势。

（二）加快发展农业农村电子商务

完善农村电子商务的基础环境，推动农村信息基础设施建设升级，降低农民网商上网和运营成本。加强交通运输、商贸流通、农业、供销、邮政等部门和单位及电商、快递企业相关农村物流服务网络和设施的共享衔接，加快完善县乡村农村物流体系，鼓励多站合一、服务同网，开展生鲜农产品和农业生产资料电子商务试点，促进农业大宗商品电子商务发展。开展电子商务进农村综合示范，支持新型农业经营主体和农产品、农资批发市场对接电商平台，拓展农产品流通销售渠道。以电子商务平台为基础，通过搭建县、村两级服务网络，充分发挥电子商务优势，突破物流、信息流的瓶颈，实现“网货下乡”和“农产品进城”的双向流通功能；创造良好创业环境，吸引优秀人才回村创业，加强技能培训。此外，要加强规划引导，充分发挥已有平台和第三方平台作用，防止一哄而上、盲目发展和低水平竞争。

（三）完善农产品市场流通体系

综合考虑产销的空间匹配性、时间继起性和品种替代性，优化广东省农产品市场体系空间布局，依托大中型农产品批发市场，构建一条从产地到销地的农产品流通体系。推进区域性农产品产地市场建设，根据各地区农业产出及资源禀赋合理布局大宗农产品和特色农产品批发市场，形成完善的产地农产品集散网络。一是推进城郊农产品批发市场建设，进一步发挥农产品价格形成中心、市场需求发现中心、商品集散中心的重要作用，为满足农产品有效供应，稳定农产品价格作出贡献。二是整合对港澳农产品供销渠道，在全省范围内选择交通枢纽中心和进出口重要口岸城市，建设面向港澳、辐射东南亚的农产品进出口物流中心，提高对港澳农产品的综合供应能力。三是加大力度推进农业农村领域的电商应用、物联网服务，试行农产品的线上拍卖、电子交易，进一步对接多方位的农业信息，促进信息互通共享、网络有效衔接。四是创新推动“互联网+”

融合发展，建立具有一定规模的农产品电子商务平台，组织开展农产品跨境线上贸易。通过构建更为完善的农产品渠道体系，着力发挥价格形成和商品集散功能，联通农户小生产和消费大市场，提高农产品运输集散效能。

（四）鼓励优势农产品出口

应统筹国际、国内两个市场、两种资源，鼓励优势农产品出口，推进出口农产品质量追溯体系建设。继续推进一批粤台、粤港澳农业合作园区建设，加强供港澳台等农产品贸易区域建设。着力建设“雷州半岛口蹄疫免疫无疫区”，打造具有品牌效应的畜产品生产、国际贸易和品牌优化高地。进一步强化农业龙头企业发掘、加入国际市场的实践指导和公共服务工作，鼓励龙头企业在国际市场上注册商标，培育贸易名牌。构建农产品贸易摩擦应诉机制，积极应对、妥善处理各类贸易纠纷矛盾。加快构建广东省重要农产品监测、预警和分析体系，建设基础数据平台，建立中长期预测模型和分级预警与响应机制。

（五）加快实施“走出去”战略

加快培育广东省农业国际合作和竞争新优势，更加积极地促进内外需平衡、进出口平衡、引进外资和对外投资平衡，提升广东省农业对外开放水平。支持一批具有一定规模、产业基础好的农业企业进行全球化布局，鼓励优势企业通过跨地区兼并、重组等方式，实现全球战略合作。进一步完善农业对外投资支持政策，每年支持10~20家具有跨国经营的有国际竞争力的农业企业集团，对农业龙头企业境外投资项目所需的国内生产物资和设备，提供通关便利。鼓励支持企业开展多形式多领域的跨国农业经营，支持企业投资开发境外农业基地。鼓励支持企业在境外设立、收购、合建研发机构，通过境外科技创新带动国内产品和技术升级。总之，要以国际化视野开拓农业资源和市场合作空间，以自由贸易试验区建设为引领，在全球实现全省现代农业建设要素的配置优化，深度参与国际分工与协作，形成开放合作、互利共赢、多元平衡的农业发展新格局。

第二节　促进广东省乡村产业高质量发展的对策建议

一、宏观方面

（一）依托禀赋优势，找准乡村产业定位，推进产业融合发展

乡村并不具备发展所有产业的比较优势，激发有限的资源禀赋活力是推动乡村产业发展的关键。一是做好乡村产业规划，充分发挥禀赋优势，找准乡村产业发展定位，打造具有乡村特色产业链。针对农业产业基础好的乡村，抓好“农头工尾”，做强特色农产品加工业，提高农产品的附加价值。针对具有区域和生态资源优势的乡村，做优生态环境，推动田园变花园，花园变游园，打造一批“精、特、新”的乡村旅游品牌，实现生态和文化价值。二是加大力度推动乡村三产有机融合发展。积极拓展农业的多种功能，挖掘乡村的多元价值，重点发展农产品加工、乡村休闲旅游、农村电商三大乡村产业。纵向打造农业全产业链，由卖原材料向卖品牌产品转变，推动产品增收、产业增值。多措并举促进农业与休闲、娱乐、康养、文化等产业的有机融合，拓展乡村产业的内涵，提升乡村经济价值。

（二）提升乡村居民参与产业发展的能力，合理发挥地方政府引导和规范作用，激发乡村产业发展的内生动力

乡村产业发展要建立在乡村居民和基层政府主导的基础之上，才能充分调动乡村本地资源，实现本地资源禀赋与现代要素的优势互补。一是增强乡村居民参与发展的意愿和能力，激发乡村内生动力。通过多种类型的教育和培训，增加乡村居民的人力资本存量；借助乡村原有的宗族网络和乡贤，进一步提高乡村居民的组织化程度，带动留守居民开展学习、交流和协作活动，恢复乡村社区的活力。二是促进基层服务型政府建设。乡镇政府需要重新审视自身职能定位，改变大包大揽的工作模式，同时积极弥补在居民个体和居民组织层面的短板。积极创造乡村产业发展的软环境，

把增强公共服务供给能力作为自身建设的重点，努力打造“服务型政府”。

（三）推动、落实、创新“三变”改革，完善联农带农中的利益联结机制，促进农民共同富裕

乡村产业发展的目的是让农民成为真正的产业发展主体，实现共同富裕。一是构建完善农民资产入股机制。依托“资源变资产、资金变股金、农民变股东”，引导和支持农民自愿将个人的资源、资产、资金、技术等通过协商或者评估折价后，以投资人身份入股，让农民成为产业链、资金链、供应链、价值链的参与者和受益人。二是支持各类农业社会化服务组织开展订单农业、加工物流、产品营销等社会化服务，实现“小农户”与“大市场”的有效对接，让农民更多分享产业增值收益。三是要完善“公司+N+农户”抱团发展模式。积极推进广东省农业产业化联合体创建，指导各地创建由龙头企业牵头、合作社跟进、家庭农场和农户共同参与的农业产业化联合体，依托农业大型企业的技术和人才优势，向小农户、家庭农场、农民专业合作社等经营主体提供专业化农业生产性服务，以标准化生产提升农业综合生产力。

二、中观方面

（一）优中选优，进一步发挥龙头带动效应

遴选和打造一批示范，遵循“公平竞争、优中选优”原则，从现有产业园、“一镇一业、一村一品”项目中推优，提升为乡村产业高质量发展标杆，强化示范带动效应。培养一批乡村产业发展组织的“领头羊”“先锋者”，推动先进经营主体引领乡村产业发展，引导龙头企业重点在产后开展农产品加工和市场营销，将产业链各主体打造成为风险共担、利益共享的共同体，促进龙头企业、新型农业经营主体、小农户等各类主体融合共生。

（二）布局项目，引导乡村产业突破发展瓶颈

统筹现有乡村振兴扶持项目，布局一批乡村产业引领项目，以产业项目为抓手，依托市场和资源优势，通过项目引导乡村产业突破瓶颈，逐步发展以特色产业为主导核心的项目群，推进高质量发展。例如针对隆江猪脚饭产业发展松散的问题；研发隆江猪脚饭预制菜，发挥省团餐配送行业协会的品牌优势和渠道优势。

（三）搭建平台，塑造提升“粤优”品牌影响力

搭建一批平台，从省、市层面搭建科技支撑、流通支撑、品牌提升公告平台，促进乡村产业产品培优、营销提升、深加工和一二三产业融合。鼓励农业科研院校、农技推广部门、龙头企业、农民专业合作社等组织加强合作，建立集科研攻关、成果转化、产业孵化、人才集聚和培养等功能于一体的资源共享开放研发平台，推动涉农科技有效转化。依托名牌电商优势，搭建特色农产品营销推广平台，宣传推介好产品、好品牌，打响一批“粤优”品牌产品。

（四）配置要素，助力乡村产业持续健康发展

配合全省乡村振兴战略，促进基础设施、生产要素、生活要素集聚，为乡村产业持续健康发展提供环境支持。一是灵活创新解决用地制约因素。优化存量，依靠内部挖潜、节约集约，拓展集体建设用地使用方式；合理增量，适当给予新增建设用地指标，保障必要的、急需的产业融合项目及时落地。二是强化人力资源的有效供给。着重增强在乡创业能力，扶持“田秀才”“土专家”“乡创客”等一批乡土人才，以及“乡村工匠”“文化能人”“手工艺人”等能工巧匠，动态调整并及时落实人才政策支持。三是加大农业资本的有效投入。鼓励各地市按照总量持续增加、比例稳步提高的要求，不断增加“三农”财政投入，重点扶持现代农业园区、标准农田等。

三、微观方面

（一）支持建设公共服务平台，整体提升乡村产业应对市场能力

从省、市层面搭建一批科技支撑、流通支撑、品牌提升等公共服务平台，促进乡村产业产品培优、营销提升、深加工和一二三产业融合，整体提升乡村产业应对市场能力。一是建设标准化、现代化、便利化的农产品交易服务体系，提升大湾区农产品市场有效供给和快速交易流通水平。发挥珠三角地区交通便利和农产品流通集散地优势，加强农产品流通设施建设，发展冷链物流基地。二是加强科技支撑，促进农业最新科研成果、大数据、物联网等高新信息技术在乡村产业全产业链中的应用，打造高度集约化、科技化的乡村产业业态样板。三是充分挖掘粤港澳大湾区市场潜力，建立“一个标准供湾区”为原则的农产品安全监测体系。对接港澳食品安

全标准，完善以广州为中心枢纽的大湾区“菜篮子”经营服务体系，打造现代化服务平台，加强食用农产品种养殖环节的源头治理，全面落实农产品生产主体监管，加快食用农产品溯源系统建设，为广东省乡村产业产品进入粤港澳大湾区市场提供便捷通道。

（二）加强人才、土地、资金等要素供给，提升乡村产业发展的内生动力

一是加强人才和经营主体培养。完善乡村产业人才引进体系、人才激励体系和人才培养体系。继续实施高端人才引进与高端农业科创团队引进计划，实施农业科技特派员制度，鼓励“乡土专家”进驻乡村。大力培育龙头企业，引导和推动企业上市融资发展。实施农民专业合作社规范提升行动，开展农民专业合作社示范创建。培育一批懂技术、善经营、带动力强的家庭农场主。二是健全城乡统一的土地市场，统筹增量建设用地与存量建设用地，推动统一规划、统一管理。进一步完善城乡建设用地增减挂钩节余指标、补充耕地指标跨区域交易机制。在严防耕地“非粮化”“非农化”趋向的条件下，合理拓宽设施农业用地的使用范围，完善建设用地规划布局、配给制度。推进陈旧村庄居民点、村级工业园等建设用地的整治，盘活闲置、利用低效、分布零星的农村存量建设用地。推进农村土地经营权集中连片流转，适当延长土地租期，稳定经营主体投入预期。三是鼓励各地探索形式多样、产权多元的金融服务产品，引导商业银行和农村信用社增加对农村经济发展的信贷投入。逐步建立政府支持、市场化运作、农业企业和农户广泛参加的农业保险保障体系。

（三）试验探索多种经营模式，保障农民分享乡村产业发展收益

在坚守土地用途管制法律底线的前提下，建立工商资本进入农业农村的正负面清单，鼓励工商资本与农民建立紧密的利益联结机制。在大湾区试验示范农村资产入股模式，引导村集体、小农户、家庭农场、大型企业、农民专业合作社等经营主体之间的合作。试行以宅基地、土地等资本入股的股份合作等形式，建立紧密长效的利益联结机制，确保集体和农民的合理收益；探索“村民公约”“农庄联盟”“民宿联盟”等新型利益联结模式，增加农民博弈和议价能力，节约农户、新型经营主体、社会资本和政府间的交易和谈判成本。

第三节　研究结论与展望

一、研究结论

近年来，广东省乡村产业发展“硕果累累”，现代农业产业园、“一村一品”等项目规模不断扩大，乡村新型服务业、农产品加工业蓬勃发展，品牌效应愈加显现。形成了以产业园“龙头”带动、专业村镇“龙尾”联动的乡村产业发展新格局。截至 2021 年底，累计创建 16 个国家级、235 个省级现代农业产业园，140 个国家级“一村一品”示范村镇、2578 个“一村一品”专业村镇。初步构建了“跨县集群、一县一园、一镇一业、一村一品”岭南特色现代农业产业体系。“米袋子”压得更实，“菜篮子”拎得更稳，“钱袋子”装得更鼓。乡村产业融合发展迈上新台阶。乡村产业向纵向产业延伸、横向功能拓展转型升级。加工业初步形成了顶层有规划、中试有平台、支撑有园区、终端有企业的发展格局，逐渐打通由生产端、流通端到消费端的全产业链，其中预制菜更是出省出国。2020 年广东省农产品加工企业数量达 6773 家，加工业营收 1.72 万亿元。集农旅、文旅、研学等多功能的乡村休闲旅游蓬勃发展。建设广州“邓山画廊”、佛山“百里芳华”、韶关“丹霞彩虹”、汕尾“蚝情万丈”等 120 多条美丽乡村风貌带，570 余条美丽乡村精品旅游线路。通过实施“粤菜师傅”“广东技工”“南粤家政”“高素质农民”“农业职业经理人”“农村电子商务”等多项培训工程，培育了一批乡村创新创业人才。举办“众创杯”“建行杯”等系列双创赛事，推广了一批农村双创典型。创建 10 个全国农村创业创新典型县、52 个全国农村创业创新园区（基地）。此外，“广东荔枝”“梅州柚”“徐闻菠萝”“翁源兰花”等品牌在疫情影响下逆势而上，蜚声四方。

在乡村产业大发展的背后，仍存结构性问题。表现为：①产业组织化程度不高，龙头企业带动效应参差不齐。广东省农业龙头企业行业发展不

均衡，粮食及农副食品加工等龙头企业发展较成熟；畜牧产业有温氏等龙头企业，但业内各产品的带动效应具有差异；水果、蔬菜等产业农业龙头企业发展相对落后，以加工、流通为主导的农业龙头企业在全省所占比重较低。农业龙头企业水平参差不齐，企业经营利润不均，平均经营利润较低，农产品商品化率、优质率不高，产品推广至全国的知名度不足，带动农户增收致富能力不强，辐射带动能力不强。②资源利用效率不高，特色产业影响力有待提升。由于种植地理优势，广东省具有多种特色农产品，如蔬菜、水果等，但“有名品没名牌”，不少优质农产品“养在深闺人未识”，缺乏较强的品牌影响力。部分农产品虽已具备一定名气，但没有形成自有品牌，缺乏统一包装和质量标准，影响产品销售和价格形成，制约着经营规模的扩大，进一步反作用于资源利用效率，形成一定程度的恶性循环。③涉农用地供给不足，亟须进一步优化农业政策。综观广东省乡村产业发展，用地矛盾是普遍存在的问题，尤其是养殖业的用地问题，严重影响着乡村产业迈向更高质量，亟须加快完善乡村产业发展用地制度，明确农村一二三产业融合发展用地范围，推动农用地分类管理，以便针对性开展风险管控和修复。④三产发育较弱，乡村产业进一步提质增效压力大。在消费需求下滑压力增加、经济增长幅度预期转弱的背景下，广东省乡村产业有待进一步发挥资源禀赋优势，深挖地域特色产品价值，如荔枝、龙眼、芒果、兰花、柑橘、白茶、皖鱼、罗非鱼等，通过科学规划、三产融合提质增效，提升乡村产业高质量发展的可持续性。

广东省发展富民兴村产业高质量发展，需要围绕“实施主体、平台载体、三产融合、产业要素和流通市场”等综合因素选择自己的路径。实施“新主体+‘平台’”带动。包括：农业产业化新主体利益联结带动、农业产业园聚能带动和农业科技协同创新平台赋能推动。实施产业联动包括：加速三次产业融合发展、大力发展农产品加工业、大力推动休闲农业转型升级。实施要素拉动包括：加快盘活农村土地资产、推进适度规模经营、创新农业资本投资管理方式、建立资本与交易平台推动农业深度融合发展。实施装备带动包括：推进农业基础设施建设和设施农业示范基地建设、强化现代农业装备及农产品精深加工机械设施研发应用水平、抓紧实施农业大数据工程和农业物联网示范应用、提高农业物质技术装备公共服务能力。

实施市场推动包括：坚持实施农业品牌战略、加快发展农业农村电子商务、完善农产品市场流通体系和鼓励优势农产品出口。

二、研究展望

乡村产业发展是乡村振兴战略实施的基础任务，是人才进入乡村的重要舞台，也是乡村人才发展重要平台。广东省作为经济强省，农村发展总体水平处于全国第一方阵，乡村产业发展作为全省乡村振兴的物质基础，既是支撑乡村振兴的源头，更是引领乡村振兴的潮头，“十三五”时期，广东省乡村产业发展取得重要成果。“十四五”时期，《区域全面经济伙伴关系协定》（RCEP）的正式生效、粤港澳大湾区建设的积极推进、预制菜产业的发展对高品质优质农产品提出了更高的需求，乡村产业发展的外部环境和阶段特征发生深刻变化，面临一系列重大机遇。一是农业农村优先发展政策机遇。以习近平同志为核心的党中央高度重视“三农”工作，把稳定农业基本盘、守好“三农”基础作为应变局、开新局的“压舱石”，广东省委省政府出台了一系列含金量高的新政策、新举措，引导形成了全省全社会积极参与乡村振兴的良好局面，农村资源要素将加速激活，资金、科技、人才等更多现代要素优先向乡村聚集，乡村产业发展政策环境优势不断凸显。二是发展新格局下市场驱动机遇。构建双循环发展新格局的战略基点是释放巨大的内需潜力，广东省是全国第一经济大省和第一消费大省，全省社会消费品零售总额占全国的1/10以上，“十四五”时期，“双区”建设、“双城”联动战略将有力推进带动全省城乡区域融合发展，有力促进城乡内需潜力持续释放、城乡居民消费需求加快升级，为广东省乡村产业发展提供了巨大市场机遇。三是新一轮科技革命和产业变革机遇。全球新一轮科技革命和产业变革正在加速演进，对提升乡村产业劳动生产率与资源利用率的影响更加直接，有利于发挥广东省区域创新能力稳居全国首位的科技综合优势，加快推动5G通信、人工智能、大数据、区块链等新一代信息技术与乡村产业融合发展，孕育推广一批新产业新业态新模式，促进广东省乡村产业发展新旧动能加快转化。2022年7月15日，时任中共中央政治局委员、国务院副总理胡春华在京出席全国乡村产业发展工作推进电视电话会议时强调，要认真贯彻习近平总书记关于推进乡村产业振兴的重要

指示精神，加快发展壮大乡村产业，为全面推进乡村振兴、实现农业农村现代化提供坚实支撑。广东省委、省政府非常重视本次讲话精神，省委主要领导亲自布置相关工作，相信“十四五”未来三年广东省乡村产业会掀起新一轮的发展高潮。

参考文献

［1］王浩．乡村产业步入高质量发展快车道［N］．人民日报，2021-07-27（001）．

［2］叶兴庆．迈向2035年的中国乡村：愿景、挑战与策略［J］．管理世界，2021，37（04）：98-112.

［3］姜长云．新发展格局、共同富裕与乡村产业振兴［J］．南京农业大学学报（社会科学版），2022，22（01）：1-11+22.

［4］王浩，孙超，李晓晴．乡村产业步入高质量发展快车道［N］．人民日报，2021-07-27（001）．

［5］李国祥．实现乡村产业兴旺必须正确认识和处理的若干重大关系［J］．中州学刊，2018（01）：32-38.

［6］郭芸芸，杨久栋，曹斌．新中国成立以来我国乡村产业结构演进历程、特点、问题与对策［J］．农业经济问题，2019（10）：24-35.

［7］孙伟，田秀琴，闫东升，等．乡村产业地域分异格局研究——以南京都市圈典型区域为例［J］．人文地理，2021，36（03）：129-137.

［8］高丹丹．中国林业高质量发展时空效应与耦合协调研究［D］．哈尔滨：东北林业大学，2021.

［9］高帆．乡村振兴战略中的产业兴旺：提出逻辑与政策选择［J］．南京社会科学，2019（02）：9-18.

［10］李玉双，邓彬．我国乡村产业发展面临的困境与对策［J］．湖湘论坛，2018，31（06）：159-165.

［11］农业部课题组．中国特色乡村产业发展的重点任务及实现路径［J］．求索，2018（02）：51-58.

［12］张颖婕，许亚萍．社会发展理论视域下乡村产业发展的运行机理与实践逻辑［J］．农业经济，2021（10）：59-60.

［13］陈云，朱莹莹．多重资本运作下乡村特色产业发展路径——以宣恩伍家台村茶产业为例［J］．中南民族大学学报（人文社会科学版），2021，41（09）：47-54.

［14］廖嗨烽，王风忠，高雷．中国乡村产业振兴实施路径的研究述评

及展望［J］. 技术经济与管理研究，2021（11）：112-115.

［15］姜长云. 日本的“六次产业化”与我国推进农村一二三产业融合发展［J］. 农业经济与管理，2015（03）：5-10.

［16］马晓河. 推进农村一二三产业融合发展的几点思考［N］. 经济日报，2016-02-25.

［17］赵霞，韩一军，姜楠. 农村三产融合：内涵界定、现实意义及驱动因素分析［J］. 农业经济问题，2017（04）：49-57，111.

［18］靳晓婷，惠宁. 乡村振兴视角下的农村产业融合动因及效应研究［J］. 行政管理改革，2019（07）：68-74.

［19］胡海，庄天慧. 共生理论视域下农村产业融合发展：共生机制、现实困境与推进策略［J］. 农业经济问题，2020（08）：68-76.

［20］夏荣静. 推进农村产业融合发展的探讨综述［J］. 经济研究参考，2016（30）：46-53.

［21］汤洪俊，朱宗友. 农村一二三产业融合发展的若干思考［J］. 宏观经济管理，2017（08）：48-52.

［22］赵放，刘雨佳. 农村三产融合发展的国际借鉴及对策［J］. 经济纵横，2018（09）：122-128.

［23］朱信凯，徐星美. 一二三产业融合发展的问题与对策研究［J］. 华中农业大学学报（社会科学版），2017（04）：9-12，145.

［24］陈赟章. 乡村振兴视角下农村产业融合发展政府推进模式研究［J］. 理论探讨，2019（03）：119-124.

［25］苏毅清，游玉婷，王志刚. 农村一二三产业融合发展：理论探讨、现状分析与对策建议［J］. 中国软科学，2016（08）：17-28.

［26］王玲. 江苏省农村产业融合水平测度与区域差异分析［J］. 农业经济，2017（06）：21-22.

［27］姜峥. 农村一二三产业融合发展水平评价、经济效应与对策研究［D］. 哈尔滨：东北农业大学，2018.

［28］陈学云，程长明. 乡村振兴战略的三产融合路径：逻辑必然与实证判定［J］. 农业经济问题，2018（11）：91-100.

［29］陈盛伟，冯叶. 基于熵值法和TOPSIS法的农村三产融合发展综

合评价研究——以山东省为例［J］．东岳论丛，2020，41（05）：78-86.

［30］陈池波，李硕，田云．中国农村一二三产业融合度与省际比较分析［J］．农业工程学报，2021，37（02）：326-334.

［31］黄祖辉．在促进一二三产业融合发展中增加农民收益［N］．农民日报，2015-08-14（001）.

［32］李乾，芦千文，王玉斌．农村一二三产业融合发展与农民增收的互动机制研究［J］．经济体制改革，2018（04）：96-101.

［33］李云新，戴紫芸，丁士军．农村一二三产业融合的农户增收效应研究——基于对345个农户调查的PSM分析［J］．华中农业大学学报（社会科学版），2017（04）：37-44.

［34］郭军，张效榕，孔祥智．农村一二三产业融合与农民增收——基于河南省农村一二三产业融合案例［J］．农业经济问题，2019（03）：135-144.

［35］李晓龙，冉光和．农村产业融合发展如何影响城乡收入差距——基于农村经济增长与城镇化的双重视角［J］．农业技术经济，2019（08）：17-28.

［36］蔡洁，刘斐，夏显力．农村产业融合、非农就业与农户增收——基于六盘山的微观实证［J］．干旱区资源与环境，2020，34（02）：73-79.

［37］张林，温涛，刘渊博．农村产业融合发展与农民收入增长：理论机理与实证判定［J］．西南大学学报（社会科学版），2020，46（05）：42-56.

［38］孔德议，陈佑成．乡村振兴战略下农村产业融合、人力资本与农民增收——以浙江省为例［J］．中国农业资源与区划，2019，40（10）：155-162.

［39］于建嵘．乡村产业振兴要因地制宜［J］．人民论坛，2018（17）：64-65.

［40］梁俊芬，雷百战，周灿芳，等．广州市生物农业创业发展的现实基础与推进策略［J］．广东农业科学，2021，48（11）：164-172.

［41］陈慧英，操君喜，孙世利等．科技支撑英德红茶产业发展60年：

成就与对策［J］. 广东农业科学，2020，47（11）：209-217.

［42］国家发展改革委宏观院和农经司课题组. 推进我国农村一二三产业融合发展问题研究［J］. 经济研究参考，2016，38（04）：3-28.

［43］余涛. 农村一二三产业融合发展的评价及分析［J］. 宏观经济研究，2020（11）：76-85.

［44］马凤才，冀铭希. 河南省乡村产业融合测度及对农民收入影响分析［J］. 江西农业学报，2021，3（07）：145-150.

［45］高洁宇，彭静. 武汉市农业多功能分类量化评价及驱动力分析［J］. 中国农业资源与区划，2021，42（09）：156-165.

［46］李芸，陈俊红，陈慈. 农业产业融合评价指标体系研究及对北京市的应用［J］. 科技管理研究，2017，37（04）：55-63.

［47］陈国生. 湖南省农村一二三产业融合发展水平测定及提升路径研究［J］. 湖南社会科学，2019（06）：79-85.

［48］刘鹏凌，万莹莹，吴文俊，等. 农村一二三产业融合发展评价体系及其应用［J］. 山西农业大学学报（社会科学版），2019，18（04）：7-13.

［49］颜双波. 基于熵值法的区域经济增长质量评价［J］. 统计与决策，2017（21）：142-145.

［50］孟庆福，李峰，王艳廷，等. 基于熵值法的粮食产业竞争力评价研究［J］. 河北工业大学学报，2011，40（04）：110-113.

［51］刘云菲，李红梅，马宏阳. 中国农垦农业现代化水平评价研究——基于熵值法与 TOPSIS 方法［J］. 农业经济问题，2021（02）：107-116.

［52］姜长云. 日本的“六次产业化”与我国推进农村一二三产业融合发展［J］. 农业经济与管理，2015（03）：5-10.

［53］张永强，蒲晨曦，张晓飞，等. 供给侧改革背景下推进中国农村一二三产业融合发展——基于日本“六次产业化”发展经验［J］. 世界农业，2017（05）：44-50.

［54］曹斌. 乡村振兴的日本实践：背景、措施与启示［J］. 中国农村经济，2018（08）：117-129.

［55］付晓亮．荷兰“链战略行动计划”的基本特征、可取经验及对中国农业产业化的启示［J］．世界农业，2017（11）：213-217.

［56］肖卫东，杜志雄．家庭农场发展的荷兰样本：经营特征与制度实践［J］．中国农村经济，2015（02）：83-96.

［57］罗鸣，才新义，李熙，等．美国农业产业体系发展经验及其对中国的启示［J］．世界农业，2019（04）：43-46.

［58］克鲁格曼．地理与贸易（中译本）［M］．北京：北京大学出版社，2000.

［59］Guy M. Robinson. Conflict and Change in the Countryside［M］. New York：Belhavan Press，1990.

［60］李悦，等．产业经济学（第三版）［M］．北京：中国人民大学出版社，2008.

［61］董翀．产业兴旺：乡村振兴的核心动力［J］．华南师范大学学报（社会科学版），2021（05）：137-150+207-208.

［62］张宏升．中国农业产业集聚研究［M］．北京：中国农业出版社，2007.

［63］孙伟，田秀琴，闫东升，吴加伟，王玥．乡村产业地域分异格局研究——以南京都市圈典型区域为例［J］．人文地理，2021，36（03）：129-137.

［64］张占仓．河南乡村产业振兴的典型地域模式探析［J］．区域经济评论，2021（03）：151-160.

［65］邱蓉．乡村振兴视角下西部地区农业产业同构研究［J］．贵州社会科学，2021（04）：137-145.

［66］潘劲．西部欠发达地区特色产业集群与经济发展的实证研究——以宁夏为例［J］．华南农业大学学报（社会科学版），2007（03）：46-52.

［67］韩广富，叶光宇．从脱贫攻坚到乡村振兴：乡村特色优势产业的战略思考［J］．西南民族大学学报（人文社会科学版），2021，42（10）：136-143.

［68］赵兵．西部地区特色经济与区域核心竞争力研究［J］．西安财经学院学报，2007（06）：9-11.

［69］江平．日本“一村一品”对西部发展特色农业的启示［J］．农村经济，2004（S1）：140-142.

［70］冯川．日本“一村一品”运动的推动机制与农村社会自主性［J］．世界农业，2021（10）：62-69.

［71］贺平．作为区域公共产品的善治经验——对日本“一村一品”运动的案例研究［J］．日本问题研究，2015，29（04）：11-21.

［72］王昊．日本“一村一品运动”的精髓与启示［J］．北京行政学院学报，2006（02）：9-11.

［73］王蕾．新疆特色农产品产业化发展研究［D］．乌鲁木齐：新疆师范大学，2015.

［74］Ugalde Diana，Renaud Gentié Christel，Symoneaux Ronan. Perception of French Wine Buyers Regarding Environmental Issues in Wine Production［J］．Journal of Wine Research，2021，32（2）：211-217.

［75］亓桂梅，李梓琳，梅军霞．世界葡萄酒三大生产国的产业概况及对比分析［J］．中外葡萄与葡萄酒，2016（01）：47-51.

［76］Etienne Montaigne，Alfredo Coelho. Structure of the Producing Side of the Wine Industry：Firm Typologies，Networks of Firms and Clusters［J］．Wine Economics and Policy，2012，1（01）：251-260.

［77］李巍，田卫东，张福庆．国内外葡萄酒产业发展状况与我国酒用葡萄种植业出路探讨［J］．河北林业科技，2004（05）：103-106.

［78］易小燕，吴勇，尹昌斌，程明，张赓，郑育锁．以色列水土资源高效利用经验对我国农业绿色发展的启示［J］．中国农业资源与区划，2018，39（10）：37-42+77.

［79］宗会来．以色列发展现代农业的经验［J］．世界农业，2016（11）：136-143.

［80］张永升，谷彬，马九杰．以色列现代农业之路［J］．世界农业，2014（06）：64-67.

［81］王岚，马改菊．以色列现代农业发展的影响因素、特征及启示［J］．世界农业，2017（01）：173-178.

［82］中国社会科学院语言研究所词典编辑室．现代汉语词典［M］．

北京：商务印书馆，1978.

［83］Guy M，Robinson. Conflict and Change in the Countryside［M］. New York：Belhavan Press，1990.

［84］张殿宫．吉林省乡村特色产业发展研究［D］．长春：吉林大学，2010.

［85］陈会英．中国农村产业结构演化问题研究［J］．农村经济与社会，1991（02）：20-26.

［86］林涛．增城区简村村产业振兴问题与对策研究［D］．广州：广东工业大学，2021.

［87］王晓慧．中国经济高质量发展研究［D］．长春：吉林大学，2019.

［88］牛小溪．高质量发展视角下要素结构变化对我国制造业转型升级的影响研究［D］．太原：山西财经大学，2020.

［89］李强．中国装备制造企业高质量发展研究［D］．长春：吉林大学，2020.

［90］马方．盐城市产业兴村富民思路研究［J］．新农业，2020（20）：33-34.

［91］赵仁．乡村振兴战略背景下的农村产业发展模式分析——以四川省南充市千垭村为例［J］．农村经济与科技，2022，33（08）：86-88.

［92］乡村产业振兴的十种模式［J］．中国合作经济，2019（08）：37-51.

［93］蒋和平．实施乡村振兴战略及可借鉴发展模式［J］．农业经济与管理，2017（06）：17-24.

［94］农业部课题组，张红宇．中国特色乡村产业发展的重点任务及实现路径［J］．求索，2018（02）：51-58.

［95］李国英．乡村振兴战略视角下现代乡村产业体系构建路径［J］．当代经济管理，2019，41（10）：34-40.

［96］王瑞峰，李爽．乡村产业高质量发展的影响因素及形成机理——基于全国乡村产业高质量发展“十大典型”案例研究［J］．农业经济与管理，2022（02）：24-36.

［97］郭景福，黄江．乡村振兴视阈下民族地区构建现代乡村产业体系的机制与路径探析［J］．云南民族大学学报（哲学社会科学版），2022，39（03）：110-117.

［98］王国峰，邓祥征．乡村振兴与发展中的产业富民：国际经验与中国实践［J］．农业现代化研究，2020，41（06）：910-918.

［99］郭芸芸，杨久栋，曹斌．新中国成立以来我国乡村产业结构演进历程、特点、问题与对策［J］．农业经济问题，2019（10）：24-35.

［100］刘守英，王一鸽．从乡土中国到城乡中国——中国转型的乡村变迁视角［J］．管理世界，2018，34（10）：128-146+232.

［101］黄少安．改革开放40年中国农村发展战略的阶段性演变及其理论总结［J］．经济研究，2018，53（12）：4-19.

［102］崔彩周．乡村产业兴旺的特色路径分析［J］．中州学刊，2018（08）：47-52.

［103］高帆．乡村振兴战略中的产业兴旺：提出逻辑与政策选择［J］．南京社会科学，2019（02）：9-18.

［104］朱启臻．乡村振兴背景下的乡村产业——产业兴旺的一种社会学解释［J］．中国农业大学学报（社会科学版），2018，35（03）：89-95.

［105］董翀．产业兴旺：乡村振兴的核心动力［J］．华南师范大学学报（社会科学版），2021（05）：137-150+207-208.

［106］董延涌，李迪．促进乡村产业兴旺的对策研究——以盘锦市为例［J］．农业经济，2021（12）：15-16.

［107］于建嵘．乡村产业振兴要因地制宜［J］．人民论坛，2018（17）：64-65.

［108］朱启臻．关于乡村产业兴旺问题的探讨［J］．行政管理改革，2018（08）：39-44.

［109］汪厚庭．山区乡村产业振兴与有效治理模式和路径优化——基于皖南山区乡村实践研究［J］．云南民族大学学报（哲学社会科学版），2021，38（01）：64-72.

［110］王艺明．乡村产业振兴的发力点和突破口［J］．人民论坛，2022（01）：22-25.

［111］陈云，朱莹莹．多重资本运作下乡村特色产业发展路径——以宣恩伍家台村茶产业为例［J］．中南民族大学学报（人文社会科学版），2021，41（09）：47-54.

［112］韩广富，叶光宇．从脱贫攻坚到乡村振兴：乡村特色优势产业的战略思考［J］．西南民族大学学报（人文社会科学版），2021，42（10）：136-143.

［113］何宏庆．数字金融助推乡村产业融合发展：优势、困境与进路［J］．西北农林科技大学学报（社会科学版），2020，20（03）：118-125.

［114］完世伟．创新驱动乡村产业振兴的机理与路径研究［J］．中州学刊，2019（09）：26-32.

［115］陈赞章．乡村振兴视角下农村产业融合发展政府推进模式研究［J］．理论探讨，2019（03）：119-124.

［116］祝捷，黄佩佩，蔡雪雄．法国、日本农村产业融合发展的启示与借鉴［J］．亚太经济，2017（05）：110-114.

［117］任耘．新常态下我国乡村旅游产业与传统农业融合优化路径［J］．农业经济，2017（10）：38-40.

［118］王俊豪．产业经济学［M］．北京：高等教育出版社，2008.

［119］［美］迈克尔·波特著．国家竞争优势［M］．李明轩，邱如美，译．北京：华夏出版社，2002.

［120］廖建华，廖志豪．区域旅游规划空间布局的理论基础［J］．云南师范大学学报（哲学社会科学版），2004（05）：130-134.

［121］董玲．基于区位理论的喀什地区旅游业发展研究［D］．兰州：西北师范大学，2007.

［122］黎宏华．江西省区域经济差异实证研究［J］．经济研究导刊，2012（31）：107-109.

［123］程小芳．江苏省区域经济发展差异的研究［D］．镇江：江苏大学，2009.

［124］安虎森，季赛卫．演化经济地理学理论研究进展［J］．学习与实践，2014（07）：5-18+2.

［125］邱跃华，郭丹．乡村产业振兴的时代价值、现实困境和实现路径

研究［J］．湖南文理学院学报（自然科学版），2022，34（04）：73-77.

［126］曾茂林，曾丽颖．共同富裕新动能：乡村产业振兴的联盟角色治理［J］．西南民族大学学报（人文社会科学版），2022，43（10）：200-206.

［127］刘烨斌，郑瑞强．数字乡村赋能乡村振兴：基本维度、现实困境与路径优化［J］．宁夏大学学报（人文社会科学版），2022，44（05）：191-200.

［128］Wang Xiaogang. Research on the Linkage Mechanism between Migrant Workers Returning Home to Start Businesses and Rural Industry Revitalization Based on the Combination Prediction and Dynamic Simulation Model［J］. Computational Intelligence and Neuroscience，2022（02）：207-209.

［129］王雅婕．乡村振兴视域下特色产业发展研究——以西吉县新庄村肉牛养殖为例［J］．智慧农业导刊，2022，2（18）：119-121.

［130］梁海兵．乡村产业高质量发展的困境与优化：一个嵌入机制的分析框架［J］．学海，2022（05）：72-81.

［131］李彦岩，林海英．资源治理：欠发达地区乡村产业振兴的“弯道超车”路径——以陕西袁家村为例［J］．新疆农垦经济，2022（10）：1-10.

［132］王一杰，巩慧臻，李治．我国乡村产业高质量发展的路径探析［J］．山西农经，2022（17）：8-13.

［133］科技创新引领乡村特色产业高质量发展［J］．中国农村科技，2022（09）：12-13.

［134］龚晓菊，臧杨杨．乡村振兴与我国县域产业发展路径：浙江范例研究［J］．生态经济，2022，38（09）：111-117+124.

［135］郭朝先，苗雨菲．数字经济促进乡村产业振兴的机理与路径［J］．北京工业大学学报（社会科学版），2023，23（01）：98-108.

［136］王丹，陈秀兰，徐学荣．乡村振兴背景下福建蔬菜产业高质量发展路径［J］．中国蔬菜，2022（07）：8-12.

［137］汪凡．淘宝村发展的区域差异研究［D］．上海：华东师范大学，2022.

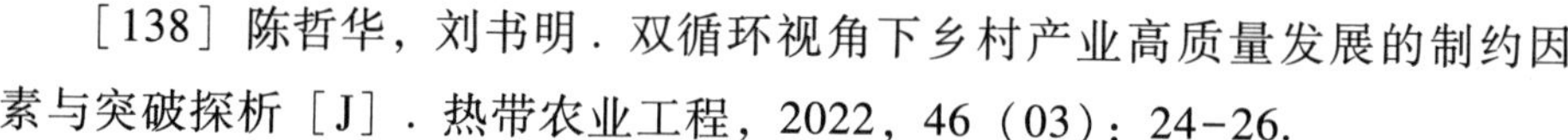

［138］陈哲华，刘书明．双循环视角下乡村产业高质量发展的制约因素与突破探析［J］．热带农业工程，2022，46（03）：24-26.

［139］范梦阳．特色农业型乡村转型发展特征及驱动机制研究［D］．郑州：河南大学，2022.

［140］李哲．乡村振兴视野下农村地区电子商务的创新扩散研究［D］．济南：山东师范大学，2022.

［141］邵倩．“互联网+”助力农业特色产业集群做强做优［J］．中国农业资源与区划，2022，43（05）：250+261.

［142］刘思广，李家泳，沈荣琼，王丹美，张莹怡．基于“一村一品”乡村振兴策略下的岭南茶文化传播研究——以潮州市浮滨镇为例［J］．福建茶叶，2022，44（06）：4-6.

［143］闫芳．特色农业产业高质量发展研究——对平凉地区特色农业产业发展的思考［J］．中国农业文摘-农业工程，2022，34（03）：61-64.

［144］袁仁强，陈瑶生，刘小红．广东省生猪产业发展历史演变、问题与对策［J］．广东农业科学，2022，49（05）：142-149.

［145］张玉荣．预制菜，乡村振兴的新产业大产业［J］．小康，2022（14）：18-23.

［146］韩珍妮．电商脱贫与乡村振兴过程中基层政府的作用问题研究［D］．长春：吉林大学，2022.

［147］周群英，程龙，许多，刘思嘉，刘玲，章月琴．雷州半岛冬种蔬菜产业与设施农业现状及展望［J］．热带农业科学，2022，42（04）：118-123.

［148］邓志宏，韦素琼，游小珺，陈进栋．基于 CiteSpace 中国农业产业集群研究：述评与展望［J/OL］．中国农业资源与区划：1-14［2023-03-19］．http：//kns. cnki. net/kcms/detail/11. 3513. s. 20220414. 1757. 010. html.

［149］吴晓婷．共同富裕视域下乡村产业高质量发展探析——基于全国乡村产业高质量发展典型案例考察［J］．乡村论丛，2022（02）：57-63.

［150］晁念文．宁陵县酥梨产业发展评价与对策研究［D］．郑州：河南财经政法大学，2022.

[151] 张华，孙鹏. 多维邻近性对陕西泾阳茯茶产业集群创新的影响研究[J]. 南京师范大学学报（自然科学版），2022，45（02）：34-43.

[152] 张明龙，周剑勇，刘娜. 杜能农业区位论研究[J]. 浙江师范大学学报（社会科学版），2014，39（05）：95-100.

[153] 王少婷，赵俊伟，陈雪妍. 广东省区域水果产业集聚程度和竞争力评价[J]. 热带农业科学，2022，42（02）：130-136.

[154] 史琼，吴家琪，吴滔. 遵义市辣椒产业集群发展现状、路径与经验[J]. 北方园艺，2022（03）：131-137.

[155] 王瑞峰. 乡村产业高质量发展的内涵特征、影响因素及实现路径——基于全国乡村产业高质量发展“十大典型”案例研究[J]. 经济体制改革，2022（01）：73-81.

[156] 李秀娟，孟丽红，吉登艳. 我国农业产业集聚度比较分析及区划研究[J]. 中国农业资源与区划，2021，42（12）：51-59.

[157] 周磊. 华东地区藏红花产业发展现状、问题及对策[D]. 扬州：扬州大学，2021.

[158] 张青，周为友，田婷，宋浩. 苏州乡村产业高质量发展路径分析[J]. 江苏农村经济，2021（11）：48-50.

[159] 赵超. 乡村产业振兴的困境与实现路径[J]. 当代县域经济，2021（11）：8-15.

[160] 优势特色产业集群蓬勃发展[J]. 农村工作通讯，2021（20）：3.

[161] 冯奕嘉，阙彩霞，罗乔丽. 广东省花卉产业现状分析及策略[J]. 现代园艺，2021，44（19）：64-65+67.

[162] 覃松明. 广西沿海三市特色农业产业发展研究[D]. 南宁：广西大学，2021.

[163] 陆巍. 乡村产业的内涵解析与大都市圈乡村产业的发展路径初探——以长三角“田园五镇”乡村振兴先行区为例[J]. 上海城市管理，2021，30（04）：39-47.

[164] 王薇，李祥. 农业产业集群助推产业振兴：一个“主体嵌入—治理赋权”的解释性框架[J]. 南京农业大学学报（社会科学版），2021，

21（04）：39-49.

［165］张岩．乡村产业高质量发展面临的实践问题与应对策略［J］．辽宁省社会主义学院学报，2021（02）：76-80.

［166］黎相民．湛江农业特色扶贫产业可持续发展研究［D］．长沙：湖南农业大学，2021.

［167］刘杨堃．地方特色农业产业对减贫的效果研究［D］．西安：西北大学，2021.

［168］陈丽智．地方政府促进特色农业发展的研究［D］．上海：上海师范大学，2021.

［169］赵迪．“一县一业”视域下特色农业品牌建构对策研究［D］．郑州：中原工学院，2021.

［170］李研．地方特色农业产业发展中的政府作用研究［D］．桂林：广西师范大学，2021.

［171］曹义．大都市区乡村电商产业空间发展与演化研究［D］．南京：南京大学，2021.

［172］李红亚．特色农业产业发展中的政府职能履行研究［D］．兰州：西北师范大学，2021.

［173］闫怀远．宿迁市丁嘴金菜特色产业发展问题及对策研究［D］．扬州：扬州大学，2021.

［174］周爽，吴娜琳．中国特色种植村镇的空间分布及其成因——以国家级示范性专业村镇为例［J］．经济地理，2021，41（04）：137-147.

［175］罗璇．万州区现代山地特色高效农业发展现状的多案例研究［D］．重庆：重庆三峡学院，2021.

［176］于杰．永顺县莓茶产业发展现状、问题及对策研究［D］．武汉：中南民族大学，2021.

［177］章逸哲，施臻韬，钟真．“小而美”：乡村产业振兴的去规模化道路——基于桐乡市槜李产业的案例分析［J］．新疆农垦经济，2021（03）：23-31.

［178］古子怀，魏伟谦，刘瑜娟，巫志坚，余冬玲．梅州市“一村一品、一镇一业”发展现状和对策［J］．四川农业科技，2021（03）：70-

72+82.

［179］陈嘉，韦素琼，李锋．“共位集群”视角下的农业产业集群演化路径与网络——以福建省漳平市茶产业为例［J］．热带地理，2021，41（02）：364-373.

［180］李其勇，武丙琳，李星月，符慧娟，向运佳，杨晓蓉，夏武奇，张鸿．“一村一品”模式下贫困村产业发展探讨——以簸箕箩村花椒产业为例［J］．农学学报，2021，11（02）：96-100.

［181］杨阳，李二玲．绿色农业产业集群形成机理的理论框架及实证分析——以山东寿光蔬菜产业集群为例［J］．资源科学，2021，43（01）：69-81.

［182］唐威，程文．“一村一品”农业产业化下乡村规划策略研究——以双鸭山市宝清县三村为例［J］．建筑与文化，2021（01）：103-104.

［183］苏戈，矫江，王冠，董天宇，彭程．黑龙江省优势特色农业产业集群的发展建议［J］．北方园艺，2021（01）：164-167.

［184］罗程．地方政府促进特色农业产业发展政策工具研究［D］．成都：西南财经大学，2020.

［185］张晨．西团镇农业产业振兴现状与优化建议［D］．扬州：扬州大学，2020.

［186］宋哲仁．“一村一品”——路该怎么走？——基于浙江省 Y 市 X 村和 P 村发展模式的比较研究［J］．山东农业大学学报（社会科学版），2020，22（03）：38-43+167.

［187］胡一鸣，伍旭中．安徽省全国“一村一品”示范村镇空间分布格局研究［J］．沈阳农业大学学报（社会科学版），2020，22（04）：423-429.

［188］卢志灵，王三军．广东省级现代农业产业园运行体制机制创新研究［J］．南方农村，2020，36（03）：14-18.

［189］王娟娟，杨莎，张曦．我国特色蔬菜产业形势与思考［J］．中国蔬菜，2020（06）：1-5.

［190］刘秀．“一县一业”特色农业产业化发展组织模式研究［D］．

南京：南京农业大学，2020.

［191］朱堂林．高邮市罗氏沼虾产业发展现状与对策研究［D］．扬州：扬州大学，2020.

［192］李寰昊．城郊淘宝村产业与空间互动机制研究［D］．北京：中央美术学院，2020.

［193］周玉璇．传统手工艺型淘宝村产生机制与模式研究［D］．南京：南京大学，2020.

［194］刘奇．“淘宝村”空间分布演变与农民增收［D］．长春：吉林农业大学，2020.

［195］李二玲．中国农业产业集群演化过程及创新发展机制——以“寿光模式”蔬菜产业集群为例［J］．地理科学，2020，40（04）：617-627.

［196］张佳．路径创造视角下的淘宝村产品多样化影响因素研究［D］．杭州：浙江大学，2020.

［197］张烨．我国农村电商集群可持续发展能力研究［D］．西安：长安大学，2020.

［198］徐磊．淘宝村的形成机制与发展意义研究［D］．南京：南京师范大学，2020.

［199］钟嘉毅．“一核一带一区”背景下广东食用菌产业高质量发展研究［J］．中国食用菌，2020，39（03）：76-78.

［200］陈志祥，曾文胜，刘文兵．台湾生态休闲农业对广东农业新模式新业态创新启示［J］．中国农村科技，2020（02）：74-76.

［201］周维宏．日本农村振兴道路的转型实践——“一村一品”产业运动的发展逻辑考察［J］．日本研究，2019（04）：11-22.

［202］陈屾．基于“互联网+”视角的特色小镇规划对策研究［D］．南宁：广西大学，2019.

［203］张婧．日本一村一品运动走向世界对中国乡村振兴的启示［J］．日本问题研究，2019，33（05）：57-66.

［204］史焱文，李二玲，李小建，任世鑫．农业产业集群创新通道及溢出效应——以山东寿光蔬菜产业集群为例［J］．地理科学进展，2019，

38（06）：861-871.

［205］卫中旗．乡村产业振兴的内在逻辑·根本途径与关键举措［J］．安徽农业科学，2019，47（12）：247-249.

［206］李燕菲．蜂产业淘宝村网商集聚过程与形成机理研究［D］．郑州：河南大学，2019.

［207］刘晓阳．河南省淘宝村网商集聚过程及集聚机理研究［D］．郑州：河南大学，2019.

［208］姜长云．推动形成高质量发展壮大乡村产业的大合唱［J］．中国发展观察，2019（Z1）：21-23+36.

［209］韩振兴，刘宗志，常向阳．山西省特色农业产业集群集中度和竞争力分析——以运城苹果、朔州羊肉、晋城大豆为例［J］．中国农业资源与区划，2018，39（11）：94-104.

［210］姚飞，黄修杰，马力，储霞玲．基于产业集群的农业技术扩散网络研究——以广东省陈村花卉产业集群为例［J］．科技管理研究，2018，38（20）：222-227.

［211］许正斌，张宇翔．乡村振兴与粮食产业高质量发展［J］．中国粮食经济，2018（10）：16-21.

［212］门豪．中国淘宝村的市场发生机制研究［D］．长春：吉林大学，2018.

［213］倪申苗．基于AHP的沭阳县花木淘宝村集群成因研究［D］．合肥：安徽农业大学，2018.

［214］蔡晓辉．淘宝村空间特征研究［D］．广州：广东工业大学，2018.

［215］张月莉．农业产业集群价值共创机理研究——以美国新奇士柑橘集群的例证［J］．价格理论与实践，2017（08）：76-79.

［216］黄洪超，黄丽莎，谢昭良．广东省农业专业镇发展问题与建议［J］．南方农村，2017，33（03）：24-28.

［217］周嘉礼．广州市里仁洞“淘宝村”的空间演变研究［D］．广州：华南理工大学，2017.

［218］辛向阳．淘宝村的集聚时空演变及形成机制研究［D］．郑州：

河南大学，2017.

［219］邓良．广东省农业产业精准扶贫路径与对策研究：产业共建的视角［J］．广东经济，2017（05）：14-19.

［220］崔建勋，张辉玲，白雪娜，储霞玲，黄修杰．基于 SWOT 分析的广东现代农业发展路径研究［J］．南方农村，2016，32（04）：4-10+16.

［221］史琼，周莉莉，董景奎，黄婧．农业产业集群发展经验分析——以荷兰花卉和中国寿光蔬菜产业集群为例［J］．世界农业，2016（06）：163-169.

［222］王瑛．基于产业集群新理论的淘宝村同质化竞争研究［D］．南京：南京大学，2016.

［223］王丽明，王玉斌．我国农业产业集群效率测度及其影响因素分析——基于首批 76 家农业产业化示范基地［J］．中国农业大学学报，2016，21（04）：149-156.

［224］孙凯，曾起艳，阮建青．农业产业集群如何缓解劳动力短缺——基于安徽省安庆市茶叶产业集群的研究［J］．农业经济问题，2016，37（03）：72-78+111.

［225］万忠，方伟，杨震宇．2015 年广东现代农业产业发展现状分析［J］．广东农业科学，2016，43（03）：1-6.

［226］罗光帆．我国 C2C 电子商务产业集聚机制研究［D］．广州：暨南大学，2015.

附录1　加快发展壮大乡村产业，筑牢广东乡村振兴基础

——粤浙对比分析

陆华忠　周灿芳　方　伟　梁俊芬　张　磊
蔡　勋　田璞玉　赵永琪　陈烁文

（广东省农业科学院农业经济与信息研究所）

原刊于《乡村振兴信息摘要》2023年第2期

2022年7月15日，时任中共中央政治局委员、国务院副总理胡春华在京出席全国乡村产业发展工作推进电视电话会议时强调，要认真贯彻习近平总书记关于推进乡村产业振兴的重要指示精神，加快发展壮大乡村产业，为全面推进乡村振兴、实现农业农村现代化提供坚实支撑。广东省乡村产业发展意义重大，每年保障了1200万吨以上粮食产量，产出约占全国4.9%的蔬菜和猪肉、6.8%的水果、8.8%的家禽和13.0%的水产品，吸纳乡村就业约1600万人，占全省就业人口的23%。为落实省领导对我院促进乡村产业发展的工作部署，陆华忠院长亲自组织团队，以院经信所为核心开展研究，分析广东省乡村产业发展态势，并与先进省份浙江进行对比，深挖短板，学习经验，为加快推动广东省乡村产业发展提供参考。

一、广东省乡村产业发展态势良好

自“十三五”以来，广东省立足“1+1+9”工作部署，落实高质量发展要求，乡村产业发展势头良好。

（一）现代种养业多项指标位居全国前列，水果、水产稳居全国第一。“十三五”期末，广东粮食产量稳定在1200万吨以上，蔬菜、茶叶和花卉产量位居全国前列，是全国最大的甜玉米主产区，荔枝、龙眼、香蕉、菠萝等岭南特色水果产量和种植面积居全国第一，优势特色作物产值占种植业产值的70%以上。肉类产量在全国排名第七，家禽出栏量全国排名第二，畜禽种业（特别是猪和鸡）发展水平全国领先。水产养殖产量全国第一，有9个海水养殖品种和6个淡水养殖品种的产量位居全国第一，有5个淡水养殖品种的产量列全国第二，渔用饲料和水产品流通产值位列全国第一。这些都确保了广东省粮食安全和重要农产品供给稳定。

（二）农产品加工业实力日益壮大，首创中试平台和预制菜投资基金。“十三五”期末，广东省农产品加工业总产值达2.27万亿元，较2018年增加665.24亿元，农产品加工业营业收入利润率达7.14%，整体高于工业利润水平，农产品加工与农业总产值之比为2.46∶1，高于全国平均水平。其中，农副食品加工业、食品制造业及烟草制品业增速明显，年均增幅超过

5%。精制食用植物油、酱油、冷冻饮品、饮料产量位居全国首位。广东省形成8个产值过千亿的农产品加工行业，其中橡胶和塑料制品业产值5440.54亿元、农副食品加工业产值3356.27亿元、造纸和纸制品业产值2483.28亿元，累计占广东省农产品加工业总产值的50.14%。规模以上农副食品加工企业数量1093家，平均产值超过3亿元。2022年出台了《加快推进广东预制菜产业高质量发展十条措施》，11个预制菜产业园纳入省级现代农业产业园，设立了全国首个省级层面的预制菜产业投资基金，广东省形成了带动有龙头、中试有平台、支撑有园区、投资有基金的新格局。

（三）乡村休闲、电商和冷链物流快速发展，农业多功能多业态不断拓展。截至2021年底，广东省累计建成5条省际廊道，打造了200多条美丽乡村风貌带、570多条美丽乡村精品线路。获得了全国休闲农业与乡村旅游示范县（区）10个、示范点11个，全国乡村旅游重点镇3个、重点村39个，中国美丽休闲乡村32个，中国重要农业文化遗产5项，并向全国推介了24条乡村休闲精品线路。持续开展省级休闲农业与乡村旅游示范镇示范点创建活动，广东省共创建休闲农业与乡村旅游示范镇147个、示范点407个，认定50家广东农业公园。“十三五”期末，广东省县域网络零售总额为6722.7亿元，位居全国第二。南海区饼干蛋糕、饶平县乌龙茶等6个县（区）入选县域农产品网络零售前100名，位列全国第五。2021年，广东“淘宝村”数量达1322个，是2016年（262个）的5倍，年均增长38.7%，位居全国第二。截至2020年底，广东省冷库容量已达560万吨，是2016年的1.8倍，布局在深圳、广州、佛山等珠三角核心城市的冷库容量达到205万吨。从冷链运输车保有量看，全省冷链运输车12000辆，其中经营性质的约8600辆。2021年中国冷链物流百强企业名单中，广东有9个企业上榜，位居全国第三。全省“乡村产业+”多功能多业态开始发力。

（四）乡村产业发展平台载体丰富多元，投入力度前所未有。“十三五”期间，广东构建了农产品“12221”市场体系、“跨县集群、一县一园、一镇一业、一村一品”现代农业产业体系，有效促进了乡村产业平台载体发展。截至2022年8月底，广东省累计创建了8个全国农业现代化示范区、18个国家级现代农业产业园、288个省级以上现代农业产业园（财政投入150亿元）、56个国家级农业产业强镇；认定139个全国“一村一品”示范

村镇，2278个省级“一村一品、一镇一业”特色农业专业村、300个专业镇，乡村产业梯次发展格局基本形成。创建了6个南粤黄羽鸡、岭南荔枝等国家级优势特色产业集群，形成了花都瑞岭村盆景、徐闻县愚公楼村菠萝等9个全国乡村特色产业亿元村，茂名市公馆镇罗非鱼、中山市黄圃镇腊味等11个全国乡村特色产业十亿元镇，带动了全省乡村产业聚集化发展。乡村产业发展平台载体布局规模之广、投入力度之大前所未有。

（五）新型经营主体渐成主力，乡村创业就业活力不断显现。“十三五”期末，全省国家、省、市、县四级农业龙头企业总数超5000家，其中省级以上农业龙头企业1183家，实现涉农营业总收入超7000亿元，紧密联结带动省内农户超过400万户、带动农户年户均增收超过4000元；登记的农民专业合作社为5.05万家，国家级示范合作社超过300家，带动农户超过300万户，合作社成员普遍比生产同类产品的非成员增收15%以上；录入全国家庭农场目录系统的家庭农场接近16万家，农业农村厅备案家庭农场接近4万家，年销售农产品总值超过100亿元。累计培训各类乡村振兴人才112.3万人，其中农业职业经理人1.3万人，新型职业农民7.7万人。龙头企业、农民合作社、家庭农场和新型职业农民等新型经营主体正成为广东发展乡村产业的主导力量。“十三五”期末，广东省认定返乡创业孵化基地65家，创建了6个全国农村创业创新典型县、20个全国农村创业创新园区（基地）和7个全国农村创业创新孵化实训基地。自2018年以来，全面推进了“粤菜师傅”“广东技工”“南粤家政”三项工程，累计培训797万人次，带动创业就业247万人次。

（六）科技引领乡村产业能力不断突破，多种资源下沉模式均属全国首创。“十三五”期末，广东省农业科技进步贡献率达70.2%（高出全国10个百分点），几乎追平一直居于全国首位的江苏省。新品种选育突破性成果丰硕，丝苗型优质稻新品种美香占2号优良食味品质育种达国际领先水平；培育出特早熟荔枝新品种“早荔一号”、晚熟优质品种“红脆糯”和“玲珑”等，将同一产区的荔枝产季延长了40天，中国荔枝种业“硅谷”正在广东省崛起；选育的杂交黑皮冬瓜品种推广面积位居全国第一；选育集成“高抗枯萎病+优异加工性能”的特色香蕉新品种，填补了我国香蕉粮食和加工用途品种的空白。“十三五”期间，广东省首创了农村科技特派员参与乡村振兴驻镇帮镇扶村工作新机制，实现600个重点帮扶镇、301个巩固提升镇农村科技特派员全覆盖。广东省农科院首创并推广了“共建平台、下沉人才、协同创新、全链服务”的院地合作模式，实现了粤东、粤西、粤北农科院分院全覆盖。广东省农业农村厅首创并推动建设了“1+51+100+10000”四维一体的金字塔式全省农业科技推广服务创新体系。

二、广东省乡村产业与浙江省对比

为评判广东省乡村产业在全国所处位置，课题组从现代种养、农产品加工流通、电商发展、品牌建设、从业主体、产业平台和带动致富等方面与乡村产业走在前列的浙江省进行对比。结果显示，广东省乡村产业虽然具有一定优势，但部分产业的关键指标依然存在较大差距，有必要保持清醒。具体为：

短板一：“现代化程度不够”，机械化、服务社会化、绿色化发展滞后。“十三五”期末，广东省单位农用地的农业机械总动力为1.67千瓦/千公顷，低于浙江省的2.11千瓦/千公顷。2020年，广东省主要农作物耕种综合机械化率为65.7%，比浙江省低6个百分点；水稻耕种收综合机械化率为75.3%，比浙江省低10.2个百分点，畜牧养殖机械化率为38.3%，比浙江省低5个百分点；水产养殖机械化率为30.6%，比浙江省低17个百分点；农产品初加工机械化率为24.2%，比浙江省低22个百分点（见表1）。

表1　2020年广东省、浙江省农业机械化情况对比

序号	指标	单位	广东省	浙江省
1	单位农用地农机总动力	千瓦/千公顷	1.67	2.11
2	主要农作物耕种收综合机械化率	%	65.7	71.8
3	水稻耕种收综合机械化率	%	75.3	85.5
4	水稻机播水平	%	21.3	56.3
5	设施农业机械化率	%	40.2	31.5
6	畜禽养殖机械化率	%	38.3	43.4
7	水产养殖机械化率	%	30.6	47.9
8	农产品初加工机械化率	%	24.2	46.9

资料来源：《浙江省农业机械化综合评价报告》《广东省农业机械化“十四五”发展规划（2021-2025年）》《浙江省农业农村现代化“十四五”规划》，部分数据通过《广东农村统计年鉴》《浙江农村统计年鉴》计算获得。

浙江省经验主要是找准并紧跟全省农业机械化短板变化和种养殖结构调整需求，在农机装备、示范建设、配套政策（累加定额补贴）、重点品种、农机与农艺融合等方面进行精准、持续、系统的推进，“一茬接着一茬干”。早在2006年浙江省就结合省情出台促进农业机械化发展的规章条例，近15年来浙江省先后出台和修订多达8部农业机械化专项和配套支持政策。广东省农业机械化在2012年前并无结合全省谋划的系统政策，且长期以来过于依托“跨省农机服务”，也在一定程度上导致粤北、粤东等丘陵地区农机服务水平滞后。

“十三五”期末，浙江省开展农业社会化服务的合作社数量为6104个，而广东省仅为1665个；广东省开展社会化服务的企业数仅有924个，远低于浙江省的2003个（见表2），其他服务组织1356个，仅为浙江省的39.3%；开展社会化服务对象数量上也仅有浙江省的56.15%。由于社会化服务滞后等引致粮食生产成本效益低、农民种粮积极性不高，2021年广东省农村土地流转率仅为38.6%，比浙江省低22个百分点。在绿色发展方面，浙江省近年来全国首创并大力推进“药肥两制”[①] 改革，2020年化肥使用强度下降至每亩23千克，而广东省为每亩33千克。

表2　2020年广东省、浙江省开展农业社会化服务主体情况对比

单位：个，户

省份	服务对象数量	合作社服务对象数量	合作社服务小农户的数量	开展农业社会化服务的合作社数量	开展农业社会化服务的其他服务组织数量	开展农业社会化服务的企业数量	企业从业人数
浙江	304284	433552	356964	6104	3450	2003	49513
广东	170850	425758	308607	1665	1356	924	17286

资料来源：《中国农村合作经济统计年报》。

短板二：“乡村业态不新”，乡村文旅、电商等新产业新业态明显弱于浙江。与浙江省相比，广东省乡村旅游“乡村知名景点少、旅游经营效益低、文旅用地政策旧”问题明显，2020年，广东省休闲农业与乡村旅游年

① 浙江省在全国首创“肥药两制”改革，即化肥农药实名制购买和定额制施用。

收入为143亿元，不到浙江省（435亿元）的1/3。休闲农业与旅游接待人数为1.24亿人次，远低于浙江省的2.47亿人次。从国家级乡村旅游建设情况来看，广东省“国字号”乡村景区品牌均弱于浙江省，其中，广东省乡村休闲农业与旅游示范县（区）10个，比浙江省少14个；广东省美丽休闲农村32个，比浙江省少28个；广东省全国乡村旅游重点村32个，比浙江省少8个（见表3）。

表3　2020年广东省、浙江省国家级休闲农业与乡村旅游点建设情况对比

类别	项目	浙江省	广东省
乡村旅游与休闲农业	休闲农业与乡村旅游年收入（亿元）	435	143
	休闲农业与乡村旅游接待人数（亿人次）	2.47	1.24
国家级乡村旅游建设点	全国休闲农业与乡村旅游示范县（区）	24	10
	全国乡村旅游重点村（截至2021年累计）	40	32
	中国美丽休闲乡村（个）	60	32

资料来源：《广东省乡村休闲产业“十四五”规划》《浙江省休闲农业发展“十四五”规划》。

浙江省乡村文旅高质量发展的关键在于立足优势资源，强化政策引导，充分发挥区位、历史、文化、自然等资源优势，推动乡村旅游提质升级。以乡村民宿为例，近年来，浙江省各地政府出台近200多个文件，开发民宿动态管理系统，培育文化主题（非遗）民宿，开展民宿转型升级改造，推出“千万红包游浙江”、519民宿特卖直播等系列“组合拳”，使浙江省的乡村民宿发展走在全国前列，值得广东省借鉴。截至2022年6月，浙江省公安系统登记在册的民宿近2万家，累计评定等级民宿858家，而广东省旅游民宿的总数量为1.1万家。其中，浙江省莫干山立足资源优势，激活人才、资本、资源和技术等要素活力，建设独具民俗特色的乡村民宿，逐渐发展成“中国民宿的标杆”。此外，广东省农村电商县、村活力均弱于浙江省。截至2021年底，广东省县域网络零售额为6722.7亿元，低于浙江省的10392.7亿元；农村网络零售额占全国的4.1%，低于浙江省的35%；共有“淘宝村”1322个，低于浙江省的2203个。浙江省农村电商高质量发展离不开高效便捷的物流服务。截至2020年，浙江省农村投递路线为

229262千米，其每平方千米农村邮递路线（2.17）高于广东省（1.75）；浙江省人均快递量达277件，高于广东省的175件（见表4）。

表4　2020年广东省、浙江省农村电子商务及物流指标对比

项目	指标	广东省	浙江省
电子商务发展	县域网络零售额（亿元）	6722.7	10392.7
	农村网络零售额占全国农村网络零售额比重（%）	4.1	35
	农村淘宝村（个）	1322	2203
物流能力	每平方千米农村邮政投递路线	1.75	2.17
	人均快递量（件）	175	277

资料来源：《2021全国县域数字农业农村电子商务发展报告》（农业农村部信息中心、中国国际电子商务中心）、《中国电子商务报告（2020）》（商务部）、国家统计局。

短板三："产业集聚不强"，缺乏标杆且全产业链建设滞后于浙江省。提起广东省乡村产业，很难联想到"标杆"乡村和产业，2021年出台了《广东省发展现代农业与食品战略性支柱产业集群行动计划（2021—2025年）》，全面部署"链长制"，但全产业链打造的政策时效和力度都弱于浙江省。

早在2014年，浙江省就出台了《关于加快推进农业全产业链示范创建的意见》，以蔬菜、茶叶、果品、畜牧等主导产业为基础，深入开发和发展农产品加工行业，重点打造一批省级农业全产业链示范样板。2018年出台了《浙江省特色农产品优势区建设规划（2018—2022年）》，打造特色农产品优势区，集聚一批优势产业带。2018年，在全国首创产业链"链长制"，2021年在农业产业链上全面推行，建成单条产值10亿元以上的省级示范性农业全产业链共计80条。2022年出台了《浙江省人民政府办公厅关于引导支持农业龙头企业高质量发展的若干意见》，推进农业全产业链"百链千亿"行动。当前，浙江省形成了全国闻名的莫干山镇等民宿产业集群、中国电子商务第一村白牛村等农村电商产业集群等乡村产业"标杆"。

短板四："产品品牌不响"，具有行业引领作用大品牌少。与浙江省相比，广东省农业品牌呈现"多而散、小而弱"特征。根据浙江大学发布的2022年中国果品区域公用品牌价值评估结果，高州荔枝（25.51亿元）、高州香蕉（22.87 亿元）、高州龙眼（17.74 亿元）三个入选，浙江省有临安山核桃（32.38 亿元）等 10 个果品入选。居广东省水果品牌价值首位的高州荔枝低于居浙江省首位的临安山核桃。根据茶叶区域公用品牌价值评估结果，居广东省首位的英德红茶品牌价值（37.18 亿元，排名第 28）远低于浙江省西湖龙井（79.05 亿元，排名第 1），与农业大省、经济大省的地位极不相称。

2017 年，浙江省就出台了《浙江农业品牌振兴行动计划（2017—2020 年）》，以农业区域公用品牌、农业企业品牌和特色农产品品牌为重点，制订分层、分类、分区域发展计划，并明确 2018 年底前每个市至少培育 1 个市级公用品牌，逐渐形成了由区域政府推动，区域农业部门创建品牌、农民合作经济组织联合会运营品牌的区域公用品牌多方协同运营机制。相比浙江，广东省近年来按照“粤字号”农业知名品牌创建行动，通过“12221”市场体系建设提升品牌影响力和市场竞争力。但目前存在区域间统筹不足、头部企业规模小、地方政策制定不细等问题。以浙江省西湖龙井为例，该品牌包括杭州、绍兴部分区域，打造辐射能力广、附加价值高、品牌带动能力强的“西湖龙井”区域品牌。相比之下，目前英德红茶的产业实际种植面积和产值规模与国内主要产茶区相比较小，还没有形成种植、加工的标准化，知名度仍以在广东省为主，全国范围内的影响力不及西湖龙井，其中原因之一是广东省红茶集中在粤西和粤北地区，呈现“诸侯割据、各自为政”现象，且英德红茶头部企业的规模比不上浙江省大茶企业的 1/3，甚至 1/5 都没有，难以形成集中打响品牌的合力，从而不能扩大某一品牌对市场的影响力，品牌价值无法发挥“1+1>2”的作用。另外，浙江省地方政府对品牌打造的支持力度也较大，如浙江省临安区 2015 年以来就出台了《“临安山核桃”亮牌三年行动计划》《临安区“天目山宝”农产品区域公用品牌建设方案（2021—2023 年）》等扶持政策，提出“区域+龙头企业+产品”的发展模式，其中龙头企业、合作社、协会等主体在品牌管理方面发挥着极大作用，通过带动散户统一收购、统一销售等一揽子措施，提升了山核桃品质和美誉度。

短板五：“农民收入不高”，让村民真正分享乡村产业发展增值收益的道路远且艰。浙江省农村居民人均可支配收入连续 37 年居全国各省（区）

首位，城乡区域收入差距都比较小，是全国唯一一个所有地级市农民收入都超过全国平均水平的省份，基本经验是让更多的农民走出土地，让更多农民充分就业创业。其中，农民创业意识强、创业能力高以及全民创业的风气、发达的民营经济是农民富裕“密码”。2021 年 4 月浙江省委书记在介绍浙江省营商环境时说，每 8 个浙江人里面就有 1 个是老板。从农民收入结构来看，支撑浙江省农民收入增长的核心源自家庭经营，确切地说是商业、饮食业、娱乐服务业等家庭非农经营（占经营净收入 68.4%）。2020 年，浙江省持证经营的民宿共计 19214 家，就业人数超 15 万人次，总营收 81.5 亿元，户均收入 41.9 万元。现有民宿中由当地居民利用自有房屋自主经营的占 89%，仅有 11%的民宿属于专业投资机构或外来人员经营。

与浙江省相比，广东省农民收入水平存在较大差距，主要表现为“农民收入水平低、城乡区域差距大”。一方面，广东省农村居民人均可支配收入比浙江省低 1 万多元。2021 年，广东省农村居民人均可支配收入 22306 元，比浙江省低 12941 元，居全国第四位。同时，仍有 1 个地市（揭阳 18016 元）、17 个县（市）低于全国平均水平（18931 元），这与广东省第一经济大省地位明显不匹配。另一方面，城乡区域收入差距悬殊。2021 年，广东省城乡居民收入倍差为 2.46 ∶ 1，远大于浙江省的 1.94 ∶ 1（见表 5）。从区域差异来看，粤东、粤西、粤北地区农村居民人均可支配收入为珠三角地区的 70%左右（64.6%、71.7%、65.9%），农民收入最高的东莞市是最低的揭阳市的 2.4 倍。

表 5　2021 年广东省、浙江省农村居民人均可支配收入情况对比　单位：元

省份	居民人均可支配收入			农村居民人均消费支出	收入最高地市/最低地市
	农村	城镇	城乡收入比		
广东	22306	54854	2.46	20012	2.40
浙江	35247	68487	1.94	25415	1.65
广东与浙江之差	-12941	-13633	—	-5403	—

资料来源：《2021 年广东国民经济和社会发展统计公报》《2021 年浙江国民经济和社会发展统计公报》。

究其原因，一是农业经营规模小、效益低。2020 年，广东省劳均耕地

面积3.03亩/人，劳均农业增加值3.83万元/人，低于浙江省的10.43万元/人。据广东省农业农村厅数据，2020年广东省全省农村土地经营权流转面积1776.12万亩，占农村承包地面积的50.45%，其中流转规模50亩以上占比仅为37.14%。而浙江省农村土地经营权流转面积1119.48亩，占农村承包地面积的60.68%，其中流转规模50亩以上的占71.61%。这也是导致广东省农民收入不高、城乡收入差距大的根本原因之一。二是农业新产业新业态带动效果弱。当前，广东省农村一二三产业融合发展程度有待进一步提高，物流配送、农村电商、休闲农业、乡村旅游、文化创意等新产业新业态大多处于发展起步阶段，新型农业经营主体与小农户利益连接机制以松散型（订单收购）和辐射型（雇工、租地等）为主，土地入股、资金入股等紧密型联农带农经营模式覆盖范围较小。三是农民技能培训与需求脱节。当前，广东省农民职业技能培训存在培训目标与乡村产业发展需求匹配度不高的问题，技能培训多以烹饪、家政服务、制造业等为主，而对创意农业、农家乐、乡村民宿、传统手工业、网红直播等新职业的培训力度还很不够。四是农民创新创业环境有待加强。与许多省份以就业为培训目的不同，浙江省将农民创业作为重要组成部分，更重视乡村振兴、休闲农业、电子商务、餐饮服务等农业领域的创业培训。《浙江省农业厅关于加快农创客培育发展的意见》（浙农发〔2018〕101号）提出，对符合条件的在校和毕业大学生初次到农业领域创业，给予连续3年共计10万元的创业补贴。与浙江省相比，广东省农民存在创业能力偏弱、创业政策针对性和力度有待加强等问题。如《广东省就业创业补贴申请办理指导清单（2021年修订版）》（粤人社规〔2021〕12号）规定，对符合条件的返乡创业人员、创办驿道/民宿/农家乐人员给予一次性创业补助10000元，补贴力度和政策的针对性均弱于浙江省。

短板六："政策创新不足"，特别是用地政策创新突破少。与浙江省相比，广东省在乡村产业发展用地政策的创新性、操作性、效益性方面要向浙江学习。在政策创新方面，浙江省在乡村产业用地政策上多有创新，相关做法被写入国家有关政策文件。早在2015年浙江省就围绕郊野地区休闲旅游项目用地难，探索"点状供地"新模式。2019年，浙江省又在全国首创农业“标准地”① 改革，破解农业配套建设用地“供地难、用地贵、拿地慢”等问题，实现农业经营主体、农民、村集体多方共赢。浙江省这两个创新的相关做法均被写入国家有关文件。广东省相关用地政策则是跟随国家政策部署推进，土地政策与供地方式不能及时地适应自身乡村产业发展的新要求。如2019年底开始实行“点状供地”，目前也还处于探索阶段，且各市在具体推进实施过程中较为谨慎。2022年，开始推进类似“标准地”做法，实行土地联动供应，目前还处在起步阶段。在用地效益性方面，浙江省用地政策更加注重普惠性、精准性、效益性。广东省“点状供地”更多偏向于大好高项目，对小企业、小项目的惠及性不够。如2020年清远从347个项目共3108亩用地需求中，筛选出10个项目作为试点，满足了287亩建设用地需求面积，平均每个项目用地面积28.7亩。浙江省农业“标准地”改革通过小面积的用地供给，精准为基础好的农业项目配套建设用地或设施农业用地，明显提升了项目产出效益。湖州市近3年累计推进农业“标准地”项目135个，落实建设用地599.6亩（每个项目用地面积控制在5亩以下），带动新引进投资千万元以上的农业项目466个，在建项目累计带动农户2万多户、吸纳劳动力就业8000人次。其中，290.6亩农村集体经营性建设用地“标准地”项目，为涉及的76个行政村增收4500多万元。

三、加快壮大广东省乡村产业的建议

广东省如何发展壮大乡村产业，让乡村产业真正成为广东省的名片产业、带动农民致富的产业，逐渐形成“高质、高效、致富”的发展格局，建议如下：

（一）做好“三个着力”，持续推进现代农业产业园建设的后续产业振兴

一是着力推进平台载体“共建共享”。统筹现代农业产业园、农业科技园、农业产业强镇等平台载体，通过“共建平台，共享成果”促进乡村产业平台载体能级提升，形成整体产业示范、技术带动和科技支撑的良性循环示范，持续推进“农高区”建设，扩大平台示范引领作用。

① 农业标准地：是指符合土地利用总体规划和现代农林业产业发展规划，满足相关控制性指标要求，在土地流转基础上，配套一定建设用地或设施农业用地，通过招商引进项目用于发展现代农业的耕地。

二是着力推进共性问题“专项突破”。瞄准广东省乡村产业急需的共性问题，有计划地专项突破，搭好“揭榜挂帅”“赛马制”等组织平台，完善相应机制，针对广东省乡村产业机械化、绿色化、种业等共性问题，聚焦优势主体进行靶向攻关，集中优势力量逐项解决乡村产业发展的共性问题。

三是着力推进“链长制”做优做实。针对丝苗米、荔枝、菠萝、茶叶、南药、畜禽、水产、预制菜等乡村产业，细化产业链“链长制”方案，在广东省范围内率先探索打造一批示范性产业链，培育一批“链主”农业龙头企业，牵引带动一批农产品加工企业提档升级，通过全链牵引，推动主导产业集群发展。鼓励各地结合乡村产业发展重点项目，开展“链园合一”“链长制+”等工作模式创新，为乡村产业发展持续“补给”。

（二）聚焦“三项能力”，推进种养现代化水平整体提升

一是聚焦农业机械化能力。借鉴浙江省农业机械化发展从“补短板到锻长板”的经验，尤其是科技强农、机械强农“双强”行动，通过机械化“引擎”赋能，建立符合广东省省情农情的先进适用农机具需求清单，分产业推广先进机械装备，重点补齐粤北、粤东丘陵山区适宜农机的研发和推广（在大湾区率先实现基础设施提档升级和机械化能力提升）。推进全省农机农艺的融合和基础设施宜机化改造，重点对农田、果茶园、鱼塘等标准化建设。优化广东省育秧育苗、粮食烘干、稻米加工、机具库棚等配套设施建设标准和规划布局。此外，在财政支持补贴方面，也可借鉴浙江对重点品类农机具施行累加定额补贴，调整优化农机购置补贴政策范围和标准。

二是聚焦农业科技和绿色化发展能力。一方面，加大农业科技自主创新力度，构建“一廊多点”的农业科技创新体系。对接广深港澳科技创新走廊建设，强化粤港澳大湾区科技创新对现代农业生物技术、绿色智慧高效农业、农产品质量与生命健康等方面支持力度，并增强对粤东、粤西、粤北地区带动作用。深化“院地”“院企”“校地”“校企”科技资源下沉模式，打造乡村产业高质量发展新引擎。另一方面，全面推进农业绿色化生产。强化农作物病虫害统防统治和绿色防控融合发展，集成应用生态调控、生物防治等绿色防控技术。推进有机肥替代化肥、绿色防控替代化学防治“两个替代工程”，试点推进酸化土壤治理。可借鉴浙江“肥药两制”改革经验，试点推进全链条式的农业绿色化证码改革，逐步对广东省粮食、

禽畜养殖等重要区县和重点企业建立数字化监测预警平台。

三是聚焦农机综合社会化服务能力。一方面，聚焦新型职业农民农机能力提升，加大对农机人才队伍的培养力度，结合“乡村工匠”工程，培养农机生产使用一线“土专家”，把培养农机大户、农机合作社带头人纳入新型职业农民培育范畴；探索开展农机相关职业技能等级认定试点工作。另一方面，着力强化提升广东省农业社会化服务范围、质量和数字化水平。以县域作为广东省社会化服务统筹布局重点，培育发展“全程机械化+”新型专业服务组织，推广“农机企业+合作社+农户”“合作社购买+农民租用”等模式。此外，还可学习浙江省“农业数字化”应用场景，建设广东省数字化农机服务平台，提升“农业社会化服务+智慧化”速度。

（三）推进“农业+”多产业融合发展，持续壮大乡村产业新产业新业态

一是实施“两引导、两探索”行动，促进乡村休闲与旅游从“造景”到“营景”转变。引导人才资源入乡，围绕“四边三道”实施“内外兼修”，推动乡村规划师、建筑师、设计师“三师入乡”，对粤东、粤西、粤北农村地区提供规划、技术、设计帮扶，形成“乡人造景、村景促旅”的发展路径，推进乡村旅游与乡村民宿产业提质增效。引导社会资本下乡，鼓励村庄引入或融资成立专业化、规范化、品牌化公司运营，围绕“吃、住、行、游、购、娱”等要素，探索“生态+”“旅游+”“文创+”等多元模式，实现乡村休闲与旅游业态升级。探索乡村民宿经济新模式，借鉴莫干山民宿发展经验，打造一批以“环城市、忆乡愁、享人生”为主题的精品旅游路线，大力发展农村康养业，壮大乡村民宿旅游业。探索集体经济参与新形式，积极推进“三变改革”，创新股权设置、资源整合、资产盘活模式，实现农村集体经济与乡村文旅互利共生。

二是降低物流成本，加快发展农村电子商务。推进“快递进村”工程，关键在于推进快递服务降价保质。推进农村物流服务网点建设，用活农村剩余劳动力资源降人力成本，用好村级电商服中心降流通成本，持续推动物流时效大幅提升、物流成本不断下降。培育“冷链仓储+电商+冷链配送”融合产业链，发展冷链共同配送、“生鲜电商+冷链宅配”、“中央厨房+食材冷链配送”等物流模式。

（四）构建“双强引擎”，推进政府与市场协同建设农产品品牌

一是夯实培育基础、提高管理服务水平，形成政府“强引擎”。夯实品牌培育基础，深入推进“粤字号”农产品的品牌创建和建设“12221”农产品市场体系，提升广东省特色优势农业品牌的知名度、美誉度和影响力；加快实施农业生产“两品一标”提升行动，结合特色农产品优势区、现代农业产业园、优势特色产业集群等建设，培育壮大主导产业，把品牌打造作为重点内容，积极扶持引导，打造精品区域公用品牌；鼓励市、县根据特色产业和资源禀赋打造地方农产品公用品牌，制订品牌培育和发展计划和扶持政策。采取政策引导、项目带动等措施，支持新型农业经营主体创建产品和服务品牌。提高管理服务水平，按照《农产品区域公用品牌建设指南》（NY/T 4169—2022），完善区域农产品标准制定，加强区域公用品牌授权、管理和监督机制建设，建立完善农业品牌保护协作机制，严厉打击冒牌套牌等侵权假冒和不正当竞争行为，推动区域公用品牌规范有序发展。健全支撑服务体系，建立健全品牌专家队伍，充分发挥科研院所、专业机构、行业协会、新闻媒体等作用，支持开展基础研究、营销推广、人才培养、监管服务等工作。开展农业品牌市场消费研究，建立科学规范、具有公信力的农业品牌跟踪评价机制；加大出口服务指导，做好 RCEP 涉农政策对接，协助品牌主体用好用足成员国降税、区域原产地累积规则等政策红利。

二是推动资源整合、提升品牌营销能力，形成市场“强引擎”。推动区域间相似产业资源整合，发展壮大行业龙头企业，做好全产业资源整合工作，整体协调生产、招商、营销等具体工作环节，提高头部企业的市场竞争力和影响力。推动经营主体进行统一的标准化生产，发展绿色食品、有机农产品、地理标志农产品，推行农产品全程质量控制，推进食用农产品承诺达标合格证制度和标准化生产，为资源整合和区域公用品牌打造提供标准化基础。提升经营主体品牌营销能力，推动营销业态创新，创新营销场景，加强数字化营销，鼓励设立品牌消费体验馆、电商直播基地、产地品牌创新工场等，打造沉浸式、体验式、互动式营销场景；引导品牌主体统筹布局线上线下渠道，有针对性地与供应链平台、新零售平台、电商平台、大型农批市场等开展合作，推动品牌农产品从“跑量销售”到“优质优价”；提高品牌推介能力，支持品牌主体参加国内外知名展会，组织开展

线上线下品牌展示推介活动。依托农民丰收节、中国国际农产品交易会组织精品品牌发布和推广活动。鼓励依托采摘节、文化节等农业节庆活动推介农业品牌。强化品牌文化赋能，推进农业非物质文化遗产、历史文化、红色文化、饮食文化、节庆文化、乡风民俗等元素融入农业品牌，提升农业品牌文化内涵。

（五）聚集靶向发力，让农民有活干、有钱赚

一是大力推进农业适度规模经营，实现农业增效和农民工资增收。进一步强化土地增收作用，优先在收入偏低地区开展全域土地综合整治。以经济社、经联社为载体，先将农村承包土地集中流转到经济社或经联社，完善相关流转程序，由经济社或经联社直接对接经营主体，降低经营主体流转成本。以连片流转、适度规模、集约经营为导向，让种养大户、家庭农场、农民专业合作社、农业龙头企业等新型经营主体成为土地流转的生力军。通过发展适度规模经营，实现农业机械化经营，节约人工、农资等成本，同时推进大量农村剩余劳动力从事二三产业，从而实现农业增效和部分农民工资性增收。

二是组建农业产业化联合体，建立紧密型利益联结机制，实现农民财产和经营双增收。探索乡村产业组合抱团经营模式，支持龙头企业牵头创建农业产业化联合体，安排项目支持联合体建设，引导各地组建土地股份合作社，试点开展土地承包经营权入股农业产业化经营；引导支持农户利用闲置农房、农机具、仓储物流设施设备，发展加工、流通、乡村旅游、生产托管等服务，推动形成分工明确、高效合理、利益紧密联结的分工体系和利益分配体系。

三是扩大技能培训覆盖面，提高农民务工性收入。在收入偏低县市大力开展“粤菜师傅”“广东技工”“南粤家政”技能培训，加大对新产业、新业态、现代服务业等领域职业的培训力度，对培训合格率、培训就业率高的服务机构给予表彰奖励，提高培训就业率、培训目标与乡村产业发展需求的匹配度。

四是加大对农民创新创业的支持力度，提高农民创业增收能力。在培育农产品加工、批发零售、仓储物流、休闲旅游、乡村民宿、农村电商、乡村手工业、乡村生产生活服务业等新产业新业态上，加大对农民返乡创

新创业的一次性补贴和租金补贴力度，给予更多更加便利的金融支持、创业培训和指导服务，强化新产业新业态对农民收入的带动效果。

（六）瞄准发展堵点，统筹建立用地联动供应的体制机制

一是统筹规划，保障乡村产业发展用地需求。以新一轮国土空间规划编制为契机，充分利用现有乡村产业发展用地保障政策，在乡镇国土空间规划和村庄规划中，预留一部分规划空间优先支持乡村产业发展用地联动供应的项目。市级按照一定数量建设用地指标用于联动供应项目，各区县按照使用数量 1∶1 配套，保障乡村产业用地需求。

二是统筹项目，落实乡村产业“产+地”联动供应。在广东省选取部分有条件的县、乡镇开展联动供应项目试点，以产业规划为引导强化乡村产业和用地的适配，并完善前期区域评估等配套服务，推动项目“即签即用”。同时，联动供应项目要加强对小项目、小企业的普惠性。

三是统筹标准，提升联动供应项目效益。对联动供应项目可结合当地产业发展实际制定项目建设周期、达产周期、亩均投资、产值、吸纳当地劳动力就业、带动周边农户等准入标准，完善退出机制激励企业提升土地产出效益，推动项目管理从事后提要求向事先定标准转变、农业发展从低质低效向高质高效转变。

附表：

表 1. 2021 年广东省和浙江省现代种养产业占全国比重情况对比

表 2. 2020 年广东省和浙江省乡村产业相关指标对比

表 3. 2020 年广东省和浙江省农产品加工业竞争力对比

表 4. 浙江省特色产业亿元村模式总结

表 5. 广东省特色产业亿元村模式总结

附表 1　2021 年广东省和浙江省现代种养产业占全国比重情况对比

单位：万吨，万只，%

省份	粮食		蔬菜		茶叶（2020 年）	
	产量	比重	产量	比重	产量	比重
广东	1279.87	1.87	3855.73	4.97	12.82	4.37
浙江	620.9	0.91	1933.56	2.49	17.72	6.04

续表

省份	水果		猪肉		家禽（2020年）	
	产量	比重	产量	比重	出栏	比重
广东	1957.79	6.82	263.23	4.97	137381.5	8.82
浙江	722.55	2.52	65.15	1.23	20979.21	1.35
省份	水产（2020年）		海水产品（2020年）		淡水产品（2020年）	
	产量	比重	产量	比重	出栏	比重
广东	875.81	13.37	450.53	13.59	425.28	13.15
浙江	589.55	9.00	450.94	13.61	138.61	4.29%

资料来源：《广东农村统计年鉴》《浙江农村统计年鉴》。

附表2　2020年广东省和浙江省乡村产业相关指标对比

类别	项目	广东省	浙江省
农业产值与劳动力	农林牧渔业总产值（亿元）	7901.92	3496.94
	农林牧渔业增加值（亿元）	4916.02	2224.56
	农林牧渔业就业人员（万人）	1282.67	208
	农业劳动力生产率（万元/人）	6.16	16.81
经营主体	农林牧渔业法人单位数（家）	48290	52432
	规模以上农副食品加工业总产值（亿元）	3356.27	881.2
	规上农副食品加工企业数量（个）	1093	683
	省重点农业龙头企业（家）	1183	505
	国家级农业龙头企业（家）	67	71
	家庭农场总数量（万家）	15.91	11
	省级示范家庭农场（家）	507	1709
	登记的农民专业合作社（万家）	5.05	4.2
	国家级示范合作社（家）	231	24
乡村产业集聚	国家级现代农业产业园数量（个）	16	7
	省级现代农业产业园（个）	161	69
	国家级农业产业强镇（个）	42	31
	国家优势特色产业集群（个）	3	2
	全国“一村一品”示范村镇（个）	116	109
	全国乡村特色产业亿元村（个）（2021年）	9	10
	全国乡村特色产业十亿元镇（个）（2021年）	11	3

续表

类别	项目	广东省	浙江省
名特产品	全国地理标志产品（个）	62	151
	全国名特优新农产品数量（个）	332	73
乡村旅游与休闲农业	全国乡村旅游重点村（截至2021年累计）	32	40
	休闲农业与乡村旅游年收入（亿元）	143	435
	休闲农业与乡村旅游接待人数（亿人次）	1.35	2.47
电子商务发展[①]	国家电子商务进农村综合示范县（至2021年累计）	34	34
	县域网络零售额（亿元）	6722.7	10392.7
	农村网络零售额占全国农村网络零售额比重（%）	4.1	35.0
	县域农产品网络零售额占全国比重（%）	21.4	13.5
	直播百强区域数量（个）	18	21
农民收入	农村常住居民人均可支配收入（元）	20143	31930
	城乡居民收入比	2.49：1	1.96：1
	农民消费支出（元）	17132	21555

附表3　2020年广东省和浙江省农产品加工业竞争力对比

单位：亿元，%

	营业收入			占加工业比重			区位熵	
	广东	浙江	全国	广东	浙江	全国	广东	浙江
农副食品加工业	3650.62	972.64	48806.80	2.43	1.24	4.50	0.54	0.27
食品制造业	2246.63	601.09	19311.90	1.50	0.76	1.78	0.84	0.43
酒、饮料和精制茶制造业	969.41	445.85	14790.50	0.65	0.57	1.36	0.47	0.42
烟草制品业	510.48	936.13	11380.60	0.34	1.19	1.05	0.32	1.13
纺织业	2027.62	4117.77	23473.80	1.35	5.24	2.17	0.62	2.42
皮革、毛皮、羽毛及其制品和制鞋业	1247.34	800.91	10129.00	0.83	1.02	0.93	0.89	1.09
木材加工和木、竹、藤、棕、草制品业	432.25	465.49	8668.70	0.29	0.59	0.80	0.36	0.74
家具制造业	1959.18	1043.67	7069.80	1.31	1.33	0.65	2.00	2.03
造纸和纸制品业	2450.41	1461.43	13155.70	1.63	1.86	1.21	1.35	1.53
橡胶和塑料制品业	5407.13	2881.43	25580.30	3.61	3.66	2.36	1.53	1.55
医药制造业	1859.72	1797.16	25053.60	1.24	2.29	2.31	0.54	0.99
农产品加工业营业收入合计	22760.79	15523.57	207420.70	15.2	19.8	19.1	0.79	1.03

① 资料来源：《2021全国县域数字农业农村电子商务发展报告》（农业农村部信息中心、中国国际电子商务中心）、《中国电子商务报告（2020）》（商务部）。

附表 4　浙江省特色产业亿元村模式总结

	产业发展基础	产业形成路径	产业组织模式	联农带农模式
杭州市萧山区益农镇三围村（蔬菜）	资源优势：砂壤土适宜蔬菜种植； 区位优势：距离杭州较近	能人带动：以俞关马为代表的承包大户开启蔬菜种植； 政府支持：实施中产田改造、成立三围村蔬菜协会等	合作社：由 116 位村民共同筹资组建“杭州农垦蔬菜合作社”，实行“统一销售、统一采购、统一培训、统一品牌、统一质量标准”的“五统一”模式	合作社（或大户）+农户：全村 80%以上的土地建有设施大棚，80%以上村民从事蔬菜产业，农户 80%以上收入来自蔬菜
台州市临海市涌泉镇梅岘村（柑橘）	资源环境优越：南临灵江、三面围山、光照充足、雨量充沛，适合柑橘生长	村委会引领：村两委牵头成立合作社，创建“梅尖山”品牌	合作社：村里有 70 多家合作社，统一品牌、统一销售； 上下游企业：包括水果罐头加工、货物进出口企业等	合作社+农户：带动当地农民种植，柑橘收入占当地农民收入的 70%； 产业工人：加工企业为农民提供就业岗位
台州市三门县海润街道涛头村（水产——青蟹）	浅海养殖资源丰富：全村养殖塘及浅海滩涂 11700 余亩	村委会引领：“种改养”，成立全省第一家股田式公司，村民“以田入股”享受分红收益； 大户带动：鱼塘供不应求，村支书林后宜将养殖基地建设到海外，带领养殖骨干改进养殖模式，大幅度提高收益	龙头企业：成立三门涛头农业发展有限公司，农民以土地入股 30 年，统一规划发展和品牌打造，进行反租倒包	公司+农户：90%以上的村民从事水产养殖及相关产业链； 入股分红：土地入股，4 年一次，按人头分
湖州市南浔区和孚镇新荻村（水产——青鱼）	淡水鱼塘资源丰富：5000 亩鱼塘，辐射带动周边地区养殖面积 8000 多亩	村委会引领：标准鱼塘改造；依托全球农业文化遗产——桑基鱼塘推进渔文化休闲体验，建设渔趣小镇	个体养殖为主：村集体发包鱼塘，全村 1146 户，其中 200 多户养殖青鱼	80%以上的村民参与渔业产业链。村民人均可支配收入达到 4.35 万元，比所在乡镇高 21.4%

续表

	产业发展基础	产业形成路径	产业组织模式	联农带农模式
湖州市南浔区千金镇东马干村（水产——加州鲈）	淡水鱼塘资源丰富：2000多亩鱼塘	村委会引领：标准鱼塘改造升级； 能人带动：成立千金永根生态渔业专业合作社，带头人沈永根探索水产养殖高效节能模式	合作社：提供全产业链服务，千金永根生态合作社获得区、市、省、全国示范性专业合作社称号。该合作社 2020 年发展合作社成员 125 名，养殖面积 8300 亩，总产值 3.5 亿元	龙头企业+合作社+农户：半数村民从事养鱼及相关产业，合作社提供技术指导和销售技巧全产业链服务
湖州市南浔区菱湖镇陈邑村（水产——加州鲈）	鱼塘资源丰富：全村共有 40 余条大小不一的河流	能人带动：原村支书叶占方是“加州鲈鱼第一人”，带动全村引进养殖加州鲈鱼	合作社：2003 年，成立集特种水产养殖、饲料采购供应、新品种、新技术引进、组织技术培训、开展咨询服务为一体的农民专业合作社，并注册了“陈邑”牌加州鲈鱼，建立了严格的标准化操作规范和管理制度，逐步形成了区域性特色产业	合作社+农户：入社成员由最初的 80 户发展到目前的 500 户，全村人均收益达 45000 元。全村 80%以上的村民从事水产养殖工作，村民 70%的经济收入来自渔业
湖州市长兴县水口乡顾渚村（民宿产业）	资源环境优势：生态环境优良； 区位优势：距离上海近	能人带动：上海人吴瑞安成功开办了第一家疗养院，村民众筹合股创办了第一家农家乐“王塔庄”； 政府引导：确定乡村旅游产业作为支柱产业的战略、成立景区综合管理办实现景区日常秩序规范化管理；引入社会资本参与，打破同质化局面，实现“精品化、主题化、特色化”	政府、协会、村民协同管理：住宿、餐饮、车费、景区门票等均由协会制定相应标准，推行网格化管理；协会对经营户采取积分制智慧化动态管理，结果与其评星评级、银行贷款挂钩，确保服务质量	村民经营民宿：70%的家庭、60%的村民从事农家乐及相关产业； 提供就业岗位：乡村旅游产业带来了大量就业岗位

续表

	产业发展基础	产业形成路径	产业组织模式	联农带农模式
湖州市安吉县天荒坪镇大溪村（乡村旅游与休闲农业）	资源环境优势：森林覆盖率达92%	村集体引领：从1999年开始，村引进投资，开设全县首家农家乐餐馆；近年来，政府引领农家乐向民宿行业转型	村集体统筹：产业集聚带动村民自发参与	村民个体经营为主：村级集体可支配收入达440万元，农民人均收入44574元
宁波市余姚市陆埠镇裘岙村（茶叶+乡村旅游）	资源环境优势：山地多，种茶历史久远	村集体引领：该村支书裘明辉带领整合“弱、小、散”茶叶加工厂，成立茶叶专业合作社，统一标准、统一品牌和推广，进而依托自然资源和特色产业开展乡村旅游	合作社：成立余姚市狮山钟秀茶叶专业合作社，推动形成“统一标准、统一品牌、统一推广”的经营模式。该合作社共吸纳本村及周边村镇成员厂家共39家，其中本村22家，2020年该合作社产值4.7亿元	合作社+茶叶加工企业+茶农：带动茶农收入
丽水市庆元县竹口镇黄坛村（甜橘柚）	资源环境优势：土壤酸性强、透气好，适合种植甜橘柚	能人带动：90年代末从科技人员朱志东从日本引进并培育甜橘柚，被称为“甜橘柚之父”； 村“两委”规划引领：2001年整合土地连片种植甜橘柚；兴办合作社和家庭农场	合作社和企业：整合各企业、农民专业合作社自有品牌，统一使用“庆元甜橘柚”地方品牌。发展了26户合作社专业从事甜橘柚经营生产	基地+农户：全村473户农户有260户从事甜橘柚生产，占总农户数的55%； 产业工人：村民农闲在合作社和加工企业就地打工； 资源出租：部分村民承包地转租收入

附表 5　广东省特色产业亿元村模式总结

	产业发展基础	产业形成路径	产业组织模式	联农带农模式
广州市花都区赤坭镇瑞岭村（盆景）	历史文化资源：有 100 多年培育盆景历史，被誉为“岭南盆景之乡”	传统继承积淀：具有深厚的盆景基础和技艺传承，村内农户参与积极性高，80%以上村民从事盆景产业；与陈村花卉市场、国内外盆景大师建立稳定合作关系	合作社：成立盆景种植、管理、销售等专业合作社，并与花卉市场、盆景协会、盆景大师等开展供销合作	合作社+农户/产业工人：农户种植盆景初级材料（桩），合作社利用信息和组织优势培训农户、传授技术，带动农户对接市场、盆景大师、参赛竞品等
湛江市徐闻县曲界镇愚公楼村（菠萝）	资源环境：红土地富含矿物质，酸碱度适宜，适合菠萝种植	能人带动：1926 年，华侨倪国良从南洋带回菠萝种苗栽植，并迅速带动周边村庄种植，“愚公楼菠萝”因此闻名	合作社：组建了徐闻县愚公楼丰绿专业合作社	合作社+基地+农户：向农户提供种苗、技术、信息，组织农户种植菠萝
河源市东源县上莞镇仙湖村（茶叶）	资源环境：拥有特色产品——仙湖茶，农产品地理标志保护产品	政府引导型：具有百年历史发展传统，政府引导逐渐做大做强	以茶叶加工厂为主，成立茶叶协会	公司+基地+农户：农户参与度非常高，几乎都以种植茶叶为主，带动农民就业
揭阳市揭东区玉湖镇坪上村（茶叶）	资源环境：适合种植茶叶，有较长时间的种茶历史	村集体引进制茶企业入驻；统一生产和加工标准	以茶叶加工企业为主	企业+散户：拥有大小茶厂 400 多家，规模茶叶加工厂 50 多家；炒茶专业户达 1100 户
惠州市博罗县石坝镇乌坭湖村（三黄鸡）	历史养殖传统：自古以养殖三黄胡须鸡闻名	传统继承积淀：拥有悠久的养殖历史，通过村内 4 家大企业带动村民加强育种和精准养殖，打响三黄鸡品牌	以企业为主：2 家省级农业龙头企业、2 家市级农业龙头	公司+基地+农户：通过保底收购方式与农民建立紧密关系

续表

	产业发展基础	产业形成路径	产业组织模式	联农带农模式
佛山市三水区西南街道青岐村（水产——加州鲈）	自然资源：西江、北江交汇，淡水资源丰富	村民自发：20世纪90年代村民开挖河沟、改造耕地，引入江水养鱼	农业企业：村民小规模承包向专业公司经营转变	租金收入：鱼塘出租收入；企业+农户：带动养殖户
云浮市罗定市泗纶镇杨绿村（蒸笼）	传统技艺与自然资源：清朝嘉庆年间就有利用本地优良“罗竹”品种编制炊具的历史，民国时期已在岭南颇负盛名，改革开放后大量出口港澳地区和海外市场	有传统继承积淀：利用较大的出口市场需求、丰富的罗竹资源及低廉的劳动力成本，以订单式出口贸易为主，近年来逐步开拓国内市场	龙头企业为主：有两家成规模企业看，以订单式出口为主，产品主打蒸笼等炊具及文化艺术品	龙头企业+合作社+农户/产业工人：公司雇用产业工人收割罗竹后进行机械化初加工，分配给合作社或农户计件编制
珠海市斗门区白蕉镇昭信村（水产——海鲈）	自然资源：西江多条径流与海水交汇，咸淡水交界地、肥沃的黏性土	能人带动：20世纪80年代末，村民吴华荣率先引进海鲈苗进行人工养殖，虽然产量不高，但价格相对较高，从此村民开始大规模养殖海鲈鱼； 政府支持：鱼塘综合整治改造，基础设施建设等	合作社：村民自发出资成立了粤盛合作社，负责农产品销售、加工、运输、贮藏以及提供农业生产经营相关技术、信息等服务。通过合作社引进深加工企业	龙头企业+中小企业+个体工商户+合作社+家庭农场+农户：多元主体共同参与发展格局及完整产业链，全村70%以上村民从事海鲈养殖及相关工作
韶关市仁化县大桥镇长坝村（沙田柚）	自然资源：红土地、日照、气温条件适合优质沙田柚生长	政府引导：21世纪初，县政府积极引导长坝沙田柚的种植，引导果农优化农业结构，引进推广新技术，促进农业产业化经营	龙头企业、家庭农村、合作社、大户：含4家主要龙头企业（省级1家、市级1家）、家庭农场26家（省级2家、市级5家）、专业合作社25家（省级1家）、种植大户33家	主体+农户：全镇80%以上的农户参与沙田柚种植生产；产业工人：带动长坝劳动力就业600余人

附录2　广东省乡村产业高质量发展的难点、堵点与推进思路

周灿芳　张　磊　蔡　勋　田璞玉　方　伟　梁俊芬

（广东省农业科学院农业经济与信息研究所）

原刊于《乡村振兴信息摘要》2022年第3期

习近平总书记指出："产业兴旺，是解决农村一切问题的前提"，产业兴则乡村兴，只有加快发展乡村产业，实现乡村产业振兴，才能更好地推动农业全面升级、农村全面进步、农民全面发展。自"十三五"以来，广东省上下坚持以习近平新时代中国特色社会主义思想为指导，认真贯彻落实省委、省政府的决策部署，大力发展富民兴村产业，乡村产业发展取得了显著成效。近期，广东省农科院农业经济与信息研究所组织课题组，对广东省乡村产业进行了深调研。系统梳理了广东省乡村产业发展中的难点和堵点，最后以"解难点、通堵点、抓要点"为思路提出了政策建议。

一、广东省乡村产业发展的概况

（一）基本建成乡村产业联动发展新格局

近年来，广东省着力搭建现代农业产业园和"一村一品"专业村镇平台，形成以产业园"龙头"带动、专业村镇"龙尾"联动的乡村产业发展新格局。累计创建 16 个国家级、235 个省级现代农业产业园、140 个国家级"一村一品"示范村镇、2578 个"一村一品"专业村镇。初步构建"跨县集群、一县一园、一镇一业、一村一品"岭南特色现代农业产业体系，"米袋子"压得更实，"菜篮子"拎得更稳，"钱袋子"装得更鼓。

（二）乡村产业融合发展迈上新台阶

乡村产业向纵向产业延伸、横向功能拓展转型升级。加工业初步形成了顶层有规划、中试有平台、支撑有园区、终端有企业的发展格局，逐渐打通由生产端、流通端到消费端的全产业链，其中预制菜更是出省出国。2020 年广东省农产品加工企业数量为 6773 家，加工业营收 1.72 万亿元。集农旅、文旅、研学等多功能于一体的乡村休闲旅游蓬勃发展。建设广州"邓山画廊"、佛山"百里芳华"、韶关"丹霞彩虹"、汕尾"蚝情万丈"等 120 多条美丽乡村风貌带，570 余条美丽乡村精品旅游线路。

（三）乡村创新创业活力不断释放

通过打造"粤菜师傅""广东技工""南粤家政""高素质农民""农业职业经理人""农村电子商务"等多项培训工程，培育了一批乡村创新创业人才。举办“众创杯”“建行杯”等系列双创赛事，推广了一批农村“双创”典型。创建了10个全国农村创业创新典型县、52个全国农村创业创新园区（基地）。

二、推进广东省乡村产业高质量发展的难点

（一）龙头企业对乡村产业的带动能力有待进一步提升

农业龙头企业是乡村产业发展的“火车头”，目前广东省农业龙头企业多而不强。据中国农业产业化龙头企业协会发布的2020年百强名单中，广东省仅有6家企业入榜，与山东省（11家）、河南省（10家）还存在一定差距。截至2020年12月，广东省级重点农业龙头企业共有1183家，其中，梅州市分布有152家，数量居全省第一，但梅州农林牧渔业总产值（389.26亿元）排全省第8位，可见梅州农业龙头企业数量与整体实力还不相匹配。

（二）乡村产业品牌培育能力亟须加强

自广东省大力推进省级现代农业产业园建设以来，不断推动一批区域特色品牌迅速做大做强，涌现出了一批如“英德红茶”“高州荔枝”“新会陈皮”“徐闻菠萝”等知名农业品牌，但在全国影响力仍然不足。如浙江大学发布2021年中国茶叶区域公用品牌价值评估结果显示，“英德红茶”品牌价值32.64亿元，排全国第24位，远低于西湖龙井（74.03亿元）、普洱茶（73.52亿元）、信阳毛尖（71.08亿元）等。浙江大学发布的中国果品区域公用品牌价值评估结果显示，广东省“高州荔枝”居广东省果品品牌价值首位（24.36亿元），但排全国第40位，远低于洛川苹果（74.2亿元）、周至猕猴桃（52.09元）、大荔冬枣（48.57元）等。

（三）农产品冷链物流体系建设不完善

近年来，广东省农产品“12221”市场体系建设取得明显成效，使产销对接变得更高效，但与之配套的产地冷链基础设施相对落后，存在区域集中、供需不均衡问题。据统计，截至2021年3月，广东省冷库总容量仅560万吨，广州市、深圳市、佛山市的冷库容量共205万吨，占全省库量36.6%，冷库集中于珠三角地区导致难以形成全省农业主产区的骨干型冷链物流网络，多数生鲜农产品以零担方式承运，损耗、包装成本高企。从冷库类型来看，全省低温库占比较高，存储型冷库多且以肉类冷库为主，

而保鲜库占比较低，大型现代化仓配一体化冷库少，尤其是果蔬类冷库，荔枝、龙眼、菠萝、柑橘等特色优势农产品集中上市，缺乏田头预冷、产地中心仓等冷链仓储。此外，广东省农产品销地仓配一体化网络发展缓慢，全省配送型企业仅占12.3%，其中中小民营企业占比高达78%，缺乏贯穿产地田头冷库、产地中心仓库到销地中心仓、社区配送仓的公共型大型仓配一体化平台，规模化冷链配送服务能力不足。

（四）农产品精深加工水平与乡村产业高质量发展要求还存在一定差距

虽然广东省农产品加工业较发达，在我国农产品加工业中居于重要地位，但是整体水平与发达国家和国内排头省份相比还存在较大差距。农产品加工产业化体系不健全，产业链条较短，农产品资源品种多，产量大，但因贮藏、保鲜、加工能力差造成产后损耗严重。农产品加工科技创新较单薄，部分农产品加工企业产品单一、同质化问题突出。薄利运行，研发投入有心无力。农产品产地采后处理损失率较高，装备水平相对落后，特别是适应广东省特色农产品加工专用机械的种类还较少，农产品产地采后处理损失率较高。农产品加工层次不高，产后处理以初级加工为主，缺少高水平的二三次精深加工，且缺少品牌溢价收益，增值幅度不大。

（五）乡村产业绿色发展底色不足

广东省乡村产业还存在一定的高污染、高能耗、低效率情况。广东省化肥农药使用效率较低，2020年广东省每亩耕地施用化肥（折纯量）32.91千克，是全国平均水平（21.88千克/亩）的1.50倍，是江苏省（25.03千克/亩）的1.31倍；农药每亩耕地使用量1.25千克/亩，是全国平均水平（0.85千克/亩）的1.46倍，是江苏省（0.59千克/亩）的2.13倍。广东省水产生态养殖短板比较突出，广东省水产养殖方式仍然比较粗放，部分地区仍采取粗放式高密度养殖，养殖尾水处理工艺水平不足导致环境受到一定的破坏。尤其是广东省海水养殖尾水污染量大面广，2020年全省海水无证养殖比例高达66%。

（六）新产业新业态发展还有较大空间

虽然广东省乡村旅游发展迅速，但由于起步较晚，与浙江省相比还存在一定差距。2020年，广东省休闲农业与乡村旅游接待人数1.35亿人次，为浙江省的0.5倍；乡村旅游收入143亿元，仅为浙江省的0.3倍。电子商

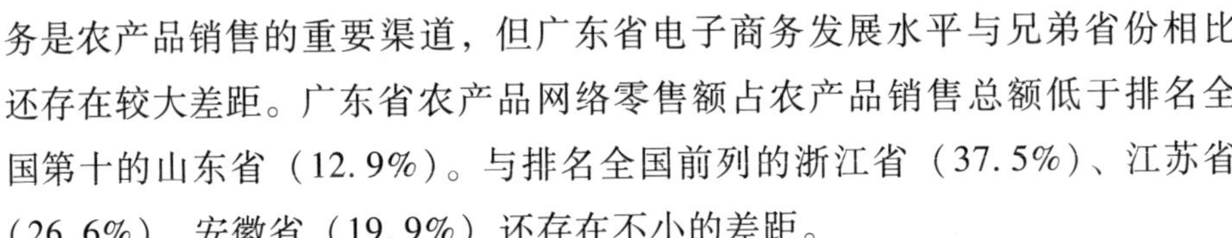

务是农产品销售的重要渠道，但广东省电子商务发展水平与兄弟省份相比还存在较大差距。广东省农产品网络零售额占农产品销售总额低于排名全国第十的山东省（12.9%）。与排名全国前列的浙江省（37.5%）、江苏省（26.6%）、安徽省（19.9%）还存在不小的差距。

三、制约广东省乡村产业高质量发展的堵点

（一）“用地难”制约乡村产业快速发展

乡村产业发展中涉及耕地、园地、设施农用地、建设用地等多种土地类型。其中，设施农用地适用面小、范围窄和标准上限低，建设用地指标落地难、规划滞后、土地出让成本高和审批手续复杂，导致设施农用地和建设用地成为制约乡村产业发展的主要瓶颈。课题组在对新会陈皮、罗定市泗纶镇竹蒸笼、花都区盆景等产业的调研中，均存在因产业链延伸而需求建设用地难满足的矛盾。如新会陈皮产业目前已获批为国家现代农业产业园，新会陈皮也是国家地理标志产品，目前广泛存在耕地非粮化、产业用地与农田工具房、特色优势产业发展的“用地难”困境。如何妥善解决乡村产业发展过程中用地问题，是促进乡村产业进一步富民兴村和高质量发展的关键。

（二）“留人难”制约乡村产业高质量可持续发展

课题组在广东省多地调研发现，人才短缺仍是制约乡村产业高质量发展的瓶颈。“留人难”问题主要是由于乡村发展中缺少配套的公共服务和基础设施等，导致有些乡村即便有一定的产业基础，也难以长久留住人才。如云浮市罗定泗纶蒸笼产业，具有悠久的竹蒸笼编制历史和广阔的国内外市场，但囿于当地农村教育水平滞后、撤村并校后教学点减少等问题，导致村民不得不放弃竹蒸笼产业工人而选择在县城陪读。此外，粤西、粤北不少农村地区也存在大量农户选择进城陪读而放弃产业工人的机会。着力加强农村基础设施、公共服务建设，统筹农村生产、生活、生态环境也对进一步解决“乡土人才”回流至关重要。

（三）“政策落地难”影响乡村产业高质量发展

针对乡村产业发展的部分政策还需加快调整推进，粤东、粤西、粤北地区资源禀赋状况和经济发展程度存在较大的差异，导致乡村产业政策在

推进过程中存在落地难、落地慢的问题。如“点状供地”政策，从调研情况来看，部分县区对点状供地政策的落实还不到位、积极性不高。乡村产业优惠政策尚需推进，部分龙头企业反映，在种植、养殖环节，国家基本免除税收等多种费用；而在加工生产、物流储运、展销零售等环节，与兄弟省份相比，粤东、粤西、粤北部分县（市）在税收减免方面没有比较优势。广东省除重点老区苏区和民族地区企业享有15%企业所得税优惠税率外，粤东、粤西、粤北不少县（市）龙头企业所得税税率仍为25%。而广西梧州、玉林、贺州、北海等市企业，既享受国家西部大开发减按15%税率征收企业所得税优惠，同时又免征属于地方分享部分，即按9%征收企业所得税。

四、推进广东省乡村产业高质量发展的若干建议

（一）优化农业农村营商环境，强化乡村产业项目管理

一是大力招引农业农村高质量发展项目，学习浙江省衢州、丽水等地乡村产业招商引资经验，重点优化粤东、粤西、粤北地区农村乡村产业招商引资的环境，加大对农业“名特优新”优势特色产业区（带）的招商引资力度。二是为避免各地区形成竞争性无序发展，应根据广东省乡村产业基础、禀赋优势进行布局，实施错位发展原则，编制广东省乡村产业电子地图。三是建立乡村产业招商激励和长效协调管理机制。要建立培育和引进优质龙头企业的高标准营商环境，减少企业交易成本，尤其是“一县一园、一镇一业、一村一品”地区；参照工业管理模式，搭建乡村产业重大项目管理平台；建立乡村产业用电、用水、用地的会商保障与协调机制。

（二）建立高位推动、协同推进、基层主导的“三位一体”协同机制

一是建立由农业、国土、发改、财政以及金融机构等多主体参与的协同和会商机制。由于乡村产业发展的特点，决定其推进和保障工作不能由农业农村部门单打独斗，而应建立多主体参与的协同和会商机制，形成牵头部门统筹、参与部门积极配合的良好氛围。二是强化农民主体作用。从新会陈皮产业、大鳌镇南美白对虾产业等调研启示，农民的主动积极参与，是乡村产业有活力、高质量发展的重要保障，尤其是注重发挥农村“能人效应”。三是扶持培育一批乡村产业发展主体，实施返乡入乡创业带头人培

养计划，构筑高质量创业创新队伍。引导返乡农民工、大中专毕业生、退役军人、科技人员等入乡创业，应用新技术、开发新产品、开拓新市场，带动提升乡村产业的层次水平。

（三）坚持审慎灵活的用地保障机制

在用地方面，既要坚持城乡融合，又要体现城乡有别，以县域为单元统筹考虑，针对不同类型和特点的产业提供不同的空间载体和用地途径。既要优化存量，也要靠内部挖潜、节约集约、拓展集体建设用地使用等方式，盘活存量建设用地资源，也需保障必要的、急需的乡村产业的用地增量需求。对一定投资规模以上的乡村产业，尤其是涉及民生的产业项目实施入库管理，统筹考虑和解决用地保障与基础设施建设等问题。将农业种植养殖配建的保鲜冷藏、晾晒存贮、农机库房、分拣包装、废弃物处理、管理看护房等辅助设施用地纳入农用地管理，根据生产实际合理确定辅助设施用地规模上限。可以考虑在各级乡村振兴领导小组下建立产业用地会商机制，确保各地乡村产业发展规划与乡村振兴协调推进，也方便点状供地政策的有效实施。

（四）主动找准产业定位，做大做强优势特色产业集群

一是全面对接粤港澳大湾区消费市场需求，聚集挖掘地区资源优势特色产业。聚焦广东省基础好、规模大、有特色、比较优势显著的优势特色乡村产业，按照全产业链开发、全价值链提升的思路，立足全省一盘棋统筹优化原料基地、加工、流通、科技、品牌等板块建设布局。二是要从县区或至少是镇以上统筹推进乡村产业。浙江省乡村产业发展的一个集中体现就是有规划、成规模、产业突出；而不能停留在村子里的“零敲碎打”上，将很难产生规模效应和产业链优势，也必将缺乏市场竞争力。广东省应该高起点谋划，发挥广东省产业园与专业村镇建设的优势，跨区域促进优势产业空间布局由“平面分布”转型为“集群发展”。包括推动广东省“预制菜”产业继续做大做强，推动现代农业与食品产业协同发展，向全国价值链中高端稳步迈进。

（五）建立全省乡村产业发展助推与帮扶机制

在乡村产业发展上，也可以借鉴学习珠三角地市对口帮扶粤东、粤西、粤北的做法，充分利用大湾区的广大消费市场、资金、技术、信息等要素

资源，协同支持粤东、粤西、粤北地区挖掘或做大做强优势特色产业，实现帮扶主体间的优势互补、合作共赢，加快推进广大乡村与粤港澳大湾区的紧密联系。充分利用好当前“驻镇帮镇扶村”机制，注重对乡村产业的规划编制指导和产业布局与推动；同时要注重示范带动和因地制宜，分类、分地区制定乡村产业规划指引。

附录3　发掘乡村多元价值，推动广东乡村产业振兴

——基于粤、浙两省乡村产业发展对比

周灿芳　田璞玉　张　磊　蔡　勋

（广东省农业科学院农业经济与信息研究所）

原刊于《乡村振兴信息摘要》2023年第2期

内容提要： 广东省乡村产业发展取得阶段成效，但与浙江省相比还存在劳动生产率低、企业化运营需加强、乡村旅游与休闲农业发展落后、农村电商整体薄弱且缺乏多元化经营、农民绝对收入和城乡收入差距及农民消费支出不及浙江省等差距。为解析两省乡村产业发展差距来源，本研究以乡村产业“发展基础—形成过程—组织形式—联农带农”为分析思路，对比分析了两省2021年全国亿元村案例，发现两省均是依托本地自然资源、生态环境等优势，以能人带动和基层政府引导支持为内生动力，由企业、合作社等新型主体带动村民以要素合作、产业工人和订单销售等模式发展壮大乡村产业。但两省也存在差异：浙江省乡村产业更加多元化、更加重视农民创新精神和内在发展动力、三产融合发展趋势较好、更加重视数字化等现代要素融入农业农村。最后，从推进产业融合发展、激发乡村产业发展的内生动力、注入现代化生产经营要素和完善联农带农利益联结机制四个方面，提出了推动广东乡村产业高质量发展的政策建议。

产业振兴是乡村振兴的重中之重。2020年7月，农业农村部印发《全国乡村产业发展规划（2020—2025年）》，对我国乡村产业发展作出全面规划。2021年11月，农业农村部《关于拓展农业多种功能 促进乡村产业高质量发展的指导意见》进一步明晰乡村产业高质量发展的方向路径，旨在做大做强农产品加工业、做精做优乡村休闲旅游业、做活做新农村电商、创造良好发展环境，推动乡村产业高质量发展。广东省乡村产业近年来取得阶段性成效，但与一直走在全国前列的浙江相比还存在差距。通过对比总结两省乡村产业发展经验，有助于推动广东省乡村产业高质量发展。

一、乡村产业发展现状比较

分别从农业产值、劳动力数量、经营主体、农民收入、产业集聚、乡村旅游与休闲农业、电子商务等方面进行比较，如附表1所示，总结如下。

（一）广东省农业体量相对较大，但农业劳动生产率相对较低。从总体情况来看，广东省农林牧渔业总产值与增加值均是浙江省的2倍多。广东农林牧渔业就业人员超过浙江省约1000万人，但广东农业劳动力生产率远低于浙江省（浙江为16.81万元/人、广东为6.16万元/人），说明广东省农林牧渔业体量虽大，但生产效率与浙江省差距较大。

（二）广东省农业经营主体相对较多，但法人机构相对较少。在农业产值相差两倍的情况下，广东省规模以上农副食品加工企业数量是浙江省的1.6倍，产值是浙江省的3.8倍。省级以上农业龙头企业数量是浙江省的2倍，国家级农业龙头企业是浙江省的3倍，家庭农场和农民专业合作社数量比浙江省略多，国家级示范合作社是浙江省的9.6倍，总体来看，广东农业经营主体相对浙江多。但是，浙江农林牧渔业法人单位数（5.2万家）略高于广东省（4.8万家），说明浙江农业经营主体成立法人机构进行公司化运营程度更高。

（三）广东省乡村产业集聚程度差距不大。广东国家级现代农业产业园（16家）比浙江省（7家）多9个，省级现代农业产业园数量比浙江省多92个，国家级农业产业强镇比浙江省多11个，国家优势特色产业集群比浙江省多1个，但广东全国“一村一品”示范村镇仅比浙江省多7个，广东省全国乡村特色产业亿元村比浙江省少1个，但全国乡村特色产业十亿元镇比浙江省多8个。考虑到两省农业体量与政策差异，判断两者乡村产业集聚程度有差异，但差异程度不大。

（四）广东省乡村旅游与休闲农业发展相对浙江省落后。广东全国乡村旅游重点村比浙江省少8个，休闲农业与乡村旅游年收入为143亿元，而浙江达435亿元，广东仅为浙江的32.9%；广东休闲农业与乡村旅游接待人数仅为浙江的54.7%。说明广东在乡村旅游与休闲农业产业发展方面远落后于浙江省。

（五）广东省农村电商整体相对薄弱，多元化经营欠缺。从县域电商发展整体情况来看，广东县域网络零售总额比浙江少3670亿元，农村地区网络零售额占全国比重（4.1%）也远远小于浙江（35.0%），而广东县域农产品网络零售额占全国比重（21.4%）却大于浙江省（13.5%），说明浙江农村地区内电商销售非农产品情况较多。广东直播百强区域数量小于浙江。可见，广东电商发展整体情况不如浙江，农村地区电商多元化发展水平低于浙江（无论是非农产品与服务还是农产品与服务），但广东在农产品电子商务方面略优于浙江。

（六）广东省农民绝对收入、城乡收入差距及农民消费支出均不及浙江省。2020年，广东农村常住居民人均可支配收入绝对数比浙江少11787元，差距较大。浙江城乡居民收入比已降至1.96：1，而广东省为2.49：1。浙江省农民年均消费支出也比广东省多4423元。

二、乡村产业发展典型案例及模式

从现状分析中可以看出，广东与浙江省乡村产业发展有差异，本研究以2021年广东省和浙江省乡村特色产业亿元村为案例（广东9个、浙江10个），从“发展基础—形成路径—组织模式—联农带农模式”四个维度总结两省乡村产业发展过程，案例分析结果见附表2和附表3。模式总结及对比分析结果如下：

（一）两省乡村产业发展经验共性。两省乡村产业发展均是广大农民敢于探索、善于创新与各级政府引导支持合力的结果。

一是产业发展基础方面，两省亿元村均依托当地自然、区位和历史文化优势，因地制宜发展乡村产业。从两省亿元村案例中可以看出，各村产业发展主要依赖于当地的自然资源、生态环境、历史文化等禀赋条件，“靠山吃山、靠水吃水”，因地制宜地形成了差异化和特色化的乡村产业。

二是产业形成路径方面，乡村能人示范与带动效应形成的内生发展动力、政府支持形成的外部制度供给，共同促进乡村产业发展壮大。首先，乡村能人创新精神至关重要。从案例经验中可以看出，农民自主创新和乡村能人带动是乡村产业发展壮大的重要因素，乡村能人和经营主体的示范和带动作用明显，且往往具有内生性的特征，即发生于村庄内而非“外来”。其次，乡村产业发展离不开基层政府的引导、支持与制度供给。实践证明，乡村制度创新是以农民的诱致性创新为主动力的，政府提供了制度变迁所必需的组织协调与必要的制度供给。通过制度创新释放农村发展活力，赋予农民生产经营自主权和自主创业创新权利，让农民成为独立的市场主体，激发农民创业创新的活力。

三是产业组织模式方面，产业化经营主体多样化，形成规范生产、打造品牌、生产服务、全产业链发展模式。案例分析可以看出，两省乡村产业化经营主体呈现多样化组织载体，如农业企业、合作社、家庭农场等。

从市场份额来看，有两种模式：一是平均每个乡镇有 1-2 个市场份额占有率较大的经营主体，对当地市场具有较大的定价权；二是经营主体较多且市场份额相对平均，但组建了行业协会。无论何种形式，这些经营主体在产业化发展中均发挥着不可替代的作用，包括规范生产流程、打造产品品牌、对外交流、为农户提供生产与经营服务、扩展产业链条等。

四是联农带农模式方面，形成多种利益联结模式，提高农民嵌入产业发展程度。两省实践中涌现了大量联农带农模式，如典型的“公司+农户”“合作社+农户”和创新型的“资源入股”等模式。依托经营主体的带动作用，出现了统一服务带动标准化经营、业态创新引领就业创业、股份合作共享发展成果、村企协同共促脱贫致富等联结模式，最大程度地利用农民自身资源和能力提高其嵌入产业发展的深度和宽度，进而增加收入水平。

（二）两省乡村产业发展经验差异。浙江与广东乡村产业发展均是依托本地资源优势，以能人带动和基层政府引导支持为内生动力；由企业、合作社等新型经营主体为主带动村民以资源出租、产业工人和订单销售等模式发展壮大乡村产业，但两省乡村产业发展模式也存在以下差异：

一是从产业类型来看，浙江省乡村产业更加多元化。广东省亿元村中，主导产业类型并未脱离传统种养业，而浙江省已经出现以休闲农业、民宿等产业为主的多元产业。浙江省亿元村中，顾渚村、大溪村依托生态环境和区位优势开展民宿和乡村旅游产业，并形成产业集聚。浙江还拥有全国闻名的莫干山镇等民宿产业集群、中国电子商务第一村白牛村等农村电商产业特色村等。目前，浙江省入选中国美丽休闲乡村累计达 60 个，数量居全国第一。浙江电子商务总体规模、效益和模式创新也走在全国前列，2020 年浙江省实现网络零售额 22608.1 亿元，其中农村（县域）网络零售占该省比重超 40%[①]，居全国首位；在农业农村部发布的县域数字农业农村发展评价中，浙江省已连续三年位居全国首位。广东虽然有不少具生态资源优势的村镇，但尚未形成有规模、成体系的乡村产业多元化发展格局。

二是从产业发展内在动力来看，浙江省更加重视农民创新精神和内在发展动力。在 40 多年改革开放实践中，浙江农民有很多伟大的创造，创造

① 商务部《中国电子商务报告（2020）》

了无数个全国第一，浙江的初创精神和创新能力在全国起到非常强的引领作用，如全国第一个集资建设的“农民城”、第一个农民专业合作社、第一个“淘宝村”、第一个美丽乡村评价标准等。这些在全国具有广泛影响力的改革都源于农民内生性创造，这也反映了浙江非常重视农民群众创新精神、正确看待农民的创新和农村改革中出现的新事物并积极总结推广。比如，第一批在莫干山镇开设民宿并带动整个产业发展的沈蒋荣，已经当选仙潭村村支书，这是一个能人治村的代表。善治仍是浙江基层乡村治理的最大特点，“白天董事长，晚上村支书”的能人治村传统广为流传。早在10年前，浙江数万个行政村中就有一半以上的村长为企业经营者，这在较大程度上促进了农村产业、人才、组织的振兴。

三是从产业融合角度来看，浙江省三产融合发展趋势较好。浙江亿元村中，大部分以种养产业为主的乡村也在积极寻求产业融合发展，如裘岱村利用茶叶产业基础开展乡村旅游产业、新荻村建设渔趣小镇开展渔文化休闲体验。广东亿元村中也有一些开展了产业融合，如愚公楼村依托菠萝产业开展了乡村旅游，但相比浙江省亿元村来看，广东产业融合趋势不强，对本地文化资源挖掘不深，乡村多元价值实现不充分。

四是从要素融合角度来看，浙江省更注重数字化要素与农业农村的融合。数字化技术的快速发展对农业生产和服务方式具有深远影响。浙江农业农村数字化改革起步早、发展快，整体水平在全国处于领先地位。浙江将推进农业农村数字化改革作为省委省政府数字经济“一号工程”的重要抓手，在全国率先出台《浙江省数字乡村建设“十四五”规划》，在农业农村信息化社会资本投入、农业生产数字化水平等方面处于全国领先水平。《2020全国县域数字农业农村发展水平评价报告》显示，2019年浙江县域数字农业农村发展水平为68.8%，远超全国36.0%和东部地区41.3%的总体水平。累计创建数字农业工厂163个，数字化改造种养基地1184个，启动建设单品种全产业链数字化管理系统50个；47个县（市、区）应用“数字农安”，6.3万家规模主体纳入管理。例如，杭州建德打造全国首个全面落地的“乡村钉”数字平台，其中戴家村利用这个平台对各家民宿进行集中运营和管理，目前全村900多户3000多人都加入了“乡村钉”，并通过直播等方式进行宣传推广。

三、政策建议

通过两省乡村产业发展的对比，本研究认为只有依托乡村禀赋条件，挖掘乡村多功能价值，激发乡村发展的内在动力，引入现代化生产、服务要素，注重经营主体的培育并提高治理能力，强化联农带农机制，才能推进城乡、区域协调发展，乡村地区独有的社会文化功能和生态功能及其价值方能得到保全和发挥。

（一）依托禀赋优势，找准乡村产业定位，推进一二三产业融合发展。乡村并不具备发展所有产业的比较优势，激发有限的资源禀赋活力是推动乡村产业发展的关键。一是做好乡村产业规划，充分发挥禀赋优势，找准乡村产业发展定位，打造具有乡村特色的产业链。针对农业产业基础优越的乡村，抓好“农头工尾”，做强特色农产品加工业，提高农产品附加值；针对具有区域和生态资源优势的乡村，做优生态环境，推动田园变花园、花园变游园，打造一批“精、特、新”[①] 的乡村旅游品牌，实现生态和文化价值。二是着力推进乡村一二三产业融合发展。在做优做强种养业的基础上，积极拓展农业多种功能，挖掘乡村多元价值，重点发展农产品加工、乡村休闲旅游、农村电商等三大乡村产业。纵向打造农业全产业链，由“卖初级产品”向“卖品牌”转变，推动产品增值、产业增效；横向促进农业与休闲、旅游、康养、生态、文化、养老等产业深度融合，丰富乡村产业类型，提升乡村经济价值。

（二）提升乡村居民参与产业发展的能力，合理发挥地方政府引导和规范作用，激发乡村产业发展的内生动力。乡村产业发展要建立在乡村居民和基层政府主导的基础上，才能充分调动乡村本地资源，实现本地资源禀赋与现代要素的优势互补。一是增强乡村居民参与产业发展的意愿和能力，激发乡村内生动力。通过多种类型的教育和培训，增加乡村居民的人力资本存量；借助乡村原有的宗族网络和乡贤关系，进一步提高乡村居民的组织化程度，带动留守村民开展学习、交流和协作活动，恢复乡村社区的活

① “精”体现为精致化、精品化；“特”体现为特色化、主题化；“新”体现为模式、业态上的创新。

力。二是促进基层服务型政府建设。乡镇政府需要重新审视自身职能定位，改变大包大揽的工作模式，同时积极弥补村民能力缺乏和基层组织松散的短板。积极创造乡村产业发展的软环境，将增强公共服务供给能力作为自身建设的重点，努力打造“服务型政府”。

（三）注入现代化要素，提升乡村产业经营主体的发展潜力和经营能力，推动“农业走出农村”。现代化、高质量的生产和经营要素是乡村产业由“0 到 1”和由“1 到 100”的重要推动因素。一是构建城市生产要素下乡的制度机制，畅通城乡要素流动渠道。通过财政、金融和社会保障等多方面的优惠条件，建立和完善各类支持市民下乡、能人回乡、企业兴乡的制度机制，引导资本和人才反哺乡村，形成城乡之间要素有序流转的长效机制和互利互促的局面。二是注入现代企业制度，全面提升经营主体治理能力。搭建“三农”领域优质项目招商引资平台，挖掘汇集全省优质企业与潜力项目，吸引风投、基金等社会资本对接投资，为农业产业发展引入更多金融“活水”，以资本市场的“力量”带动农业经营主体推进信息化、规范化和职业化的现代企业治理模式。三是注入数字化等现代信息技术要素，提升生产经营效率。广东省应加快培育一批数字化农业经营主体，搭建好乡村产业、服务与市场信息共享平台，建立健全智能化、网络化的农业生产经营服务体系，带动上中下游各类主体协同发展。聚力打造一批电子商务集聚特色乡村，实现电子商务技术在农村应用的多元价值。

（四）推动、落实、创新“三变”改革，完善联农带农中的利益联结机制，促进农民共同富裕。乡村产业发展的目的是让农民成为真正的产业发展主体，实现共同富裕。一是完善农民资产入股机制。通过“资源变资产、资金变股金、农民变股东”，鼓励和引导农民自愿将个人资产、资金、技术等资源，通过协商或评估折价后以投资人身份入股，让农民成为产业链、资金链、供应链、价值链的参与者和受益人。二是支持各类农业社会化服务组织开展订单农业、加工物流、产品营销等社会化服务，实现“小农户”与“大市场”的有效对接，让农民更多分享产业增值收益。三是完善“公司+N+农户”抱团发展模式。积极推进广东农业产业化联合体创建，指导各地创建由龙头企业牵头、合作社跟进、家庭农场和农户共同参与的农业产业化联合体，发挥农业龙头企业技术优势，向农民合作社、家庭农场、小农户等提供专业化农业生产性服务，以标准化生产提升农业综合生产力。

附表：

表 1. 广东省与浙江省乡村产业相关指标对比（2020 年）

表 2. 浙江省特色产业亿元村模式总结

表 3. 广东省特色产业亿元村模式总结

附表 1　广东省与浙江省乡村产业相关指标对比（2020 年）

类别	指标	广东	浙江
农业产值与劳动力	农林牧渔业总产值（亿元）	7901. 92	3496. 94
	农林牧渔业增加值（亿元）	4916. 02	2224. 56
	农林牧渔业就业人员（万人）	1282. 67	208
	农业劳动生产率（万元/人）	6. 16	16. 81
农业经营主体	农林牧渔业法人单位数量（家）	48290	52432
	规模以上农副食品加工业总产值（亿元）	3356. 27	881. 2
	规模以上农副食品加工企业（个）	1093	683
	省重点农业龙头企业（家）	1183	505
	国家级农业龙头企业（家）	225	71
	家庭农场（万家）	15. 91	11
	省级示范家庭农场（家）	507	1709
	登记的农民专业合作社（万家）	5. 05	4. 2
	国家级示范合作社（家）	231	24
乡村产业集聚	国家级现代农业产业园（个）	16	7
	省级现代农业产业园（个）	161	69
	国家级农业产业强镇（个）	42	31
	国家优势特色产业集群（个）	3	2
	全国“一村一品”示范村镇（个）	116	109
	全国乡村特色产业亿元村（个，2021 年）	9	10
	全国乡村特色产业十亿元镇（个，2021 年）	11	3
乡村旅游与休闲农业	全国乡村旅游重点村（截至 2021 年累计）	32	40
	休闲农业与乡村旅游年收入（亿元）	143	435
	休闲农业与乡村旅游接待人数（亿人次）	1. 35	2. 47

续表

类别	指标	广东	浙江
电子商务发展[①]	国家电子商务进农村综合示范县（2021年）	34	34
	县域网络零售额（亿元）	6722.7	10392.7
	农村网络零售额占全国比重（%）	4.1	35.0
	县域农产品网络零售额占全国比重（%）	21.4	13.5
	直播百强区域（个）	18	21
农民收入	农村常住居民人均可支配收入（元/年）	20143	31930
	城乡居民收入比	2.49∶1	1.96∶1
	农民消费支出（元/年）	17132	21555

附表2　浙江省乡村特色产业亿元村发展模式总结

	产业发展基础	产业形成路径	产业组织模式	联农带农模式
杭州市萧山区益农镇三围村（蔬菜）	1. 资源优势：砂壤土适宜蔬菜种植； 2. 区位优势：距离杭州较近	1. 能人带动：以俞关马为代表的承包大户开启蔬菜种植； 2. 政府支持：实施中产田改造、成立三围村蔬菜协会等	合作社：由116位村民共同筹资组建“杭州农垦蔬菜合作社”，实行“统一销售、统一采购、统一培训、统一品牌、统一质量标准”的“五统一”模式	合作社（或大户）+农户：全村80%以上的土地建有设施大棚，80%以上村民从事蔬菜产业，农户80%以上收入来自蔬菜；
台州市临海市涌泉镇梅岘村（柑桔）	资源环境优越：南临灵江、三面围山、光照充足、雨量充沛，适合柑桔生长	村委会引领：村“两委”牵头成立合作社，创建“梅尖山”品牌	1. 合作社：村里有70多家合作社，统一品牌、统一销售。 2. 上下游企业：包括水果罐头加工、货物进出口企业等	1. 合作社+农户：带动当地农民种植，柑橘收入占当地农民收入的70%。 2. 产业工人：加工企业为农民提供就业岗位

① 数据来源：农业农村部信息中心、中国国际电子商务中心《2021全国县域数字农业农村电子商务发展报告》和商务部《中国电子商务报告（2020）》

续表

	产业发展基础	产业形成路径	产业组织模式	联农带农模式
台州市三门县海润街道涛头村（水产-青蟹）	浅海养殖资源丰富：全村养殖塘及浅海滩涂11700余亩	1. 村委会引领："种改养"，成立全省第一家股田式公司，村民"以田入股"享受分红收益。 2. 大户带动：鱼塘供不应求，村支书林后宜将养殖基地建设到海外，带领养殖骨干改进养殖模式，大幅度提高收益	龙头企业：成立三门涛头农业发展有限公司，农民以土地入股30年，统一规划发展和品牌打造，进行反租倒包	1. 公司+农户：90%以上的村民从事水产养殖及相关产业链。 2. 入股分红：土地入股，4年一次，按人头分
湖州市南浔区和孚镇新荻村（水产-青鱼）	淡水鱼塘资源丰富：5000亩鱼塘，辐射带动周边地区养殖面积8000多亩	村委会引领：标准鱼塘改造；依托全球农业文化遗产——桑基鱼塘推进渔文化休闲体验，建设渔趣小镇	个体养殖为主：村集体发包鱼塘，全村1146户，其中200多户养殖青鱼	80%以上的村民参与渔业产业链。村民人均可支配收入达到4.35万元，比所在乡镇高21.4%
湖州市南浔区千金镇东马干村（水产-加州鲈）	淡水鱼塘资源丰富：2000多亩鱼塘	1. 村委会引领：标准鱼塘改造升级。 2. 能人带动：成立千金永根生态渔业专业合作社，带头人沈永根探索水产养殖高效节能模式	合作社：提供全产业链服务，千金永根生态合作社获得区、市、省、全国示范性专业合作社称号。该合作社2020年发展合作社成员125名，养殖面积8300亩，总产值3.5亿元	龙头企业+合作社+农户：半数村民从事养鱼及相关产业，合作社提供技术指导和销售技巧全产业链服务
湖州市南浔区菱湖镇陈邑村（水产-加州鲈）	鱼塘资源丰富：全村共有40余条大小不一的河流	能人带动：原村支书叶占方是"加州鲈鱼第一人"，带动全村引进养殖加州鲈鱼	合作社：2003年，成立集特种水产养殖、饲料采购供应、新品种、新技术引进、组织技术培训、开展咨询服务为一体的农民专业合作社，并注册了"陈邑"牌加州鲈鱼，建立了严格的标准化操作规范和管理制度，逐步形成了区域性特色产业	合作社+农户：入社成员由最初的80户发展到目前的500户，全村人均收益达45000元。全村80%以上的村民从事水产养殖工作，村民70%的经济收入来自渔业

续表

	产业发展基础	产业形成路径	产业组织模式	联农带农模式
湖州市长兴县水口乡顾渚村（民宿产业）	1. 资源环境优势：生态环境优良； 2. 区位优势：距离上海近	1. 能人带动：上海人吴瑞安成功开办了第一家疗养院，村民众筹合股创办了第一家农家乐“王塔庄”； 2. 政府引导：确定乡村旅游产业作为支柱产业的战略、成立景区综合管理办实现景区日常秩序规范化管理；引入社会资本参与，打破同质化局面，实现“精品化、主题化、特色化”	政府、协会、村民协同管理：住宿、餐饮、车费、景区门票等均由协会制定相应标准，推行网格化管理；协会对经营户采取积分制智慧化动态管理，结果与其评星评级、银行贷款挂钩，确保服务质量	1. 村民经营民宿：70%的家庭、60%的村民从事农家乐及相关产业； 2. 提供就业岗位：乡村旅游产业带来了大量就业岗位
湖州市安吉县天荒坪镇大溪村（乡村旅游与休闲农业）	资源环境优势：森林覆盖率达92%	村集体引领：1999年开始，村引进投资，开设全县首家农家乐餐馆；近年来，政府引领农家乐向民宿行业转型	村集体统筹：产业集聚带动村民自发参与	村民个体经营为主：村级集体可支配收入达到440万元，农民人均收入44574元
宁波市余姚市陆埠镇裘岙村（茶叶+乡村旅游）	资源环境优势：山地多，种茶历史久远	村集体引领：该村支书裘明辉带领整合“弱、小、散”茶叶加工厂，成立茶叶专业合作社，统一标准、统一品牌和推广。进而依托自然资源和特色产业开展乡村旅游	合作社：成立余姚市狮山钟秀茶叶专业合作社，推动形成“统一标准、统一品牌、统一推广”的经营模式。该合作社共吸纳本村及周边村镇成员厂家共39家，其中本村22家，2020年该合作社产值4.7亿元。	合作社+茶叶加工企业+茶农：带动茶农收入
丽水市庆元县竹口镇黄坛村（甜桔柚）	资源环境优势：土壤酸性强、透气好，适合种植甜桔柚	1. 能人带动：90年代末科技人员朱志东从日本引进并培育甜桔柚，被称为“甜桔柚之父”； 2. 村两委规划引领：2001年整合土地连片种植甜桔柚；兴办合作社和家庭农场。	合作社和企业：整合各企业、农民专业合作社自有品牌，统一使用“庆元甜桔柚”地方品牌。发展了26户合作社专业从事甜桔柚经营生产	1. 基地+农户：全村473户农户有260户从事甜桔柚生产，占总农户数的55%。 2. 产业工人：村民农闲在合作社和加工企业就地打工； 3. 资源出租：部分村民承包地转租收入

附表 3　广东省乡村特色产业亿元村发展模式总结

	产业发展基础	产业形成路径	产业组织模式	联农带农模式
广州市花都区赤坭镇瑞岭村（盆景）	历史文化资源：有 100 多年培育盆景历史，被誉为“岭南盆景之乡”	传统继承积淀：具有深厚的盆景基础和技艺传承，村内农户参与积极性高，80%以上村民从事盆景产业；与陈村花卉市场、国内外盆景大师建立稳定合作关系	合作社：成立盆景种植、管理、销售等专业合作社，并与花卉市场、盆景协会、盆景大师等开展供销合作	合作社+农户/产业工人：农户种植盆景初级材料（桩），合作社利用信息和组织优势培训农户、传授技术，带动农户对接市场、盆景大师、参赛竞品等
湛江市徐闻县曲界镇愚公楼村（菠萝）	资源环境：红土地富含矿物质，酸碱度适宜，适合菠萝种植	能人带动：1926 年，华侨倪国良从南洋带回菠萝种苗栽植，并迅速带动周边村庄种植，“愚公楼菠萝”因此闻名	合作社：组建了徐闻县愚公楼丰绿专业合作社	合作社+基地+农户：向农户提供种苗、技术、信息，组织农户种植菠萝
河源市东源县上莞镇仙湖村（茶叶）	资源环境：拥有特色产品—仙湖茶，农产品地理标志保护产品	政府引导型：具有百年历史发展传统，政府引导逐渐做大做强	以茶叶加工厂为主，成立茶叶协会	公司+基地+农户：农户参与度非常高，几乎都以种植茶叶为主，带动农民就业
揭阳市揭东区玉湖镇坪上村（茶叶）	资源环境：适合种植茶叶，有较长时间的种茶历史	村集体引进制茶企业入驻；统一生产和加工标准	以茶叶加工企业为主	企业+散户：拥有大小茶厂 400 多家，规模茶叶加工厂 50 多家；炒茶专业户达 1100 户
惠州市博罗县石坝镇乌坭湖村（三黄鸡）	历史养殖传统：自古以养殖三黄胡须鸡闻名	传统继承积淀：拥有悠久的养殖历史，通过村内 4 家大企业带动村民加强育种和精准养殖，打响三黄鸡品牌	以企业为主：2 家省级农业龙头企业、2 家市级农业龙头	公司+基地+农户：通过保底收购方式与农民建立紧密关系
佛山市三水区西南街道青岐村（水产—加州鲈）	自然资源：西江、北江交汇，淡水资源丰富	村民自发：20 世纪 90 年代村民开挖河沟、改造耕地，引入江水养鱼	农业企业：村民小规模承包向专业公司经营转变	1. 租金收入：鱼塘出租收入； 2. 企业+农户：带动养殖户

续表

	产业发展基础	产业形成路径	产业组织模式	联农带农模式
云浮市罗定市泗纶镇杨绿村（蒸笼）	传统技艺与自然资源：清嘉庆年间就有利用本地优良“罗竹”品种编制炊具的历史，民国时期已在岭南颇负盛名，改革开放后大量出口港澳地区和海外市场	有传统继承积淀：利用较大的出口市场需求、丰富的罗竹资源及低廉的劳动力成本，以订单式出口贸易为主，近年来逐步开拓国内市场	龙头企业为主：有两家成规模企业看，以订单式出口为主，产品主打蒸笼等炊具及文化艺术品	龙头企业+合作社+农户/产业工人：公司雇佣产业工人收割罗竹资源后进行机械化初加工，分配给合作社或农户计件编制
珠海市斗门区白蕉镇昭信村（水产-海鲈）	自然资源：西江多条径流与海水交汇，咸淡水交界地、肥沃的粘性土	1. 能人带动：20世纪80年代末，村民吴华荣率先引进海鲈苗进行人工养殖，虽然产量不高，但价格相对较高，从此村民开始大规模养殖海鲈鱼 2. 政府支持：鱼塘综合整治改造，基础设施建设等	合作社：村民自发出资成立了粤盛合作社，负责农产品销售、加工、运输、贮藏以及提供农业生产经营相关技术、信息等服务。通过合作社引进深加工企业	龙头企业+中小企业+个体工商户+合作社+家庭农场+农户：多元主体共同参与发展格局及完整产业链，全村70%以上村民从事海鲈养殖及相关工作
韶关市仁化县大桥镇长坝村（沙田柚）	自然资源：红土地、日照、气温条件适合优质沙田柚的生长	政府引导：21世纪初，县政府积极引导长坝沙田柚的种植，引导果农优化农业结构，引进推广新技术，促进农业产业化经营	龙头企业、家庭农村、合作社、大户：含4家主要龙头企业（省级1家、市级1家）、家庭农场26家（省级2家、市级5家）、专业合作社25家（省级1家）、种植大户33家	1. 主体+农户：全镇80%以上的农户参与沙田柚种植生产 2. 产业工人：带动长坝劳动力就业600余人

附录4 关于广东省发展乡村产业的思考

——基于隆江猪脚饭和澄海狮头鹅的调研

方 伟 林伟君

（广东省农业科学院农业经济与信息研究所）

原刊于《南方智库专报》2022年第712期

一、前言

党的十九大提出实施乡村振兴战略。产业兴旺是乡村振兴的重中之重，为加快发展乡村产业，2020 年 7 月，农业农村部印发《全国乡村产业发展规划（2020—2025 年）》，对我国乡村产业发展做出全面规划。2021 年 11 月，《农业农村部关于拓展农业多种功能促进乡村产业高质量发展的指导意见》发布，进一步明晰了乡村产业高质量发展的方向路径，旨在做大做强农产品加工业、做精做优乡村休闲旅游业、做活做新农村电商、创造良好发展环境，推动乡村产业高质量发展。

广东省作为经济强省，农村发展水平处于全国前列。2019 年 7 月，广东省委、省政府印发《广东省实施乡村振兴战略规划（2018—2022 年）》，把发展富民兴村产业作为广东省乡村振兴战略的首要任务。2021 年 5 月 10 日，广东省乡村振兴局正式挂牌，巩固拓展脱贫攻坚成果，全面推进乡村振兴具体工作。2021 年 7 月，《农业农村部广东省人民政府共同推进广东省乡村振兴战略实施 2021 年度工作要点》发布，指出要加强现代农业产业体系建设，发展农业优势特色产业，培育发展乡村旅游新业态。乡村产业发展作为广东省乡村振兴的物质基础，既是支撑乡村振兴的源头，更是引领乡村振兴的潮头。

二、广东省乡村产业调研案例

为认识了解广东省乡村产业的现实情况，对隆江猪脚饭和澄海狮头鹅产业进行了调研。

（一）隆江猪脚饭

隆江猪脚发源于揭阳市惠来县隆江镇，至今已有一千多年的历史。近年来，惠来县委、县政府高度重视隆江猪脚产业的发展，成立了惠来县“隆江猪脚”品牌建设工作领导小组，出台了《惠来县“隆江猪脚”品牌建设工作方案》，组建了行业协会。

1. 整体发展现状

目前，隆江猪脚饭虽然还达不到覆盖全国甚至走向世界的规模，但已成为中国美食中“地名+品类”的杰出代表。从地域分布看，隆江猪脚饭在全国各地都有开店，但大多集中在广东省内地。从选址方面来看，隆江猪脚饭主要集中在城中村等街边小巷，一般不会选在高档商圈、写字楼附近。截至2021年9月30日，大众点评数据显示，在深圳、广州和东莞三个省内城市，“猪脚饭”相关商户分别有4424家、3615家和3018家，其中带有“隆江猪脚饭”名称的分别有2466家、2262家和2229家，占比分别为55.7%、62.6%和73.9%；在北京、上海两个大都市，“猪脚饭”相关商户分别有397家、650家，其中带有“隆江猪脚饭”名称的分别有83家、80家，占比分别为20.9%、12.3%。

当前，隆江猪脚饭面临的竞争日趋白热化。不仅受到其他品类快餐的影响，还受到同品类的快餐竞争。例如，2017年才成立的猪角·闽南猪脚饭品牌，门店现已遍布福建、广东、海南、广西、上海、湖北、江西、山东、江西等省份，拥有200多家门店。再如，猪戈戈超级猪脚饭，采用统一的门店招牌，装修环境明亮干净，大大异于以往“路边摊”的形象，品类上相较传统的猪脚饭也更丰富，对隆江猪脚饭都产生较大影响。

2. 在穗调研情况

（1）与竞品品类的比较分析。

从品类来看，隆江猪脚饭门店的销售品类开始多样化。除了传统的招牌隆江猪脚饭之外，还有蜜汁叉烧饭、明炉烧鸭饭、本地白切鸡饭等10多种卤水品类。同时，有些店铺增加了红烧茄子、土豆丝炒肉、茶树菇闷鸡、韭黄炒蛋、木耳炒肉片等近20种炒菜类。当前，隆江猪脚饭虽然实现了从单品到多品的转变，但弱化了隆江猪脚饭的招牌，增加的多品与猪脚的相关度低。沙县小吃的品类也很多，包括香拌面、蒸饺、水饺、牛肉面、鸽子面、排骨粉、鸭肉粉等几十种粉面类小吃，还有党参炖排骨、天麻炖猪脑、红参鸽子汤等十多种汤类，无论增加什么品类都与小吃相关，都与招牌高度相关。另外，柳州螺蛳粉的品类包括原味螺蛳粉、三鲜螺蛳粉、叉烧螺蛳粉、牛肉螺蛳粉、烧鸭螺蛳粉、鱼皮螺蛳粉等十多种螺蛳粉系列，也有一些店卖五香牛肉粉、秘制牛腩粉、鱼丸粉等十多种桂林米粉系列，

但整体上还是围绕粉类来经营，与招牌的相关度高。

（2）与竞品经营情况的比较分析。

从名称来看，隆江猪脚饭的店名出现自主化，直接在“隆江猪脚饭”前面加上自己的字号，例如黄记、周记、来记等，或者写上金牌、正宗、老字号等字样。沙县小吃、柳州螺蛳粉的店名比较统一，只有少数店名写成福建沙县小吃。从开店难度来看，隆江猪脚饭、沙县小吃、柳州螺蛳粉进入门槛低，经营模式简单，不需要专门的厨师，均以夫妻店为主，开店较为容易。从价格来看，一个中等饭量的人，选择隆江猪脚饭、沙县小吃和柳州螺蛳粉在费用方面相差不大，基本在10~18元。从店内装修风格来看，柳州螺蛳粉最好，沙县小吃次之，猪脚饭最差。从卫生条件来看，同装修风格的排名。另外，市场上也有高大上的猪脚饭门店，装修好，有包房，但数量不多。从消费主体来看，男性比较偏爱隆江猪脚饭，女性比较偏爱柳州螺蛳粉，而沙县小吃无明显区别。

3. 产业发展问题

目前隆江猪脚饭产业发展主要存在以下问题：①统一品牌的发展理念有待加强。隆江猪脚饭仍然处于有品类无品牌的阶段，没有自己统一的店面风格和特色，尚未突破低端廉价的形象，难以适应市场的变化和满足消费者的需求，建立统一市场和培育品牌。②产品和模式创新程度有待提升。当前隆江猪脚饭市场鱼龙混杂，产品质量参差不齐，没有统一的管理机制和品牌认同，前期发展放任自流。虽然隆江猪脚饭规模体量确实很大，但很难形成市场规模效应。③品牌发展的支撑体系有待完善。隆江猪脚饭声名在外，但离品牌经营仍有较大差距。隆江猪脚饭尚未形成统一的采购、配方、加工、配送、供应等管理模式，多数为家庭作坊，没有严格的制作流程和产品标准，很难将市场上成千上万的隆江猪脚饭小店统一规范化，实现品牌发展。

下一步的发展思路是以市场需求为导向，逐步推进隆江猪脚饭产业的规范化经营、品牌化发展。

（二）澄海狮头鹅

狮头鹅是我国最大型鹅种，原产地属原汕头市饶平县溪楼村，狮头鹅因成年公鹅肉瘤发达形似狮子头而得名。澄海自200多年前民间便有饲养狮头鹅，中华人民共和国成立后，在各级农牧部门的重视和白沙禽畜原种研究所（原白沙农场）的努力下，澄海狮头鹅产业得到了健康长足发展，培育出了具有独特外貌特征、抗逆性强、耐粗饲和遗传性能稳定的“澄海系狮头鹅”，并制定了种鹅饲养、肉鹅饲养等 4 个广东省农业地方标准，现“澄海系狮头鹅”已被国家列为家禽遗传资源保护名录。

1. 在穗调研情况

（1）养殖。

澄海区狮头鹅养殖主要集中在莲下、隆都、溪南、莲华、盐鸿等镇，饲养地点分别在河堤附近、洲园、农田、山塘水库，一般搭设简易棚舍，饲养规模参差不齐，种鹅场从 500 羽至 1.5 万羽不等，菜鹅场从 300 羽至 1 万羽不等。2018 年全区从事狮头鹅养殖的人员约有 1200 户，其中饲养种鹅户 600 户，年存栏种鹅约 60 万羽，生产鹅苗约 900 万羽；饲养菜鹅 670 户，年出栏肉鹅约 180 万羽；办孵化室约 50 家，年孵化鹅苗约 900 万羽。由于近年来狮头鹅消费群体和消费量增长迅猛，叠加区属政策监管进一步规范加强，狮头鹅饲养场地大量减少，另外，市场行情波动，价格起伏较大，饲养量不断萎缩，澄海区饲养的狮头鹅已无法满足市场需求。因此，利用本地孵化的鹅苗到外地饲养后再回流澄海宰杀的模式迅速兴起，规模不断扩大。目前，从澄海购鹅苗进行异地饲养的地区有福建、广西、江西、云南、安徽、贵州、河南甚至东北，尤其是福建诏安等地，粗略估计饲养数量已超越澄海。

（2）屠宰加工。

2018 年，澄海区现有宰鹅点约 110 家，年屠宰量约 1000 万羽，各宰鹅点在各镇（街道）分布较为均衡，日宰杀量从 100 羽至 500 羽不等，个别日宰杀量达到 1000 羽以上。除了宰杀本地鹅只外，为满足市场需求，各宰杀点还从福建等周边省份购进狮头鹅进行宰杀，每年全区宰杀的狮头鹅按来源区内和区外的量比为 4∶6。

（3）流通销售。

目前，澄海区经营生鹅购销的有近 150 户，经营卤鹅上市的商户不计其数，满足群众消费需要的形式主要有：生活市场零售、“鹅肉饭”、高档餐饮场所等，国内很多大中城市和东南亚国家都开设有卤鹅饭馆，尤其是深

圳、广州、东莞、珠海等珠三角地区的“鹅肉饭”店，增长势头迅猛，食客络绎不绝，有的门店甚至要排队近2小时才能吃到“鹅肉饭”。目前，“鹅肉饭”店也开始迅速向北方地区扩展，除了北京、上海等一线城市，重庆、成都、西安、杭州等地也已出现澄海“鹅肉饭”。现阶段澄海区对外经营发展鹅肉饭模式较好的品牌有“日日香”“物只卤鹅”“澄鹅”等。同时，澄海已有企业通过京东等电商平台销售狮头鹅产品。据估算，澄海狮头鹅年产值至少达10亿元以上。

2. 产业发展问题

目前隆江猪脚饭产业发展主要存在以下问题：①用地瓶颈突出。近年来，环保政策趋严，很多位于韩江河段两侧的养鹅场由于处于禁养区域而被拆除，导致全区狮头鹅养殖量不断减少，而且目前还有进一步加剧的趋势。②技术和规模优势不强。高效专门化商用品种缺乏，良种繁育体系不健全；饲养管理技术落后，良品安全性低。③生产经营活动缺乏稳定保障。目前不少养鹅场处于农田保护区，造成无法办证；不少屠宰点用地条件、环境卫生等状况较差，大部分屠宰加工企业处于无证状态。④行业发展缺乏组织引领。产业发展较为分散，缺乏统领规划，没有区域性协会组织和强有力的地方品牌商标。⑤企业贷款难。许多狮头鹅企业的融资活动面临抵押物缺乏问题，难以扩大规模渠道、升级设施装备。

下一步的发展思路是科学产业规划，着力解决用地、资质、技术、品牌、营销、监管等问题，重视引入社会资本，健全行业协会组织，打造产业集聚示范园区。

三、广东省发展乡村产业的思考

（一）乡村产业发展成效

广东省传统产业重点是水稻、生猪、水产品和蔬菜产业，2020年广东省粮食播种面积3307万亩，呈“珠三角萎缩、东稳、西扩、北波动”格局；粮食产量1267.6万吨，同比增长2.2%。蔬菜种植面积2045.4万亩，仅次于水稻，全年产量3706.8万吨，是全国蔬菜生产大省之一。生猪产业现代化水平一直位居国内前列，是全国重要的生猪生产和消费地区，生猪出栏量为2537.4万头、猪肉产量为192.4万吨。渔业总产值1581.5亿元，占全国总产值的12.4%，排名全国前列。

近年来，广东省以“一村一品、一镇一业”为抓手发展特色产业，如岭南特色水果、花卉、南药、茶叶等。2019~2021年，广东省共认定2278个“一村一品、一镇一业”省级专业村、300个省级专业镇。同时，积极推广乡村旅游，2020年共认定省级休闲农业与乡村旅游示范镇10个，示范点60个。乡村产业发展整体取得良好成效。

（二）乡村产业发展问题

1. 有名品没名牌

由于种植地理优势，广东省具有多种特色农产品，如蔬菜、水果等，但“有名品没名牌”，不少优质农产品“养在深闺人未识”，缺乏较强的品牌影响力。从调研情况可知，隆江猪脚饭、澄海狮头鹅产业由于缺乏规范化、标准化的管理模式，采购、配方、加工、配送和供应不统一，产品质量参差不齐，使品牌化难以推进。部分农产品虽已具备一定名气，但没有形成自有品牌，缺乏统一包装和质量标准，影响产品销售和价格形成，制约着经营规模的扩大。

2. 人地矛盾尖锐

广东省人地矛盾日趋突出，严重影响着乡村产业的高质量发展。广东省属于我国人多地少的省份之一，全省面积17.98万平方千米，其中宜农地434万公顷、占24.14%，宜林地1100万公顷、占61%。广东省农田有效灌溉面积只占64%，其中旱涝保收面积仅44%，“望天田”约占全省耕地的15%，中低产田占耕地总面积的62%。广东省耕地碎片化现象突出，农村农业规模化经营水平低，土地流转面积只占家庭承包经营耕地面积的30.20%，远低于上海（60.13%）、江苏（48.23%）、北京（48.16%）的水平。

3. 龙头带动不强

截至2020年末，广东省重点农业龙头企业共1183家，主要分布在粤北和珠三角地区。农业龙头企业行业发展不均衡，粮食、畜牧以及农副食品加工等产业企业发展较成熟，但在水果、蔬菜等产业企业却发展相对落后，以加工、流通为主导的农业龙头企业在全省所占比重较低。农业龙头企业水平参差不齐，企业经营利润不均，平均经营利润较低，农产品商品化率、

优质率不高，产品推广至全国的知名度不足，带动农户增收致富能力不强，辐射带动能力不强。

4. 金融供给不足

现代农业的发展需要大量资金支持，除了财政撬动，更重要的是金融供给。广东省农村金融市场，虽已形成农业银行、农业发展银行、农村商业银行和村镇银行分工协作的格局，但对农村、农业产业化经营的信贷支持仍然有限，一些较好的涉农企业、农业项目难以获得便利的信贷支持，狮头鹅产业调研也反映了该问题。同时，由于农村征信不完善，农户难以从金融机构获得融资，缺乏政策性金融机构和商业性金融机构的有效信贷支持，筹集发展资金难度大。

（三）乡村产业发展对策

一是科学规划乡村产业。各地要因地制宜、科学规划，选择适合自身发展、符合市场需求的特色优势产业，充分发挥区位优势，培育壮大一定数量具有本地特色的主导产业。二是实施农业品牌战略。加快完善广东省农产品标准体系，将农业产前、产中、产后等环节纳入标准化管理轨道，加强“三品一标”产品认定和监管，持续开展广东省名优新特农产品评选推介活动。三是推进农地产权改革。有序推进农村土地确权登记，加快农地产权改革，盘活农村土地资产，通过财政奖补扶持农业适度规模经营，引导农户依法流转承包地。四是强化龙头带动效应。大力培育农业产业化龙头企业、专业合作社等新型经营主体，建立完善其与小农户的利益联结机制，引导龙头企业重点在产后开展农产品加工和市场营销，进一步推动农业社会化服务组织发展。五是加大农业资本投入。按照总量持续增加、比例稳步提高的要求，不断增加“三农”财政投入，重点扶持现代农业园区、标准农田、农田水利等；改善农村金融服务，拓宽金融抵押范围，实施“政银保”项目，进一步加大农业保险覆盖。

附录5　粤北地区乡村产业振兴问题及思考

——基于驻镇帮镇扶村工作的实地调研

雷百战　梁俊芬　蔡　勋　代丽娜
刘　序　刘晓珂　黄思映　罗旖文
（广东省农业科学院农业经济与信息研究所）

2021 年，我省创新性推出驻镇帮镇扶村机制，并将其作为全面推进乡村振兴的主要抓手。各帮扶工作队投身乡村振兴主战场，开展“深调研”和“大谋划”，以乡村产业振兴为重点，奋力开创全面推进乡村振兴新局面。粤北地区是我省欠发达地区，也是我省全面乡村产业振兴需要重点关注的区域。2021 年 12 月以来，广东省农科院经信所以粤北地区为重点，对接多个驻镇帮镇扶村工作队，先后在始兴马市镇、英德石灰铺镇、乐昌廊田镇与黎溪镇等地开展实地调研，具体情况如下：

一、推进粤北地区乡村产业振兴新转变

（一）产业发展从“砸钱造村”变为“产业扶村”。相较于以往的“从无到有”打包式自建、自管项目，帮扶工作队深扎基层、立足长远，带动不代替，指导不指挥，紧紧围绕当地主导特色产业补短板、强弱项，通过培育壮大特色产业持续带动新型经营主体发展和农民增收。例如，英德石灰铺镇帮扶队围绕麻竹笋开展“保姆式”搭台、推介，拓宽麻竹笋市场销售渠道，不仅培育壮大了合作社实力，还带动周边农民持续增收，仅该镇光明村每年挖笋 1~2 个月，农民家庭收入就可达 3 万~5 万元/户，全村总收入高达 500 万元，麻竹笋已成为当地的“富贵竹”。

（二）帮扶措施从“精准帮扶”变为“更准更实”。帮扶工作队充分吸收过往“精准帮扶”的经验，在深调研基础上，使帮扶政策更精准、更实效，以“小切口”推动“大变化”。始兴马市镇帮扶工作队提出“工农双驱、共富共美”思路，充分发挥“1+5+N”组团模式，实行“511”工作机制，从“做强农业保供给、关爱留守优服务、改善环境创宜居、发展旅游旺消费、招商引资强圩镇、服务工业促就业”6 个方面入手开展精准帮扶，力争成为粤北地区乡村振兴的镇域典范。乐昌廊田镇帮扶工作队探索推广“小投入、强服务”产业项目发展模式，在打造乡村振兴车间项目中，该镇采用支持消防改造等小投入方式激发企业内生动力，通过协助企业解决用工难等服务增强企业扎根山区的信心，目前该镇的箱包产品远销美国、韩国等海外市场。

二、粤北地区乡村产业振兴存在的问题

（一）农村资源账本不清晰，影响乡村产业现代化发展。4 个镇基本都存在村级农业底数不清的问题。一是农业资源数据不清。村里耕地、园地、林地，连片的、流转的、撂荒的分别有多少，统计数据不一致且未能及时更新，没有清晰的“一张图”、准确的“一本账”。二是农田建设基础不清。部分村对农田水利设施情况掌握不全面，哪些机耕路、灌溉水渠需要维修改造，高标农田已经实施多少、还有哪些亟须提升。三是农业农村数字化试点未全面铺开。例如，乐昌市香芋产业园已创建农业数字化管理服务信息平台且实现部分数字化，但仍未辐射到周边地区和其他产业。

（二）耕作条件差是农村耕地撂荒主因，威胁粮食安全。党中央、国务院高度重视实施粮食安全战略，各级政府不断加强对撂荒地的治理力度，但是粤北地区农村仍有 5%～10%的撂荒地，偏远高山地区这个比例甚至更高。撂荒地多为山坑田、半山田或山顶田，撂荒的主要原因有如下几个：一是灌溉条件差。石灰铺镇惟东村、马市镇坜坪村部分耕地由于灌溉水渠（普遍为 U 型槽）年久失修导致漏水缺水严重而撂荒，且全镇仍有相当规模的农田水利设施亟须维修改造。二是道路通达度低。石灰铺镇保安村有耕地 5300 多亩，部分山坡地因为上下山困难而撂荒，有些已流转的生产基地由于道路损坏不通、农产品运输困难而撂荒；马市镇文路村有耕地 730 多亩，高山梯田居多，灌溉条件差，农民大多只种口粮田或直接丢荒，其余时间外出打工，务工收入可占家庭年收入的 60%～70%。

（三）农业产业盲目发展，不利乡村产业振兴。偏远山区乡村的地理位置、物流运输、消费市场条件差，农村青壮年劳动力缺乏。个别经营主体在尚未开展全面客观的市场调查和新品种试种试养的情况下，就急于盲目规模化流转农民土地、发展新产业，当生产环节出现技术问题、市场环境发生不利改变时，就会出现土地产出难以保证、生产成本不能把控、生产经营难以维继、联农带农承诺落空等问题。例如，马市镇溪丰村九节茶合作社引进的九节茶种植项目、灵溪茶菊农场引进的中草药种植项目，均由于经营主体缺乏前期论证和试种，对品种特性、种植技术掌握不到位致使生产失败，经营主体不得不放弃经营，企业不但受到损失，农民信心也受

到影响。

（四）乡村生产经营小规模为主，激励政策较少惠及。4个镇农业产业以小农户、家庭农场等小规模经营为主，抗风险能力弱，存在转让或转行的现象。以始兴马市镇黄烟种植为例，镇村成立的黄烟合作社带动农民实行“六个统一”标准化种植（统一育苗、统一机耕、统一植保、统一分级、统一烘烤、统一配送），一个家庭夫妻俩以一年种植15~20亩地最为经济（超过20亩需要雇工、成本增加），按照“上造黄烟、下造水稻”的烟稻轮作模式，全年务农利润超过7万元，农闲时可就近务工，还可照顾家中老幼，是现阶段适宜当地的小农户家庭经营模式。然而，由于没有配套激励政策，小规模经营很容易受天气、市场和突发事件等不利因素影响，一出现亏损就容易放弃经营。例如，该镇红梨村在脱贫攻坚时期成立了村级产业经营公司，受新冠肺炎疫情和村委经营管理水平有限双重影响，该公司经营的中药项目和生态农庄运营艰难，村委会不得不将所持中药项目股权一次性转让给其他企业，生态农庄也暂停运营，这在较大程度上影响了该村村集体经济的造血能力。

（五）农村山水林田价值挖掘不够，缺乏三产融合发展。粤北地区“八山一水一分田”较为普遍，农村山林地（非生态公益林）面积大，但未得到充分挖掘。一是山林地利用不足。目前，粤北地区的山林地大多由村组分散出租，普遍存在租金低、租期长（一般均在30年以上甚至长达70年）、流转后长期闲置不开发等现象。二是三产未能融合发展。例如，石灰铺镇光明村竹林资源较为丰富，当地农民大多以挖麻竹笋售卖鲜笋营生，但是由于该村缺乏加工厂，产业链条短导致农民增收效果有限。此外，大量的竹子只是作为外地竹制品加工的原材料，本地缺乏初加工和精深加工，谈不上附加值和综合效益，林下经济也没有较好的发展范例。三是山水生态旅游未充分开发。黎溪镇耕地资源较少，山水生态旅游资源丰富，但受新冠肺炎疫情影响导致旅游开发建设缓慢，乡村旅游、休闲康养等产业融合价值还未充分发挥，未能有效带动农民就业增收。

三、粤北地区推动乡村产业振兴的思路建议

建议粤北地区立足自身实际，数字赋能产业发展，补齐良田设施短板，

发展适度规模经营，培育集体经济主体，做活县域山水经济，推动乡村产业振兴水平逐步提升。

（一）加快数字赋能，助力粤北地区农业现代化发展。乡村振兴是国家战略，驻镇帮镇扶村是系统工程。全面推进乡村振兴加快农业农村现代化，首先需要清楚镇村资源底数。驻镇帮镇扶村工作要见成效，帮什么、扶什么、怎么帮，也必须清楚镇村优势在哪里、短板在哪里。产业振兴，如何“做实米袋子、丰富菜篮子、拼好果盘子、做优茶罐子、插好花瓶子”等，如何招商引资发展产业，把主导和特色产业“规模调大、优势调强、布局调优、链条调长、品牌调响、效益调高”，都需要有数字化的“空间一张图”和“资源一本账”作为指引。数字赋能乡村产业发展，应充分利用现有省级现代农业产业园构建的信息化平台，加快充实本地产业基础数据和扩大镇村覆盖范围，加快当地农业农村数字化、现代化发展进程。

（二）重视良田基础设施建设，保障粮食安全行稳致远。确保粮食安全是国家战略，在新冠肺炎疫情冲击和国际局势复杂动荡等不利环境下，“自己碗要装自己的粮”显得尤为重要。针对碎片化、难灌溉的低坡梯田要提倡种植旱粮，连片耕地要想办法除埂整合，无故撂荒的耕地必须要有复种措施，要有促进农业社会化服务组织开展代耕代种、农田托管的鼓励措施。在严禁耕地“非农化”、基本农田“非粮化”政策要求下，农田必须是良田，要将基础设施落后的良田尽快纳入高标农田改造建设范围，补齐农田水利短板，实现“路相通、渠相连、旱能灌、涝能排”，提升基本农田抵御自然灾害的能力，同时因地制宜推进高效节水灌溉设施建设。在水稻育秧场、田头看护房等农业设施建设过程中，经营主体要坚持农地农用和保护耕作层，政府部门对设施农业用地的硬底化要有明确标准，要制定具有可操作性的、可随时能复耕的耕作层保护措施。

（三）发展适度规模经营，扶持培育弱小农户自主盈利。集约化、规模化农业生产要因地制宜，需要一个过程。小农户家庭经营有其生存发展灵活性和生产成本经济性，在乡村产业振兴中发挥着重要作用，现阶段必须加以鼓励和扶持其发展壮大。例如，马市镇堂阁村联懂农业采用“公司+合作社+小农户”模式，不但能为全镇小农户提供“育苗插秧、代耕代种、统防统治、收割运输”等农业生产社会化服务，而且也能提供“集中烘干及

加工销售”等后续服务，节本增效和稳粮增收效果显著。始兴县罗坝镇刘张家山听雨轩家庭农场还采用“经营主体+基地+小农户+电商”的订单农业模式，与当地农户及残疾人签订保价收购协议，带动全镇200多户农户种植香芋南瓜、小冬瓜及红薯等，并逐步向周边镇村辐射扩大。在新冠肺炎疫情持续影响下，不仅把农产品销往珠三角和香港等地，而且带动的种植农户每亩地收入可达8000~10000元，亩均纯利润可达5000~7000元。

（四）培育集体经济主体，激发乡村内生经营能力。鼓励村集体通过土地或资金入股等方式成立运营公司或合作社，委托有能力的村干部带头发展或吸纳返乡能人合作发展。引进培育的农业企业等新型经营主体，可以通过聘请专业的管理团队进行总体运营，管理团队要注重农业社会化服务、农产品品牌打造和市场营销推广，专业生产的任务要交给小农户、家庭农场或者专业合作社。借鉴佛山市高明区明城镇政府的项目运营经验，由镇政府成立专业的农业投资公司，指导村级成立公司投资建设项目和培养管理人才，待建设项目成熟见效后，镇级公司把后续管理下沉到村级公司进行可持续运营，能有效避免因缺乏人才和经营不善半途而废。

（五）做活县域山水经济，推动特色产业融合发展。山水是乡村振兴最重要的自然资源和最有价值的资产。要将粤北绿水青山变成金山银山，就必须坚持“生态优先、绿色发展”理念，做活粤北地区县域“山水经济”。一是有效提升林业产品加工附加值，挖掘上中下游终端产品，如英德市麻竹笋产业要有县域发展格局和一镇一策思维，石灰铺镇应立足于优质鲜笋种植基地打造和竹制品深加工，麻竹笋预制菜加工和品牌营销应由二产领先的西牛镇经营主体引领打造，尽可能将产业增值留在英德本地。二是积极发展林下经济，如食用菌栽培、中药材种植、畜禽林下放养等，突出循环型生态农业。三是在严格保护生态环境的前提下，打造融合梯田茶田、四季花果、水库景观、毛竹长廊、登山绿道、文化古村、科普研学、乡土民宿、美食康养等农文旅元素的“粤北山水”大景区，策划旅游精品线路、举办民俗文化活动和设计网红打卡点，有力推动乡村产业振兴。四是探索开发林业碳汇项目，真正让“绿水青山”转变为“金山银山”。

附录 6　广东省乡村农产品消费变迁分析

王佳友

（广东省农业科学院农业经济与信息研究所）

本文通过对广东省乡村居民粮食、食用植物油、鲜菜、肉类、禽类、水产品、鲜蛋、鲜奶、鲜瓜果、食糖10类农产品消费水平及结构变动进行分析，探索了广东省乡村农产品消费特征，并针对未来广东省乡村农产品消费变迁趋势，提出了相关政策建议。

一、广东省乡村农产品消费水平变迁分析

在广东省乡村农产品消费品种结构中（见图1），粮食人均消费量最大，且呈现出波动下降的趋势，2013~2021年，粮食人均消费量从165.05千克下降至150.91千克，年均增速为-1.11%。食用植物油、鲜菜、肉类、禽类、水产品、鲜蛋、鲜奶和鲜瓜果均呈现出波动上升的趋势，2013~2021年，这8类农产品年均增速处于1%~24%。另外，食糖是广东省乡村农产品消费中人均消费量最少的食品，且呈现出波动下降的趋势，2013~2021年，其年均增速为-2.13%。

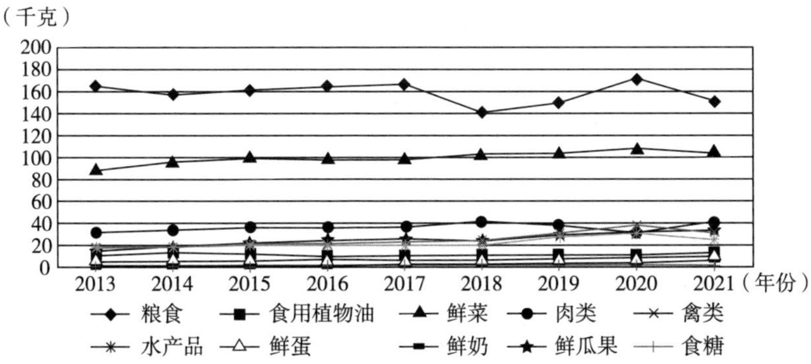

图1　2013~2021年广东省乡村农产品消费情况

资料来源：根据《广东统计年鉴》相关数据整理。

二、广东省乡村农产品消费结构变动情况

（一）广东省乡村粮食消费变动分析

2013~2021年，广东省乡村粮食消费呈现出波动下降的趋势（见图

2）。2013～2021 年，广东省乡村粮食人均消费量从 165.05 千克下降至 150.91 千克，年均增幅为-1.11%。可见，广东省乡村粮食消费已基本呈现出饱和状态。从增速来看，2013～2021 年增速波动较大，尤其是 2018～2021 年，2018 年增速降至-15.37%，2020 年增速又提升至 15.08%；2013～2017 年增速则保持在一个较为稳定的状态。这在一定程度上说明近年来广东省乡村粮食消费量波动较大，需求量不太稳定。

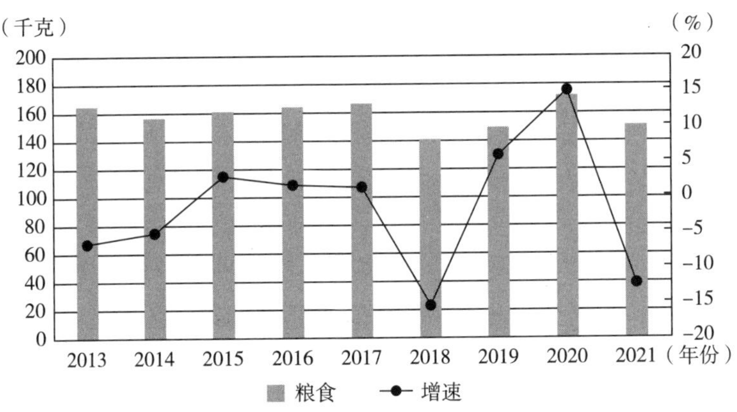

图 2　2013～2021 年广东省乡村粮食消费变动情况

资料来源：《广东统计年鉴》（2014～2022 年）。

（二）广东省乡村食用植物油消费变动分析

2013～2021 年，广东省乡村食用植物油消费呈现出波动上升的趋势（见图 3）。2013～2021 年，广东省乡村食用植物油人均消费量从 10.75 千克增长至 11.78 千克，年均增幅为 1.15%。可见，广东省乡村食用植物油消费仍未饱和，需求量仍有上升空间。从增速来看，2013～2021 年增速波动较大，尤其是 2016 年增速降至-19.55%，此后基本保持在-7%～16%，近年来逐渐趋稳。这在一定程度上说明近年来广东省乡村食用植物油消费量波动逐渐处于稳定状态。

（三）广东省乡村鲜菜消费变动分析

2013～2021 年，广东省乡村鲜菜消费呈现出波动上升的趋势（见图 4）。2013～2021 年，广东省乡村鲜菜人均消费量从 88.28 千克增长至 103.75 千克，

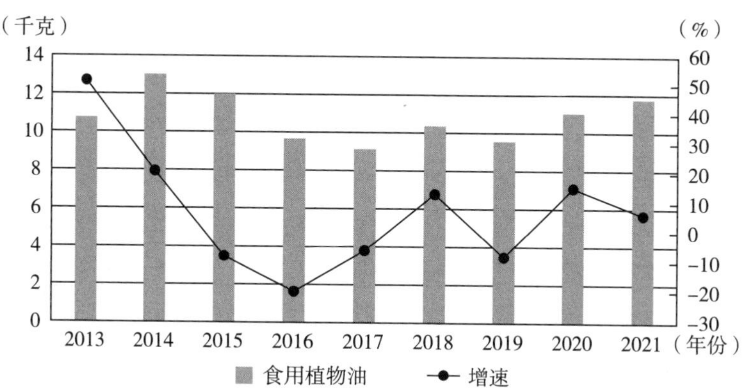

图3　2013~2021年广东省乡村食用植物油消费变动情况

资料来源：《广东统计年鉴》（2014~2022年）。

年均增幅为2.04%。可见，广东省乡村鲜菜消费仍未饱和，需求量仍有上升空间。从增速来看，2013~2021年增速波动较大，尤其是2014年增速升至近年来最高水平的8.65%，此后增速基本维持在-4%~5%。这在一定程度上说明近年来广东省乡村鲜菜消费量逐渐趋于稳定。

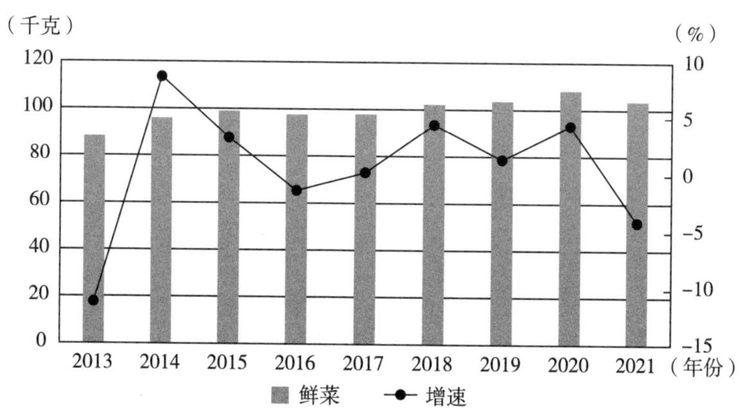

图4　2013~2021年广东省乡村鲜菜消费变动情况

资料来源：《广东统计年鉴》（2014~2022年）。

（四）广东省乡村肉类消费变动分析

2013~2021年，广东省乡村肉类消费呈现出波动上升的趋势（见图

5)。2013~2021 年，广东省乡村肉类人均消费量从 31.50 千克增长至 39.93 千克，年均增幅为 3.01%。可见，广东省乡村肉类消费仍未饱和，肉类仍是广东省乡村居民消费的奢侈品。从增速来看，2013~2021 年增速波动较大，尤其是 2019~2021 年，2019~2020 年增速降至近年来最低水平，此后增速又上升至近年来的最高水平的 25.08%。这在一定程度上说明近年来广东省乡村肉类消费量可能受价格影响波动频繁，仍未达到生活必需品的水平。

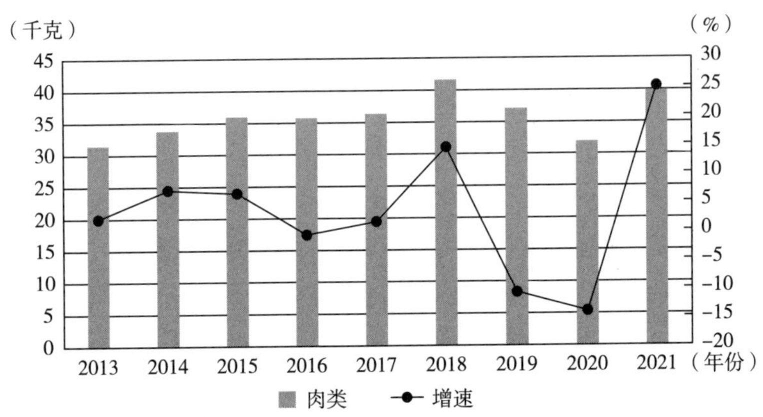

图 5　2013~2021 年广东省乡村肉类消费变动情况

资料来源：《广东统计年鉴》（2014~2022 年）。

（五）广东省乡村禽类消费变动分析

2013~2021 年，广东省乡村禽类消费呈现出波动上升的趋势（见图 6）。2013~2021 年，广东省乡村禽类人均消费量从 16.66 千克增长至 30.62 千克，年均增幅为 7.90%。可见，广东省乡村禽类消费仍未饱和，禽类仍是广东省乡村居民消费的奢侈品。从增速来看，2013~2021 年增速波动较大，尤其是 2019~2021 年，2019~2020 年增速升至近年来最高水平，此后增速又下降至近年来的最低水平的 19.50%。这在一定程度上说明近年来广东省乡村禽类消费量可能受价格影响波动频繁，仍未达到生活必需品的水平。

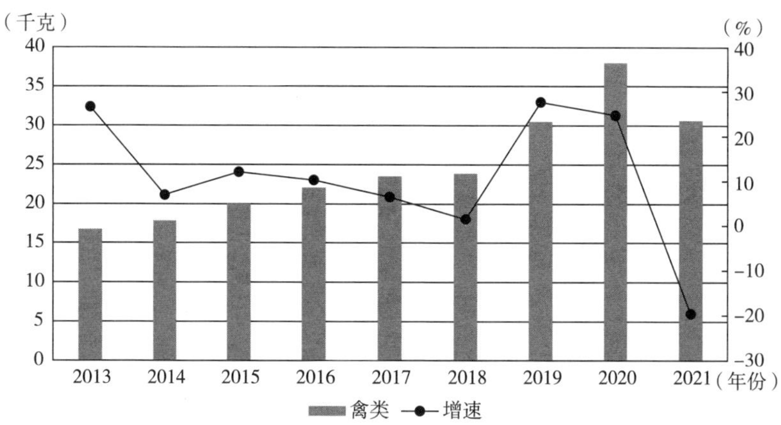

图6　2013~2021年广东省乡村禽类消费变动情况

资料来源：《广东统计年鉴》（2014~2022年）。

（六）广东省乡村水产品消费变动分析

2013~2021年，广东省乡村水产品消费呈现出波动上升的趋势（见图7）。2013~2021年，广东省乡村水产品人均消费量从16.48千克增长至24.81千克，年均增幅为5.25%。可见，广东省乡村水产品消费仍未饱和，仍具有一定的需求空间。从增速来看，2013~2021年增速波动较大，尤其是2019~2021年，2019年增速升至近年来最高水平的34.62%，此后2021年增速又下降至近年来的最低水平的-16.91%。这在一定程度上说明近年来广东省乡村水产品消费量可能受价格及疫情影响波动频繁，仍未达到生活必需品的水平。

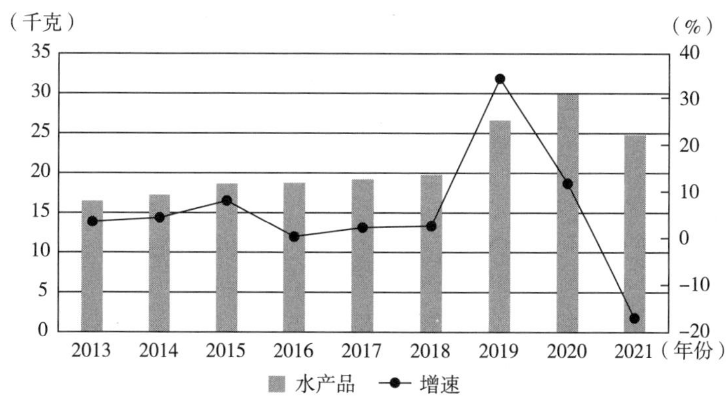

图7　2013~2021年广东省乡村水产品消费变动情况

资料来源：《广东统计年鉴》（2014~2022年）。

（七）广东省乡村鲜蛋消费变动分析

2013~2021 年，广东省乡村鲜蛋消费呈现出波动上升的趋势（见图 8）。2013~2021 年，广东省乡村鲜蛋人均消费量从 4.70 千克增长至 7.92 千克，年均增幅为 6.74%。可见，广东省乡村鲜蛋消费仍未饱和，仍具有一定的需求空间。从增速来看，2013~2021 年增速波动较大，尤其是 2013~2014 年和 2020~2021 年。2013~2014 年，增速由 38.64%下降至 13.62%；2020~2021 年，增速由 18.92%下降至-11.23%；其余时间段均保持在较为稳定的增长状态。这在一定程度上说明近年来广东省乡村鲜蛋消费量可能受价格影响波动频繁，仍未达到生活必需品的水平。

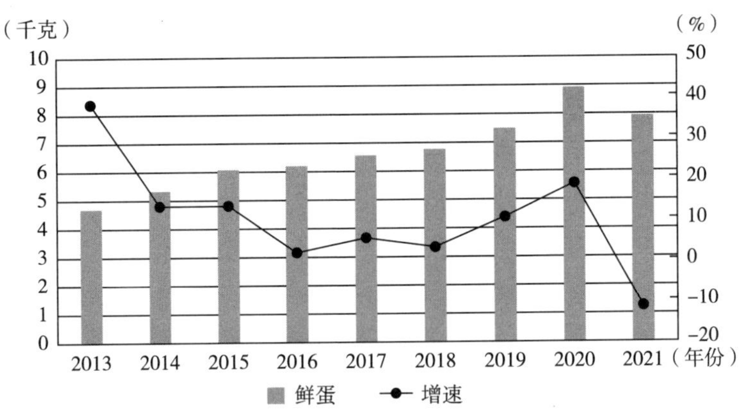

图 8　2013~2021 年广东省乡村鲜蛋消费变动情况

资料来源：《广东统计年鉴》（2014~2022 年）。

（八）广东省乡村鲜奶消费变动分析

2013~2021 年，广东省乡村鲜奶消费呈现出波动上升的趋势（见图 9）。2013~2021 年，广东省乡村鲜奶人均消费量从 1.04 千克增长至 5.88 千克，年均增幅为 24.18%，是所有农产品中增幅最快的。可见，广东省乡村鲜蛋消费仍未饱和，仍具有较大的需求空间。从增速来看，2013~2021 年增速波动较大，尤其是 2017~2021 年，增速由 19.16%上升至 87.25%，增速较快。这在一定程度上说明近年来广东省乡村鲜奶消费量可能受价格影响波动频繁，需求量较为丰富。

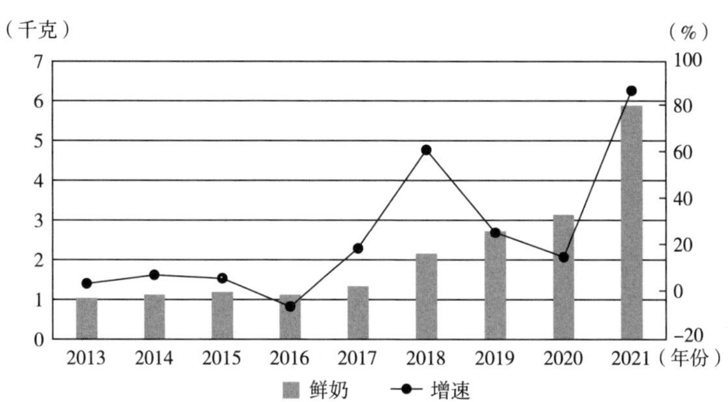

图 9　2013~2021 年广东省乡村鲜奶消费变动情况

资料来源：《广东统计年鉴》（2014~2022 年）。

（九）广东省乡村鲜瓜果消费变动分析

2013~2021 年，广东省乡村鲜瓜果消费呈现出波动上升的趋势（见图 10）。2013~2021 年，广东省乡村鲜瓜果人均消费量从 14.97 千克增长至 33.18 千克，年均增幅为 10.46%。可见，广东省乡村鲜瓜果消费仍未饱和，仍具有较大的需求空间。从增速来看，2013~2021 年增速波动较大，尤其是 2018~2019 年，增速由-7.22%上升至 22.34%，增速较快，此后基本保持在 6%左右的增长水平。这在一定程度上说明近年来广东省乡村鲜瓜果消费量波动幅度较小，需求量保持在较为稳定的增长水平。

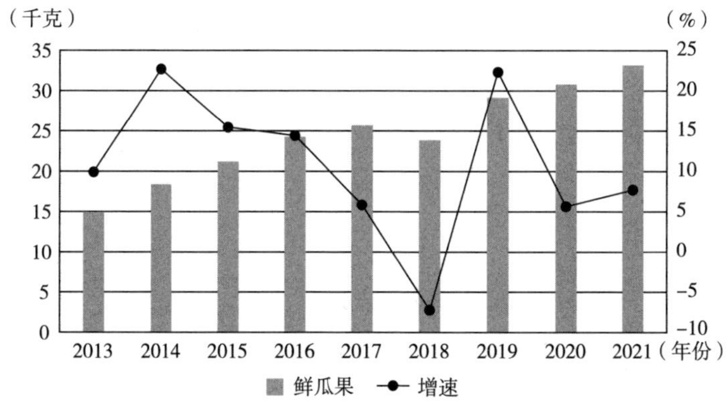

图 10　2013~2021 年广东省乡村鲜瓜果消费变动情况

资料来源：《广东统计年鉴》（2014~2022 年）。

（十）广东省乡村食糖消费变动分析

2013~2021年，广东省乡村食糖消费呈现出波动下降的趋势（见图11）。2013~2021年，广东省乡村食糖人均消费量从1.58千克下降至1.33千克，年均增幅为-2.13%。可见，广东省乡村食糖消费应已饱和，未来需求空间不大。从增速来看，2013~2021年增速波动较大，基本处于波动下降的状态。2013~2021年，增速由15.33%下降至-28.83%，降幅较大。这在一定程度上说明近年来广东省乡村食糖消费量波动幅度较大，需求量处于较为快速的下降水平。

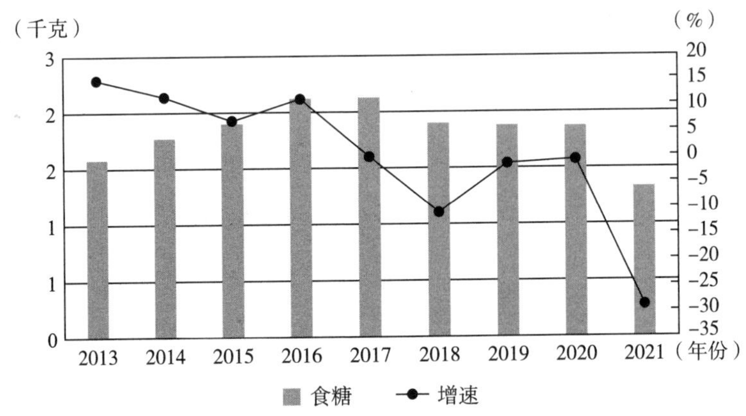

图11　2013~2021年广东省乡村食糖消费变动情况

资料来源：《广东统计年鉴》（2014~2022年）。

三、广东省乡村农产品消费变迁结论与政策建议

（一）结论

除粮食和食糖，广东省乡村农产品消费均处于波动上升阶段，这表明大多数食物对于广东省乡村居民仍具有“奢侈品”特性；而对于粮食和食糖，广东省乡村居民消费的“必需品”特性则更强。

对比广东省乡村农产品消费的年均增长率，鲜奶和鲜瓜果消费的年均增长率最高，而肉类、禽类和水产品等动物性食品的年均增长率普遍不高，这种显著不一致性表明，随着居民收入水平的提高，广东省乡村居民更愿意通

过增加植物性产品支出以获得更多效用。这一方面可能与广东省乡村居民瓜果类消费达到一定饱和度有关，另一方面也可能与广东省乡村居民提高了瓜果类食物健康营养的消费观念相关。

（二）政策建议

第一，实行差别化营养干预措施。广东省乡村农产品消费结构存在一定异同点，故针对广东省乡村居民食物和营养需求，采取差别化干预措施，坚持引导与干预有效结合。针对广东省乡村居民动物性食物消费量不断提高的趋势，从改善营养摄入结构入手，监测居民营养水平，引导居民科学合理膳食，一方面保障充足的能量和蛋白质摄入量，另一方面控制脂肪摄入量。对于广东省乡村居民未来更偏好消费植物性食物而言，采取扶持与开发相结合的方式，积极创新营养改善方式，加强营养与健康知识的宣传，以消除营养不足为目标的收入政策应更多倾向于广东省乡村居民。

第二，建立广东省乡村农产品消费与乡村产业结构良性互动耦合机制。考虑到未来广东省乡村居民的动物性食物消费需求仍将不断增加，政府可适时调整现有宏观机制，布局合理的农产品生产结构，以此弥补市场机制的缺陷，达到促进消费需求结构与广东省乡村产业供给结构同步发展的目的。

附录 7　广东省乡村产业调研访谈提纲

本书的核心问题立足于总结乡村产业发展模式、成功经验、存在问题、瓶颈制约因素等方面，主要调研对象包括产业经营主体（农业龙头企业、合作经济组织）、地方农业农村主管或服务部门、农户（参与乡村产业不同行业的农户）等。

一、地区农业主管或服务部门

（一）您所在地区乡村产业发展情况

1. 当地乡村产业发展基本概况。产业分布及业态类型？（一二三产业、种养加服务等）主导产业/特色产业类别及发展情况，当地政府为发展乡村产业做出了哪些支持举措或政策措施。

2. 乡村产业的产业链构建、产业集聚情况。本地主导乡村产业对上下游产业的拉动效应如何？农业与新产业、新业态的创新融合或“农工勾连”等情况；有无初步或已经形成农业产业带、优势特色产业集群。

3. 当地乡村产业类型及发展带动情况。包括主导产业培育、品牌建设、标准化、规模化和产业链建设等基本情况，以及土地流转率、农业适度规模情况、村集体创收能力情况等。

4. 乡村产业的联农带农富农情况。本地乡村产业对农户就业、收入基本情况如何？乡村产业与农户的利益联结机制如何？（包括但不限于：企农契约型合作模式、利益分红型模式、股份合作型模式）

5. 本地乡村产业发展面临的主要问题。与“现代农业产业园、一村一品、一镇一业”等相关政策或项目对接情况？长期来看，您认为乡村产业发展趋势如何？最需要从什么方面进行支持？

（二）您所在地区农民参与乡村产业情况

1. 当地农民参与乡村产业基本概况。主要参与什么类型的产业？经营年限、年营收能力、经营规模、品牌情况等。

2. 乡村产业联农带农情况。对当地农民收入带动情况；联农带动方式（出租物业或土地、工资性收入、利润分工、种养收入等）。

3. 利益分红型模式（“订单收购+分红”“保底收益+按股分红”“土地

租金+务工工资+返利分红”等方式）对农户的带动、营收情况。

二、农户访谈情况

（一）您所在县/区、镇、村/街道

（二）受访者年龄、学历、技能及其家庭劳动力基本情况

（三）年家庭经营收入情况

1. 年家庭收入金额、主要来源情况，其中乡村产业带来的收入情况。

2. 家中参与本地乡村产业的人员数量。

3. 参与乡村产业对您家庭收入带动情况如何。

（四）参与乡村产业的情况（金额、占比、趋势）

1. 您或您家参与乡村产业的具体形式（务工、入股、分红、订单合作）？主要参与什么类型的乡村产业？

2. 您觉得目前参与乡村产业对农户带动或利益联结机制如何？有无需要改进的建议？

3. 您对目前参与乡村产业的积极性、满意度如何？

4. 您希望本地政府能够在乡村产业发展方面做哪些支持？

附录 8　广东省乡村产业发展情况调查问卷

您好！感谢您参与此次问卷调查，此次调查主要是想了解您对乡村产业发展的基本态度，后期调研整理不会涉及您的隐私和生活，感谢您的支持。本调查不记名，请您根据实际情况和亲身感受作答。

（调查对象：县/镇/村干部、企业老板、技术人员等能真实反映当地乡村产业发展情况的各类人员）

1. 您的性别：（ ）

A. 男　　B. 女

2. 您的职业：（ ）

A. 县（市）干部　　B. 乡镇干部　　C. 村干部

D. 县镇科研推广人员　　E. 企业老板　　F. 企业专业技术人员

G. 个体户　　H. 农民　　I. 其他

3. 您所在的县镇具备哪些资源优势？（ ）（多选但不超过 3 个）

A. 位置良好　　B. 交通便利　　C. 大面积农田

D. 养殖水域　　E. 特色果园及采摘　　F. 历史文化旅游景点

G. 传统文化民俗和民居建筑　　H. 传统特色手工艺

I. 无资源优势　　J. 其他

4. 您所在县镇是否适合发展休闲农业和乡村旅游？（ ）A. 是　B. 否

5. 您所在的县镇目前有什么重要的乡村产业？（ ）（多选但不超过 3 个）

A. 现代种植业

B. 现代养殖业

C. 农产品加工流通业

D. 农村电商产业

E. 农资供应、农机作业及维修、烘干收储、农产品营销等农业生产性服务业

F. 乡村休闲旅游业

G. 乡村美食餐饮

H. 酱制品、豆制品、腊味等传统特色产业

I. 其他

6. 您对您所在的县镇乡村产业发展的看法：

（1）现代种养业：

□很好　　□好　　□一般　　□比较差

（2）农产品加工流通业：

□很好　　□好　　□一般　　□比较差

（3）农村电商产业：

□很好　　□好　　□一般　　□比较差

（4）乡村休闲旅游业：

□很好　　□好　　□一般　　□比较差

（5）农业生产性服务业：

□很好　　□好　　□一般　　□比较差

（6）乡土特色产业：

□很好　　□好　　□一般　　□比较差

7. 您所在的县镇乡村产业发展的主要动力是：（　）（多选但不超过 3 个）

A. 资源丰富、交通便利、基础设施完善（资源禀赋）

B. 政府调控引导、政策（项目）支持、镇村基层组织动员（制度供给）

C. 市场规律主导、独特的技术（技术革新）

E. 独特的思维和行为方式、风俗习惯（文化价值观）

F. 其他

8. 您认为您所在的县镇乡村产业发展面临的主要问题：（　）（多选但不超过 3 个）

A. 乡村二三产业规模小，经营主体实力偏弱

B. 生产加工设备、技术落后，现代化程度低

C. 产品质量参差不齐（如质量检测监控跟不上，产品质量难以有效控制）

D. 品牌效应不强（如生产者经常以次充好、以假乱真，消费者真假难辨）

E. 产业特色不明显（如特产不特）

F. 产业链短、缺乏精深加工、附加值低（如农产品生产类产业主要提供初级农产品，很少进行加工与销售，未形成“生产、加工、冷链物流、销售”产业链条式发展）

G. 农业农村多种功能开发不足、层次有限，同质化竞争严重（如休闲

农业、乡村旅游、生态康养、文化传承等功能挖掘较少；生活、生态、文化体验型乡村休闲旅游模式还未形成；以古村古镇为主的乡村旅游，也开发出许多赏花项目）

H. 乡村产业吸纳就业有限，大量农村青壮年劳动力外流

I. 基础设施建设落后（如农村垃圾收集处理、入户宽带网络、农产品电商物流仓储等建设滞后）

J. 支撑服务体系不健全（如融资难、融资贵，技术创新服务、信息服务、人才等缺乏）

K. 其他

附录 9　广东省乡村产业发展农民增收效应调查问卷

（调查对象：农户）

（一）农村资源禀赋

1. 您所在的村距离县城多少千米？

2. 您所在的村具备的资源优势是：（　）（多选但不超过 3 个）

A. 位置良好　　B. 交通便利

C. 大面积农田　　D. 养殖水域

E. 特色果园及采摘　　F. 历史文化旅游景点

G. 传统文化民俗和民居建筑　　H. 传统特色手工艺

I. 无资源优势　　J. 其他

3. 您所在的村是否适合发展休闲农业和乡村旅游？（　）

A. 是　　B. 否

（二）农户家庭禀赋

4. 您的性别：（　）

A. 男　　B. 女

5. 您的职业是：（　）

A. 务农　　B. 村干部　　C. 乡镇干部　　D. 个体户

E. 本地企业打工人员　　F. 企业老板　　G. 其他

6. 您家有几口人？其中：

劳动力人数（16~60 岁），16 岁以下人数，60 岁以上人数

外出务工人数

7. 您家劳动力人口健康状况：（　）

A. 非常健康　　B. 很健康　　C. 比较健康　　D. 一般　　E. 不健康

8. 户主年龄，户主受教育程度：（　）

A. 文盲　　B. 小学　　C. 初中　　D. 高中或中专

E. 大专　　F. 本科　　G. 硕士及以上

您家其他劳动力受教育程度分别为：________

9. 近 3 年您家有无参加过农业技能培训？（　）

A. 参加　　B. 未参加

10. 您家实际经营的农地面积____亩，其中：

分得土地____亩，转入土地____亩，转出土地____亩

（三）农户收入来源

11. 您家2020年家庭总收入约为：____元，其中：

工资性收入约____元，经营性收入约____元，

财产性收入约____元，转移性收入约____元

12. 您家收入主要来源：（　）（单选）

A. 农业收入　　B. 本地企业务工收入

C. 外出打工收入　　D. 自主创业收入（如办厂、开店）

E. 养老金、补贴　　F. 其他

（四）农户参与乡村产业融合方式

13. 您家主要从事的行业：（　）（多选但不超过3个）

A. 传统种养业

B. 智慧、设施种养业

C. 农产品加工

D. 农业生产性服务业（农资供应、土地托管、代耕代种、农机作业及维修、统防统治、农业废弃物资源化利用、烘干收储、农产品营销等）

E. 农村生活性服务业（批发零售、养老托幼、卫生保洁、文化演出、体育健身、信息中介等）

F. 农产品电商

G. 特色农产品采摘等休闲农业

H. 民宿等乡村旅游

I. 乡土特色产业（乡土卤制品、酱制品、豆制品、腊味等传统食品，编织、剪纸、刺绣、陶艺等传统工艺，乡村戏剧曲艺、杂技杂耍等文化产业）

J. 其他

14. 您家参与乡村产业融合的方式是：（　）（多选但不超过3个）

A. 家庭农场（向农产品分拣、保鲜、电商、冷链配送等环节延伸）

B. 农民专业合作社社员（参与生产、加工、销售等合作）

C. 订单农业（农户与企业或中介组织包括经纪人或运销户签订农产品订单合同，双方形成一种契约关系）

D. 股份合作（农户将自己的土地以入股的方式加入当地合作社或龙头

企业，按股份获得土地分红）

E. 农业多功能拓展（如休闲采摘、乡村旅游）

F. 农业商业（如农产品运销户、农资销售经营、农机维修服务、企业老板）

G. 产业集群（如开店、销售工艺品）

H. 未参与产业融合

I. 其他

附录 10　广东省乡村产业发展典型案例调查表

调查时间：　　年　月　日

主体名称			
负责人		地址	
基本情况			
主营业务		就业人数	
年产值		年利润	
主要做法 成功经验			
困难问题			

说明：请选择本县镇发展较好的乡村产业融合发展经济实体进行调查。

各县镇分别按：

1. 种养殖经营主体向农产品加工、流通、销售领域延伸（产业链延伸型）
2. 农产品加工企业开展全产业链经营（产业链延伸型）
3. 农文旅特色乡村型（功能拓展型）
4. 传统特色产业型（产业集聚型）
5. 农业社会化服务型（服务引领型）

附录 11　广东省典型优势特色乡村产业村镇名单

优势特产乡村产业村镇主要包括国家级“一村一品”示范村镇及“亿元村”“十亿元镇”等典型村镇。发展“一村一品”优势特色产业是做好“土特产”文章的重要抓手，推进农产品品牌化，延长我国乡村特色产业的产业链、提升价值链、促进富民兴村的重要举措。截至2023年6月，由农业农村部共组织开展十二批次全国“一村一品”示范村镇监测与评选。广东省共有157个全国示范村镇，其中专业村87个，专业镇70个。截至目前，广东省共有“亿元村”11个，“亿元镇”13个。

表1　广东省1~12批全国“一村一品”示范村镇名单

序号	地市	村镇名称
1	广州市	广州市从化区鳌头镇黄茅村（竹笋）
2		广州市从化区温泉镇南平村（双核槐枝）
3		广州市从化区鳌头镇务丰村（蛋鸡）
4		广州市增城区小楼镇西境村（菜心）
5		广州市增城区正果镇（荔枝）
6		广州市花都区赤坭镇瑞岭村（盆景苗木）
7		广东省广州市花都区梯面镇（休闲旅游）
8		广东省广州市从化区太平镇井岗村（荔枝）
9		广州市从化区太平镇钱岗村（荔枝）
10	珠海市	珠海市斗门区莲州镇石龙村（石龙苗木）
11		珠海市斗门区白蕉镇昭信村（海鲈鱼）
12		珠海市斗门区乾务镇湾口村（鳗鱼）
13		珠海市金湾区红旗镇大林社区（黄立鱼）
14	汕头市	汕头市潮南区雷岭镇（荔枝）
15		汕头市潮南区陇田镇东华村（东华特绿蕉柑）
16		汕头市南澳县深澳镇后花园村（乌龙茶）
17	佛山市	佛山市高明区杨和镇丽堂新村（丽堂蔬菜）
18		佛山市三水区西南街道青岐村（水产）
19		佛山市顺德区勒流街道稔海村（鳗鱼）

续表

序号	地市	村镇名称
20	韶关市	韶关市新丰县黄礤镇（新丰佛手瓜）
21		韶关市仁化县大桥镇长坝村（御香源沙田柚）
22		韶关市仁化县黄坑镇黄坑村（黄坑贡柑）
23		韶关市仁化县红山镇渔皇村（丹霞红红茶）
24		韶关市始兴县罗坝镇燎原村（蚕茧）
25		韶关市始兴县澄江镇暖田村（有机蔬菜）
26		韶关市乐昌市九峰镇上廊村（九峰山油桃）
27		韶关市乐昌市九峰镇茶料村（九峰山柰李）
28		韶关市乐昌市九峰镇（黄金奈李）
29		韶关市乐昌市北乡镇（北乡马蹄）
30		韶关市乳源县大桥镇（油茶）
31		韶关市南雄市珠玑镇（水稻）
32		韶关市浈江区犁市镇（油茶）
33	河源市	河源市东源县顺天镇（中兴绿丰柠檬）
34		河源市东源县船塘镇（板栗）
35		河源市东源县上莞镇仙湖村（茶叶）
36		河源市连平县上坪镇（鹰嘴蜜桃）
37		河源市连平县上坪镇中村村（鹰嘴蜜桃）
38		河源市连平县忠信镇上坐村（忠信花灯）
39		河源市紫金县南岭镇庄田村（绿茶）
40		河源市和平县东水镇增坑畲族村（增坑村皇茶）
41		河源市和平县下车镇云峰村（下车猕猴桃）
42		河源市龙川县义都镇桂林村（茶叶）
43		河源市和平县贝墩镇（腐竹）
44		河源市连平县高莞镇二联村（花生）
45		河源市龙川县黄石镇长洲村（油茶）
46		河源市紫金县敬梓镇田头村（牛大力）

续表

序号	地市	村镇名称
47	梅州市	梅州市大埔县高陂镇福员村（王山玉露）
48		梅州市大埔县枫朗镇和村（梅妃蜜柚）
49		梅州市大埔县百侯镇侯北村（大埔蜜柚）
50		梅州市丰顺县龙岗镇马图村（马山绿茶）
51		梅州市蕉岭县新铺镇黄坑村（黄坑茶叶）
52		梅州市蕉岭县南礤镇金山村（白及）
53		梅州市梅县区松口镇大黄村（大黄金柚）
54		梅州市梅县区雁洋镇长教村（雁南飞茶叶）
55		梅州市梅县区石扇镇西南村（金柚）
56		梅州市梅县区桃尧镇（梅县金柚）
57		梅州市五华县棉洋镇（红茶）
58		梅州市兴宁市龙田镇碧园村（鸽）
59		梅州市兴宁市径南镇浊水村（围龙春乌龙茶）
60		梅州市兴宁市龙田镇（肉鸽）
61		梅州市平远县长田镇官仁村（油茶）
62		梅州市梅县区石扇镇（金柚）
63		梅州市丰顺县八乡山镇（番薯）
64		梅州市梅江区西阳镇桃坪村（茶叶）
65	惠州市	惠州市博罗县柏塘镇（绿茶）
66		惠州市博罗县石坝镇乌坭湖村（三黄胡须鸡）
67		惠州市惠东县稔山镇竹园村（马铃薯）
68		惠州市龙门县麻榨镇下龙村（绿安杨桃）
69		惠州市博罗县石坝镇（三黄胡须鸡）
70		惠州市惠阳区镇隆镇（荔枝）
71	汕尾市	汕尾市陆丰市甲西镇博社村（麒麟西瓜）
72		汕尾市陆丰市博美镇赤坑村（萝卜）
73		汕尾市陆河县南万镇万全村（参天峰白叶单丛茶）
74		汕尾市海丰县黄羌镇虎敢村（虎敢金针菜）
75		汕尾市海丰县赤坑镇岗头村（荔枝）
76		汕尾市海丰县城东镇北平村（蔬菜）
77		汕尾市海丰县海城镇（茶）
78		汕尾市陆河县河口镇田墩村（油柑）

续表

序号	地市	村镇名称
79	东莞市	东莞市大岭山镇（荔枝）
80		东莞市厚街镇（荔枝）
81	中山市	中山市东升镇（脆肉鲩）
82		中山市黄圃镇（腊味）
83		中山市横栏镇（花卉苗木）
84		中山市三角镇（杂交鳢）
85		中山市神湾镇（菠萝）
86	江门市	江门市恩平市牛江镇（马铃薯）
87		江门市恩平市沙湖镇（沙湖大米）
88		江门市台山市冲蒌镇（冲蒌黑皮冬瓜）
89		江门市台山市海宴镇五丰村（菜心）
90		江门市新会区大鳌镇（南美白对虾）
91		江门市开平市马冈镇（肉鹅）
92		江门市开平市大沙镇（茶）
93		江门市新会区双水镇桥美村（甘蔗）
94	阳江市	阳江市阳东区大沟镇（对虾）
95		阳江市阳东区雅韶镇柳西村（双肩玉荷包荔枝）
96		阳江市阳东区塘坪镇北甘村（荔枝）
97		阳江市阳西县儒洞镇（荔枝）
98		阳江市阳西县沙扒镇渡头村（海水鱼苗）
99		阳江市阳春市圭岗镇（丝瓜）
100	湛江市	湛江市廉江市长山镇（茗皇茶）
101		湛江市廉江市良垌镇（荔枝）
102		湛江市雷州市乌石镇那毛村（番薯）
103		湛江市遂溪县河头镇山域村委会油塘村（罗非鱼）
104		湛江市徐闻县曲界镇愚公楼村（菠萝）
105		湛江市徐闻县曲界镇（菠萝）

续表

序号	地市	村镇名称
106	茂名市	茂名市信宜市钱排镇（银妃三华李）
107		茂名市信宜市洪冠镇（洪冠南药）
108		茂名市化州市平定镇（化橘红）
109		茂名市电白区水东镇（水东芥菜）
110		茂名市电白区旦场镇（正红鸭蛋）
111		茂名市电白区沙琅镇（祥寿龟鳖）
112		茂名市高州市根子镇（荔枝）
113		茂名市茂南区公馆镇（罗非鱼）
114		茂名市滨海新区博贺镇（捕捞水产品）
115		茂名市电白区沙琅镇谭儒村（萝卜）
116	肇庆市	肇庆市四会市石狗镇程村村（兰花）
117		肇庆市四会市黄田镇燕崀村（柑桔）
118		肇庆市德庆县官圩镇五福村（德庆贡柑）
119		肇庆市德庆县马圩镇诰赠村（贡柑）
120		肇庆市德庆县马圩镇（贡柑）
121		肇庆市高要区活道镇仙洞村（活道粉葛）
122		肇庆市怀集县坳仔镇（怀集茶杆竹）
123		肇庆市怀集县梁村镇（西瓜）
124		肇庆市怀集县汶朗镇汶朗村（汶朗蜜柚）
125		肇庆市广宁县潭布镇（番薯）
126		肇庆市广宁县潭布镇古楼村（番薯）
127		肇庆市怀集县冷坑镇（蔬菜）
128	清远市	清远市连州市西岸镇冲口村（连州茶心）
129		清远市连州市龙坪镇孔围村（鸿星水晶梨）
130		清远市清新区太和镇坑口村（红茶、绿茶、白茶）
131		清远市英德市西牛镇（麻竹笋）
132		清远市连山壮族瑶族自治县永和镇（丝苗米）
133		清远市阳山县七拱镇西连村（淮山）
134		清远市阳山县七拱镇（丝苗米）
135	潮州市	潮州市饶平县洪洲镇（大蚝）
136		潮州市饶平县浮滨镇（茶）

续表

序号	地市	村镇名称
137	揭阳市	揭阳市普宁市洪阳镇宝镜院村（宝镜院太空花卉）
138		揭阳市普宁市高埔镇（普宁青梅）
139		揭阳市揭西县五经富镇五新村（茶叶）
140		揭阳市惠来县葵潭镇（菠萝）
141		揭阳市揭东区埔田镇（埔田竹笋）
142		揭阳市揭东区玉湖镇坪上村（炒茶）
143	云浮市	云浮市郁南县建城镇便民村（郁南无核黄皮）
144		云浮市郁南县宝珠镇庞寨村（庞寨黑叶荔枝）
145		云浮市郁南县建城镇（无核黄皮）
146		云浮市郁南县东坝镇思磊村（东坝蚕茧）
147		云浮市罗定市苹塘镇良官村（海惠蔬菜）
148		云浮市罗定市榃滨镇（肉桂）
149		云浮市罗定市龙湾镇棠棣村（南药）
150		云浮市罗定市泗纶镇（泗纶蒸笼）
151		云浮市罗定市榃滨镇金滩村（肉桂）
152		云浮市新兴县太平镇（茶叶）
153		云浮市云城区前锋镇（花卉）
154		云浮市云安区白石镇石底村（花卉苗木）
155		云浮市新兴县簕竹镇（肉鸡）
156		云浮市罗定市罗镜镇（丝苗米）
157		云浮市罗定市泗纶镇杨绿村（蒸笼）

表 2　广东省 2022 年乡村特色产业亿元村名单

序号	地市	村镇名称
1	广州市	广州市花都区赤坭镇瑞岭村（盆景苗木）
2	韶关市	韶关市仁化县大桥镇长坝村（沙田柚）
3	珠海市	珠海市斗门区白蕉镇昭信村（海鲈鱼）
4		珠海市金湾区红旗镇大林社区（黄立鱼）
5	佛山市	佛山市顺德区勒流街道稔海村（鳗鱼）
6		佛山市三水区西南街道青岐村（鱼苗）
7	湛江市	湛江市徐闻县曲界镇愚公楼村（菠萝）

续表

序号	地市	村镇名称
8	惠州市	惠州市博罗县石坝镇乌坭湖村（三黄胡须鸡）
9	河源市	河源市东源县上莞镇仙湖村（茶叶）
10	揭阳市	揭阳市揭东区玉湖镇坪上村（炒茶）
11		揭阳市普宁市洪阳镇宝镜院村（花卉）

表 3　广东省 2022 年乡村特色产业十亿元镇名单

序号	地市	村镇名称
1	湛江市	湛江市徐闻县曲界镇（菠萝）
2		湛江市廉江市良垌镇（荔枝）
3	茂名市	茂名市茂南区公馆镇（罗非鱼）
4		茂名市信宜市洪冠镇（南药）
5		茂名市信宜市钱排镇（银妃三华李）
6		茂名市滨海新区博贺镇（捕捞水产品）
7	惠州市	惠州市惠阳区镇隆镇（荔枝）
8	潮州市	潮州市饶平县汫洲镇（大蚝）
9	揭阳市	揭阳市揭东区埔田镇（埔田竹笋）
10	中山市	中山市黄圃镇（腊味）
11		中山市东升镇（脆肉鲩）
12		中山市横栏镇（花卉苗木）
13		中山市三角镇（杂交鳢）

后　记

党的二十大胜利召开，擘画了中国未来经济社会高质量发展的宏伟蓝图和中华民族崛起的远景目标，二十大报告旗帜鲜明地提出加快建设农业强国新征程中，广东省肩负“走在全国前列”的使命重任；乡村产业作为实施扩大内需战略同深化供给侧结构性改革有机结合的典型产业，结合广东省情农情大力推进乡村产业高质量发展，不仅能够提高全要素生产率，着力提升农业农村产业链供应链韧性和安全水平的关键，也是促进广东省城乡融合和区域协调发展，推动粤东、粤西、粤北农村经济实现质的有效提升和量的高增长的重要动力源。

本书编写组自“十三五”时期就开始长期跟踪研究乡村产业问题，本书在广东省农业科学院创新基金产业专项（202142）、广东省农业科学院中青年学科带头人培养计划项目“金颖之光”（R2020PY-JG014）、广东省社科基金青年项目（GD19YYJ07）、广东省自科基金项目（2021A1515012218，2019A1515011982）等多个项目延续支持下取得了一系列研究成果。在此基础上，编写组围绕乡村产业振兴的理论、模式与案例进行了深度拓展研究，重点研究了推进乡村产业高质量发展的背景、价值、现状、趋势、模式、机制等问题，以期为广东省及全国其他地区乡村产业高质量发展提供些许有益的理论参考。调查研究过程中，得到了广东省农业农村厅、广州市农业农村局、江门市农业农村局、佛山市农业农村局、韶关市农业农村局、韶关市科学技术局、汕头市农业农村局、汕尾市农业农村局、中山市农业农村局、河源市农业农村局、茂名市农业农村局、揭阳市农业农村局、云浮市农业农村局等大力支持。此外，还得到受访企业、合作社、农户等积极配合，没有大家的帮助，现场调研不会顺利和深度进行，在此再次表示衷心的感谢！

编写组

2023 年 7 月